汽车能源与排放控制

何 超 主编

中国林业出版社
China Forestry Publishing House

内 容 简 介

本教材系统介绍了汽车用能源类型、不同能源转换过程中污染物排放特性以及汽车排放控制技术。基于能源消耗与排放污染的关系,本书阐述了各种汽车用能源的特性、能源转换特点及其对排放产生的影响;从能源转换角度分析了各种汽车动力系统的特点;从汽车排放污染物的生成机理出发,探讨了汽油车、柴油车以及各种替代能源汽车的排放特性及控制技术。

本教材可作为高等院校汽车相关专业的研究生教材和教师的教学与科研参考书,也可供从事汽车新能源技术、汽车排放控制、交通排放管理等领域工作的工程技术和科研人员学习参考。

图书在版编目(CIP)数据

汽车能源与排放控制/何超主编. —北京:中国林业出版社,2022.12
ISBN 978-7-5219-1996-7

Ⅰ.①汽… Ⅱ.①何… Ⅲ.①汽车-能源管理 Ⅳ.①U473

中国版本图书馆 CIP 数据核字(2022)第 235971 号

策划编辑:高红岩
责任编辑:高红岩 王奕丹
责任校对:苏 梅
封面设计:睿思视界视觉设计

出版发行:中国林业出版社
　　　　　(100009,北京市西城区刘海胡同7号,电话 83223120)
电子邮箱:cfphzbs@163.com
网址:www.forestry.gov.cn/lycb.html
印刷:北京中科印刷有限公司
版次:2022年12月第1版
印次:2022年12月第1次
开本:787mm×1092mm 1/16
印张:12.5
字数:320千字
定价:45.00元

《汽车能源与排放控制》编写人员

主　　编　何　超
副 主 编　王青春　谭泽飞　李加强
编写人员　（按姓氏拼音排序）
　　　　　　何　超（西南林业大学）
　　　　　　李加强（西南林业大学）
　　　　　　刘学渊（西南林业大学）
　　　　　　马志磊（西南林业大学）
　　　　　　谭泽飞（西南林业大学）
　　　　　　王　俊（西南林业大学）
　　　　　　王青春（北京林业大学）
　　　　　　郑丽丽（西南林业大学）

前　言

自 1886 年卡尔·本茨发明第一辆汽车以来，汽车经历了 136 年的发展历程，其动力性、经济性、安全性等各方面性能不断提高，日益成为人们生活不可或缺的一部分。随着社会经济高速发展，汽车保有量持续增长，全球保有量已突破 10 亿辆，其中我国汽车保有量已达 3.02 亿辆。同时，汽车带来的能源消耗和环境影响问题日益引起人们关注。汽车能源已从传统的汽油、柴油走向车用能源多元化时代。乙醇、生物柴油作为汽车和柴油的掺混燃料在多个国家已有 20 余年的成熟运用，我国已基本实现乙醇汽油全覆盖，甲醇燃料汽车应用逐步推广。近年来，随着电能在汽车上的快速应用，我国成为全球最大的新能源汽车市场。截至 2022 年 6 月，全国新能源汽车保有量达 1 001 万辆，全球电动汽车保有量将突破 2 000 万辆，以氢气为主要能源的燃料电池汽车受到高度关注，发展潜力巨大。

汽车能源虽然向着清洁化方向发展，但排放问题依然存在。随着排放法规的日益严格，传统的汽油、柴油质量不断提升，排放特性发生变化，排放控制技术日新月异。与传统化石燃料相比，替代车用能源各有特性，在能源转化过程中的排放特性各不相同，排放控制技术相应地也各有特点。汽车能源多元化必将带来汽车排放控制技术的多样化。

目前，汽车已成为多个学科研究生专业的研究对象，包括机械工程一级学科各个专业，尤其是车辆工程专业；动力工程及工程热物理一级学科动力机械；工程专业和交通运输工程一级学科载运工具运用工程专业。为适应学科发展，在多年实践的基础上，笔者编写本教材，以介绍成熟的汽车能源及排放控制技术为主，适当介绍汽车能源和排放控制领域的最新研究成果和发展趋势，希望能为研究生的学术研究提供理论基础和实践参考。

本教材共分 7 章，先从汽车能源入手，继而分析对应的排放特性及排放控制技术，始终将汽车能源和排放的关系贯穿其中。第 1 章介绍了全球汽车能源消耗现状及带来的环境问题，分析了汽车能源转换过程；第 2 章介绍了汽车主要排放污染物及其生成机理；第 3 章、第 4 章分别介绍了汽油车、柴油车的能源特点、排放特性及控制技术；第 5 章介绍了主要替代燃料汽车的特性及其排放控制措施；第 6 章、第 7 章介绍了纯电动汽车及混合动力汽车的特性及原理等。

本教材主编为何超，副主编为王青春、谭泽飞、李加强。具体编写分工：何超（第 1 章）、王俊（第 2 章）、郑丽丽（第 3 章、第 4 章的 4.1 节）、王青春（第 5 章）、刘学渊（第 6 章）、马志磊（第 7 章）、谭泽飞（第 4 章的 4.2 节）、李加强（第 4 章的 4.3 节）。

在本书编写工作中，参考和引用了一些国内外的书籍和文献资料，为此向这些作者表示衷心的感谢。由于作者水平有限，难免存在不足和错误，希望读者给予批评指正。

编　者

2022 年 7 月

目 录

前 言

第1章 绪论 ... 1
1.1 汽车能源概述 ... 1
1.2 汽车能源转换的环境影响 ... 10
1.3 汽车能源管理发展 ... 18

第2章 汽车排放生成机理 ... 27
2.1 汽车污染物排放概述 ... 27
2.2 氮氧化物生成机理 ... 31
2.3 一氧化碳生成机理 ... 35
2.4 碳氢化合物生成机理 ... 37
2.5 颗粒物生成机理 ... 42

第3章 汽油车排放控制 ... 48
3.1 汽油机低排放燃烧系统 ... 48
3.2 尾气排放控制 ... 52
3.3 废气再循环系统 ... 65
3.4 蒸发排放控制 ... 68
3.5 曲轴箱排放控制 ... 71
3.6 加油站油气回收 ... 72

第4章 柴油车排放控制 ... 75
4.1 柴油机机内排放控制 ... 75
4.2 后处理技术 ... 82
4.3 智能柴油机 ... 89

第5章 替代能源汽车的排放 ... 99
5.1 替代能源特性 ... 99
5.2 天然气汽车及排放特性 ... 100
5.3 液化石油气汽车及其排放特性 ... 105
5.4 醇类燃料汽车及其排放特性 ... 110

5.5 氢燃料汽车及其排放特性 ………………………………………… 114
5.6 生物柴油汽车及其排放特性 ……………………………………… 122
5.7 二甲醚汽车及其排放特性 ………………………………………… 124
5.8 合成燃料的发展及其排放特性 …………………………………… 127

第6章 纯电动汽车 131

6.1 电驱动特性 ………………………………………………………… 131
6.2 电机 ………………………………………………………………… 135
6.3 动力电池 …………………………………………………………… 152
6.4 燃料电池 …………………………………………………………… 163
6.5 电传动 ……………………………………………………………… 166
6.6 电动汽车与环境 …………………………………………………… 169

第7章 混合动力汽车 172

7.1 混合动力汽车原理 ………………………………………………… 172
7.2 混合动力汽车的分类 ……………………………………………… 177
7.3 混合动力汽车的排放 ……………………………………………… 184

参考文献 …………………………………………………………………… **190**

第 1 章 绪论

1.1 汽车能源概述

1.1.1 能源发展

能源是自然界中能够提供某种形式能量的物质资源,是人类生存和社会经济发展的物质基础。经济发展消耗能源,能源消耗破坏环境,环境污染抑制经济发展,因此,"能源—经济—环境"协调发展是 21 世纪人类可持续发展的重大课题。

人们通常按能源的形态特征或转换与应用的层次对其进行分类。按世界能源委员会推荐的能源类型分为固体燃料、液体燃料、气体燃料、水能、电能、太阳能、生物质能、风能、核能、海洋能和地热能等;能源按产生方式可分为一次能源(天然能源,如石油、天然气等)和二次能源(人工能源,如电能、煤气等),如图 1-1 所示。

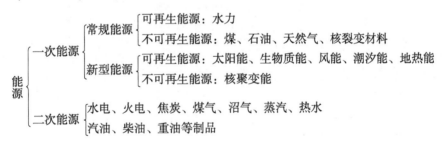

图 1-1 能源分类

能源对国民经济、生态环境和人民生活均有重大影响,其承载能力制约着社会经济发展的速度、结构和方式。能源的生成和消费对全球经济至关重要,一般情况下,能源消费总是随着经济增长而增长。据英国石油公司(British Petroleum,BP)统计,2018 年全球一次能源消费增长 2.9%,这是自 2010 年以来的最快增速(图 1-2)。各类燃料需求均处增长态势,天然气(增量达 168 Mtoe[①],占全球增长的 43%)和可再生能源(71 Mtoe,占全球增长的 18%)尤为强势(图 1-3)。在经济合作与发展组织(简称经合组织,OECD)成员国中,能源需求的整体增长(82 Mtoe)主要由天然气驱动(70 Mtoe);而在非经合组织成员国中,天然气(98 Mtoe)、煤炭(85 Mtoe)和石油(47 Mtoe)较为平均地构成了能源需求的整体增长(308 Mtoe)。

---

① 吨油当量(ton oil equivalent,toe):按标准原油热值计算各种能源量的换算指标,$1 \text{ toe} = 1 \times 10^7 \text{ kcal} = 4.2 \times 10^7 \text{ kJ}$,1 Mtoe=1 百万吨油当量。

如图 1-4 所示，全球 2/3 的能源需求增长来自中国、美国和印度。相较于近期的历史平均水平，美国的增长速度惊人，2018 年美国的能源消费增长 3.5%。不同于以往 10 年的下行趋势，这一增速达近 30 年来的最高水平。

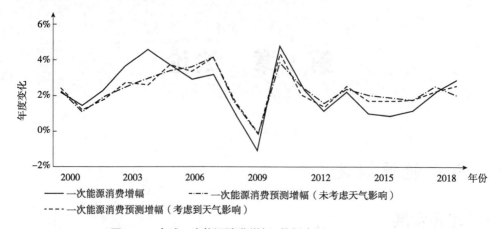

图 1-2　全球一次能源消费增长（数据来源：BP，2019）

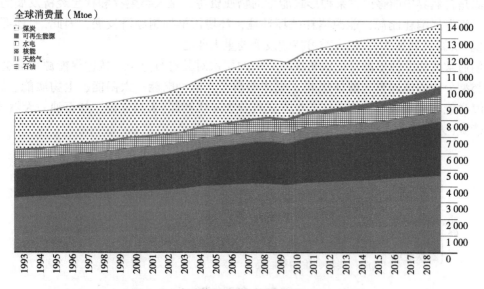

图 1-3　全球能源消费（数据来源：BP，2019）

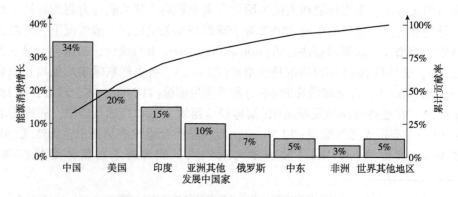

图 1-4　2018 年各国或地区对一次能源消费增长的贡献（数据来源：BP，2019）

交通行业是主要的能源消费行业(图1-5)。据国际能源署(International Energy Agency,IEA)统计,1971—2017年,全球能源消费增长1.3倍。40多年间大多数行业的能源消费份额保持稳定,如商业和公用服务、工业。但交通行业能源消费显著增加,从23%增加至29%(2015—2017年均保持该水平)。

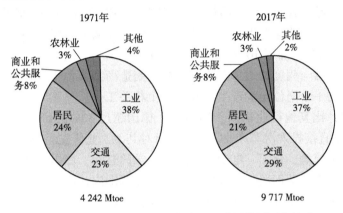

图1-5 世界能源终端消费产业结构(数据来源:世界能源平衡综述2019,IEA)

在经合组织成员国中,交通行业能源消费占有最大份额,并将保持这种趋势。2017年,交通行业的能源消费达到新高度(1 251 Mtoe),超过了2007年创造的高点(图1-6)。在非经合组织亚洲国家,1971—2017年,交通行业的能源消费翻了14倍,主要依靠石油(图1-7)。

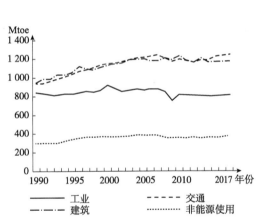

图1-6 OECD能源终端消费产业结构
(数据来源:世界能源平衡综述2019,IEA)

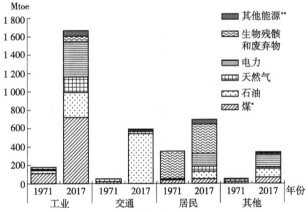

图1-7 非OECD亚洲国家能源终端消费产业结构
(数据来源:世界能源平衡综述2019,IEA)
注:*泥炭和油页岩与煤聚集;**含直接使用地热、太阳能和热能

1.1.2 汽车产业发展

20世纪以来,交通成为城市化进程的一个重要指标。交通系统需要科学技术的动态发展,并以此促进经济、社会、生态等领域发展。现代交通运输方式主要有公路运输、铁路运输、水路运输、航空运输和管道运输,其中公路运输是综合交通运输体系中占有基础性地位的运输方式,具有极为重要的地位,主要的运输装备是汽车。

2002—2015 年,世界汽车产量从 5 700 万辆增加到 7 600 万辆,产值从 6 450 亿欧元增加到 9 030 亿欧元,但是在这个过程中原始供应商(original equipment manufacturer,OEM)的参与度从 35%降低到 23%,这有利于供应商和服务商发展。

2002 年,北美自由贸易区(NAFTA)汽车产值是 2 271 亿欧元,欧洲是 2 040 亿欧元,日本是 1 154 亿欧元。到了 2015 年,欧洲的产值增加了 56%(达到 3 181 亿欧元),美国增加了 17%。但是,发展造成了结构变化,汽车产量的变化可以从金砖国家的变化看出,中国汽车产值增加了 260%,南非增加了 109%,印度增加了 328%。

供应商和服务商参与程度的增加造成了从汽车制造商到其他工业制造商的技术转移。也就是说,汽车工业的 1 个岗位至少产生了其他 3 个相关工作。显然,汽车工业的研发工作加速了这个动态进程,比其他行业都高。2010 年,德国超过 30%的研发支出(615 亿欧元,生产总值的 2.46%)都直接投入汽车产业,超过政府对其他工业研发经费投入的 3 倍。汽车工业的研发预算等于机械建筑、化工、电子、信息和光学的总和。德国在汽车工业的研究优先权和支出结构奠定了其在全球创新中的领先地位,全球范围内,汽车领域的发明专利德国占比 36%,日本占比 19%,美国占比 17%,法国占比 8%,其他国家占比 20%。

汽车生产商在全球分布广泛,创新能力强,具有增加出口的巨大潜力,并对全球能源需求产生巨大影响。在世界范围内,每人的能源消耗是 21 600 kJ/(h·人),这相当于人均能源需求是 6 kW(图 1-8),从住房、道路建筑到食物和交通。在这个竞争中,食物能量需求看起来很少,仅为每人 0.169 kW,不到总值的 1/35。

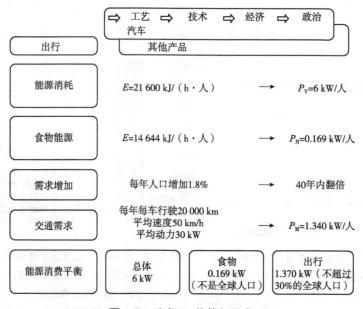

图 1-8 出行:趋势与需求

从这个角度来说,全球人口每年 1.8%的增加率对全球能源消耗来说是一个重要影响因素,但不是决定性的影响因素。工业国家中的出行方案及结构将扮演更重要的角色。一般情况下,假设每车一人(汽车额定功率为 30 kW),每年行驶 20 000 km,意味着人均出行能源消耗为 1.370 kW。

全球机动车保有量约 14.4 亿辆,估计在未来 30 年内将翻番。居民机动车拥有量美国为 837 辆/1 000 人,中国为 173 辆/1 000 人,印度为 22 辆/1 000 人。大多数汽车制造商的发展策略集中于金砖国家，即巴西、俄罗斯、印度、中国和南非。表 1-1 显示最近 15 年每个国家汽车产量的动态发展，包括数量和重心的转移。

表 1-1 各国汽车产量变化 辆

	2001 年			2009 年			2018 年	
1	日本	8 100 000	1	中国	13 790 994	1	中国	27 809 196
2	德国	5 300 000	2	日本	7 934 057	2	美国	11 314 705
3	美国	4 800 000	3	美国	5 709 431	3	日本	9 728 528
4	法国	3 100 000	4	德国	5 209 857	4	印度	5 174 645
5	韩国	2 400 000	5	韩国	3 512 926	5	德国	5 120 409
6	西班牙	2 200 000	6	巴西	3 182 923	6	墨西哥	4 100 525
7	巴西	1 500 000	7	印度	2 641 550	7	韩国	4 028 834
8	英国	1 500 000	8	西班牙	2 170 078	8	巴西	2 879 809
9	加拿大	1 200 000	9	法国	2 047 293	9	西班牙	2 819 565
10	意大利	1 200 000	10	墨西哥	1 561 052	10	法国	2 270 000

2021 年，我国机动车保有量达到 3.95 亿辆，其中汽车 3.02 亿辆。按车型分，客车占 88.9%，货车占 11.1%；按燃料类型分，汽油车占 88.7%，柴油车占 9.1%，燃气车占 0.2%，新能源车占 1.1%，其他燃料车占 0.9%；按排放标准阶段分，国 Ⅰ 及以前标准的汽车占 0.1%，国 Ⅱ 标准的汽车占 4.5%，国 Ⅲ 标准的汽车占 19.1%，国 Ⅳ 标准的汽车占 42.5%，国 Ⅴ 及以上标准的汽车占 30.9%。

近些年全国机动车保有量变化趋势如图 1-9 所示，全国汽车保有量变化趋势如图 1-10 所示。2018 年，汽车保有量较大的省份主要集中在东部地区，其中保有量前五位的省份依次为山东、广东、江苏、浙江和河北(图 1-11)。

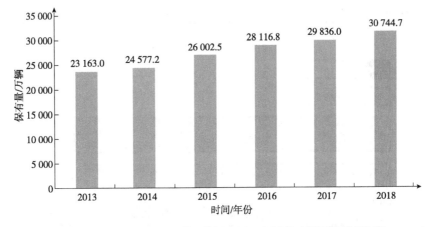

图 1-9 全国机动车保有量变化趋势(数据来源：中国移动源环境管理年报，2019)

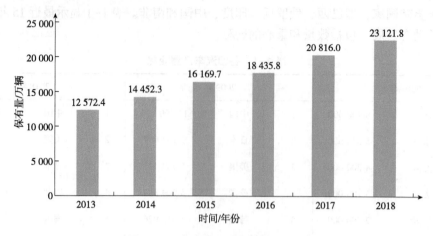

图 1-10　全国汽车保有量变化趋势

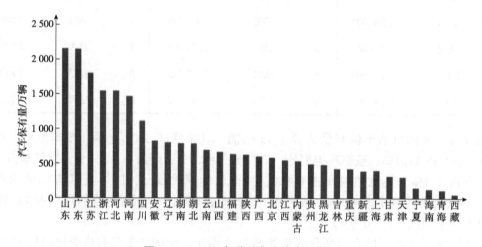

图 1-11　2018 年我国各省汽车保有量

1.1.3　汽车能源种类

汽车能源的可利用量对汽车产业发展具有决定性作用。图 1-12 给出了可用于汽车使用的一次能源。

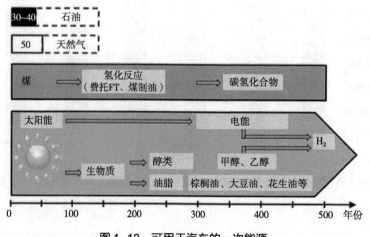

图 1-12　可用于汽车的一次能源

1.1.3.1 石油

石油是最主要的车用能源。根据2018年的储产比,全球石油还可以现有的生产水平生产50年(图1-13)。不考虑未来的增加,仅考虑当前的消耗水平和汽车运输,估算的石油存储量可供汽车使用80年。欧洲、美国、中国和亚太地区是石油进口量最大的国家或地区之一。2018年,我国石油进口量为4.64×10^8 t,较2017年增长10%。2018年,美国、加拿大、中东地区、澳大利亚人均石油消费量较高。

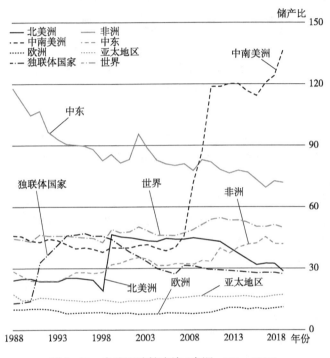

图1-13 全球石油储产比(来源:BP,2019)

1971—2016年,道路运输是石油消费的最大行业,增速很快,绝对增量第一,所占份额从1971年的30.8%增加至2016年的49.3%(图1-14)。道路运输中客运能源消费如图1-15所示,乘用车能源消耗最多,达到人均2.2 MJ/km。

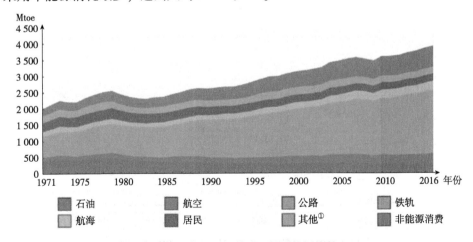

图1-14 石油最终消费结构(来源:世界能源统计2018,IEA)

注:①指的是19个IEA国家(澳大利亚、奥地利、加拿大、捷克共和国、芬兰、法国、德国、希腊、爱尔兰、意大利、日本、韩国、新西兰、荷兰、西班牙、瑞典、瑞士、英国和美国),其数据可供大多数使用。

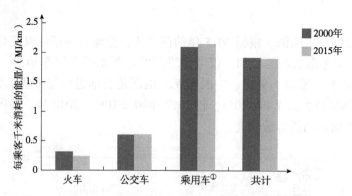

图 1-15 旅客运输能源消费(来源：世界能源统计 2018，IEA)

注：①乘用车包括汽车、越野车和卡车。

1.1.3.2 天然气

燃用天然气的汽车增加，是使用替代能源的一种有效措施。2018 年，全球天然气探明储量增加 7×10^{11} m^3，达 1.969×10^{14} m^3。根据 2018 年的储产比，全球天然气还可以以现有的生产水平生产 50.9 年，相较 2017 年减少 2.4 年(图 1-16)，德国、美国、意大利和中国是天然气进口量最大的国家或地区之一。2018 年我国天然气进口量为 479×10^8 m^3，2018 年人均天然气消费中，美国、加拿大、中东地区、俄罗斯的人均天然气消费量较高。

图 1-17 是 1971—2016 年天然气消费结构图，可以看出交通用天然气在 1990 年后增长较快，所占份额从 1971 年的 2.7% 增加至 2016 年的 7.1%。

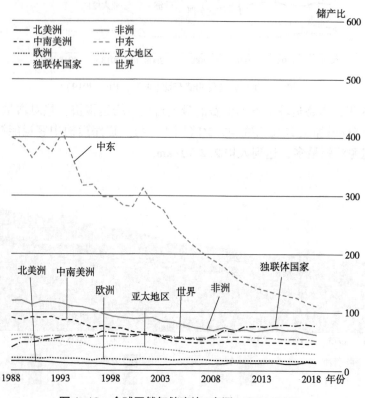

图 1-16 全球天然气储产比(来源：BP，2019)

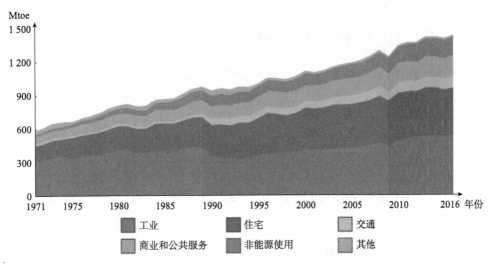

图 1-17 天然气最终消费结构(来源:世界能源统计 2018, IEA)

1.1.3.3 煤

煤储量可持续开采 500 年。煤可转化为液体燃料,首先将煤氢化后转化为水煤气,然后制氢,经过催化转换成碳氢化合物,如汽油或柴油,同时产生副产物,如液化气和白蜡。煤制油的缺点是:成本高、有 CO_2 排放,同时还有大规模开采煤带来的基础设施、地理、政治以及社会问题。

1.1.3.4 生物质

植物或者生物质能源的可获得性没有限制,它们可以接受或转换太阳能。在活塞发动机上使用生物质燃料是可行的,醇类如甲醇或乙醇可用于汽油机,二甲醚、油脂或生物柴油可用于柴油机。作为能源平衡的补充,每年全球生物质能源的潜力是早期开采原油的 22 倍。图 1-18 和图 1-19 为经合组织成员国道路运输生物燃料份额与经合组织不同区域生物燃料道路运输份额。2017 年全球生物燃料保持增长,虽然第二大生物燃料生产国巴西的产量降低了 0.5%,但美国仍保持了 3.5% 的增幅。在经合组织中,道路运输消耗的生物燃料份额持续增加,2017 年达到 6.5%。2016 年用于汽车的生物柴油消费量达到 19 Mt,而生物汽油消费量则达到 49 Mt。

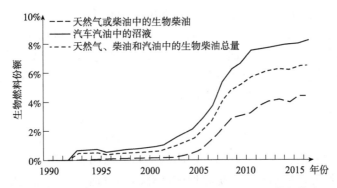

图 1-18 经合组织成员国道路运输生物燃料份额(来源:石油信息综述 2019, IEA)

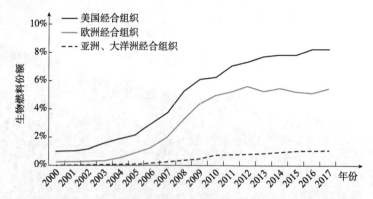

图 1-19　经合组织不同区域生物燃料道路运输份额(来源：石油信息综述 2019，IEA)

1.1.3.5　地热能

地热能的流量密度太低(仅有 0.05 W/m²)，不能直接用于交通工具。在世界范围内，仅有 90 个国家 $20×10^6$ km² 的面积可使用地热能，对应的是，每年可提供 11.4 MW·h 的能源。与此相比，每年可开采的原油能量达到 $3.8×10^7$ MW·h。

1.1.3.6　太阳能

太阳辐射至地球的能量达 $1.75×10^{14}$ kW，而每年从开采的天然气和原油中获得的能量为 $2.4×10^4$ kW。在中欧，太阳能的能量密度为 114 W/m²。理想情况下，仅需要中国沙漠面积的 12%(即 $1.9×10^6$ km²)，且转换效率不超过 3% 的情况下，沙漠地区太阳能产生的电能和氢能即可满足全球供给。

1.1.3.7　水能、风能和核能

水能和风能在产生电能和氢能方面非常重要。核能的使用总体上还有较大争议。这些能源扩展至交通领域极具挑战性。

当前，生物质、光伏发电产生电能或氢气是石油在交通领域的真正替代品。

1.2　汽车能源转换的环境影响

1.2.1　二氧化碳排放

最近几十年，环境影响已成为评价交通能源的主要标准。工业革命以来，地球气温上升了 1℃。相同时期内，大气中的 CO_2 浓度从 280 mL/m³ 上升至 385 mL/m³。但是，CO_2 对全球变暖的危害仍然存在争议。联合国政府间气候变化专门委员会(IPCC)的气候研究者认为，人类活动产生的温室气体应该对全球变暖负责，至少是最近的 50~60 年；而其他的研究者对温室效应表示怀疑，并认为是太阳辐射强度变化产生的。

据预测，如果保持现有管理措施，到 21 世纪末 CO_2 排放将使地球大气温度上升 5.8℃。因此，如果到 2050 年想使温度增加少于 2℃，那么大幅降低 CO_2 排放非常重要。

地球气候受非常复杂、相互关联的机理影响，如生物圈、海洋、冰冻圈等。尽管整个过程很复杂，我们仍然可以从基本的平衡原理中计算出其对地球温度的主要影响。大气的平均温度(15℃)由示踪气体测量，示踪气体包括含 2 个对称原子的分子和含 3 个或更多个原子的分子。经计算，如果没有这些温室气体带来的自然温室效应，大气平均温度将会降低 33℃，

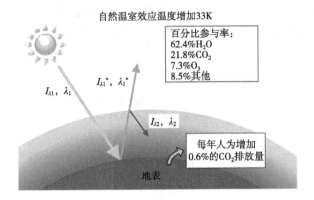

图 1-20 温室效应——自然平衡

达到 -18 ℃。图 1-20 更清晰地解释了自然温室效应。

太阳光大部分波长范围是 $0.35 \sim 10$ μm，包括可见光波长 $0.39 \sim 0.78$ μm。大气气体一般由 1 个或 2 个对称原子组成的分子构成，它们能够被太阳光透过。另外，具有 2 个非对称原子或 3 个以上原子的分子气体会被特定波长的太阳光选择。太阳光的高辐射强度集中于波长较短的波段，主要是可见区域，少部分在紫外光或伦琴射线。特定波长 $\lambda(m)$ 下的辐射强度 $I_\lambda(W/m^2)$ 可计算出透过大气辐射到地球的热量密度 $q(W/m^3)$，然后通过计算表面积 $A(m^2)$ 可以得出总热量 $Q(Watts)$（此处波长单位使用 m，主要是为了后面计算热量密度和总热量）。

辐射能量转移到气体和地球上物体后降低了反射光的能力，这将使波长转移至红外区域。反射光不会被含 1 个或 2 个对称原子的气体阻挡，但会被具有 2 个非对称原子或更多原子的气体阻挡，形成短波辐射的屏障，从而使部分能量又返回大气。这便产生了新的热流，而且其波长更短、强度更低。因此，大气层内部能量会在吸收辐射和反射辐射之间达到能量平衡，表现为温度平衡。大气层的自然温室效应主要由水蒸气（H_2O）、CO_2、臭氧（O_3）引起，CO_2 是主要影响因素。水蒸气可以通过饱和和冷凝回到地球表面。通过碳氢化合物燃烧形成的能量转换都会产生 CO_2，每年 CO_2 排放约 200×10^8 t，大约是自然排放的 0.6%，主要通过光合作用循环。大部分研究者预测，截至 2100 年通过石油燃烧引起的 CO_2 累积效应会将平均大气温度升高 5.8℃。不出意外，在未来的 50 年内欧洲冬季的温度将增加 2.7℃。温室效应理论的批评者认为，过去 150 年内的全球变暖主要是由于太阳辐射强度的变化和火山喷发造成的。而且，他们认为 CO_2 在大气层、生物圈和水圈之间的循环模型、CO_2 光吸收特性以及 CO_2 的生命周期都是不可信的。尽管存在这些质疑，全球社区仍然致力于降低人为 CO_2 排放的增加。交通或者说燃用汽油或柴油的道路车辆对 CO_2 的增加负有主要责任。

为此，欧洲已经制定法规在 2020 年将欧洲制造商的机动车 CO_2 排放限制为 95 g/km；日本 2020 年的机动车 CO_2 排放为 105 g/km；美国计划到 2025 年机动车 CO_2 排放降低至 107 g/km；中国计划到 2025 年机动车 CO_2 排放降至 95 g/km。但是，能源平衡和排放必须考虑从能源供应到使用的全过程，也就是"从油井到车轮"。例如，从原油到汽油车上使用，考虑到原油的能量为 100%，整个生命周期中所要求的能量为：10%消耗在汽油从原油生产过程中（包括勘探、开采、运输、精炼、分配）；10%消耗为车辆损失；2%~3%消耗为变速箱损失；70%消耗在热力循环，通过冷却水和排气损失。

原油勘探到分配过程中的能量损失，与发动机使用过程相比是非常小的。因此，燃油

消耗和 CO_2 排放直接可以建立的关系。当前,一些柴油车的 CO_2 排放约为 95 g/km。图 1-21 给出了大众高尔夫 1.6 L 柴油版和装有电机及锂电池的电动版在油井到车轮中 CO_2 排放的比较。

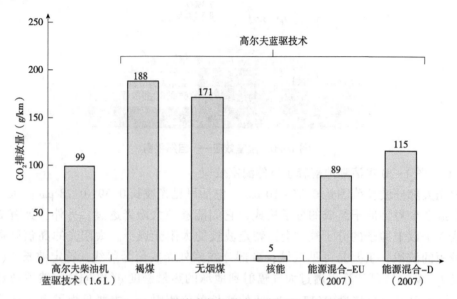

图 1-21　不同汽车能源的全生命周期 CO_2 排放

电能可以从不同来源得到。当前欧盟的电能来源是混合型,其中煤占 42.1%,原油占 7.9%,天然气占 22%,水能占 15%,核能占 11.7%,其他占 5%。这种情况下,电驱动的 CO_2 排放量(89 g/km)比柴油(99 g/km)更具优势。

2014 年,德国电能来源使用更多的是煤,在这种情况下,电能的 CO_2 排放(115 g/km)劣于煤(99 g/km)。而且,在 2014 年,核能的比例还比较大,现在已经被火电厂取代很多了。

如果电能完全由褐煤或者无烟煤产生,使用褐煤 CO_2 排放将达到 188 g/km;如果锂离子电池被低能量密度的铅酸电池取代,则情况也不一样。

未来在城市拥堵地区使用无排放的电动汽车只是简单地将 CO_2 排放转移到人口密度低的火电厂,但是这并没有解决全球变暖问题。有学者提出,在城市区域的车辆上采用分布式能源模块,也就是光伏发电站,这样全世界的道路交通仅需其中 10% 的能源。

1.2.2　我国汽车有害污染物排放现状

2020 年,全国汽车一氧化碳(CO)、碳氢化合物(HC)、氮氧化合物(NO_x)和颗粒物(PM)排放量分别为 693.8×10^4 t、172.4×10^4 t、613.7×10^4 t 和 6.4×10^4 t。其中,柴油车排放的 NO_x 约占汽车排放总量的 80%,PM 占 90% 以上;而汽油车排放的 CO 占汽车排放总量的 80% 以上,HC 占 70% 以上。

1.2.2.1　按车型划分的汽车污染物排放量

(1) 客车污染物排放情况

2020 年,全国客车 CO、HC、NO_x 和 PM 排放量分别为 486.5×10^4 t、126.4×10^4 t、95.9×10^4 t 和 0.6×10^4 t,分别占汽车排放总量的 70.2%、73.4%、15.7% 和 9.1%。

进一步分析表明,微型客车的 4 项污染物排放量分别为 4.2×10^4 t、1.0×10^4 t、

$0.3×10^4$ t 和 $0.0×10^4$ t；小型客车的 4 项污染物排放量分别为 $454.2×10^4$ t、$121.8×10^4$ t、$24.5×10^4$ t 和 $0.1×10^4$ t；中型客车的 4 项污染物排放量分别为 $59.1×10^4$ t、$8.0×10^4$ t、$14.1×10^4$ t 和 $0.4×10^4$ t；大型客车的 4 项污染物排放量分别为 $23.6×10^4$ t、$3.2×10^4$ t、$67.3×10^4$ t 和 $0.4×10^4$ t。

(2) 货车污染物排放情况

2020 年，全国货车 CO、HC、NO_x 和 PM 排放量分别为 $207.3×10^4$ t、$46.0×10^4$ t、$517.8×10^4$ t 和 $5.8×10^4$ t，占汽车排放总量的 29.8%、26.6%、84.3%和 90.9%。

进一步分析表明，微型货车的 4 项污染物排放量分别为 $0.3×10^4$ t、$0.0×10^4$ t、$0.0×10^4$ t 和 $0.0×10^4$ t；轻型货车的 4 项污染物排放量分别为 $121.6×10^4$ t、$17.3×10^4$ t、$27.7×10^4$ t 和 $2.1×10^4$ t；中型货车的 4 项污染物排放量分别为 $6.2×10^4$ t、$1.2×10^4$ t、$27.1×10^4$ t 和 $0.4×10^4$ t；重型货车的 4 项污染物排放量分别为 $79.2×10^4$ t、$27.5×10^4$ t、$463.0×10^4$ t 和 $3.3×10^4$ t。

按车型划分的 4 项污染物排放量分担率如图 1-22~图 1-25 所示。

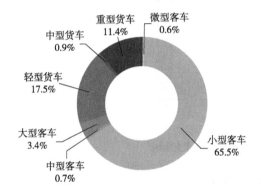

图 1-22　各类型汽车的 CO 排放分担率

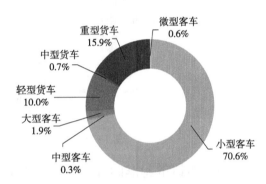

图 1-23　各类型汽车的 HC 排放分担率

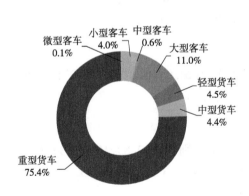

图 1-24　各类型汽车的 NO_x 排放分担率

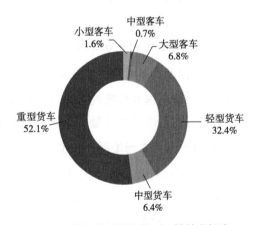

图 1-25　各类型汽车的 PM 排放分担率

1.2.2.2　按燃料类型划分的汽车污染物排放量

(1) 汽油车的污染物排放情况

2020 年，全国汽油车 CO、HC 和 NO_x 排放量分别为 $561.0×10^4$ t、$133.8×10^4$ t 和 $29.5×10^4$ t，占汽车排放总量的 80.9%、77.6%和 4.8%。

(2) 柴油车的污染物排放情况

2020 年，全国柴油车 CO、HC、NO_x 和 PM 排放量分别为 $124.9×10^4$ t、$19.6×10^4$ t、$544.9×10^4$ t 和 $6.4×10^4$ t，占汽车排放总量的 18.0%、11.4%、88.8% 和 99% 以上。

(3) 燃气车的污染物排放情况

2020 年，全国燃气车 CO、HC 和 NO_x 排放量分别为 $7.9×10^4$ t、$19.0×10^4$ t 和 $39.3×10^4$ t，占汽车排放总量的 1.1%、11.0% 和 6.4%。

不同燃料类型汽车的污染物排放量分担率如图 1-26 所示。

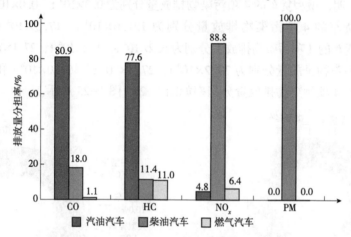

图 1-26 不同燃料类型汽车的污染物排放量分担率

1.2.2.3 按排放标准阶段划分的汽车污染物排放量

(1) 国 I 及以前标准汽车污染物排放情况

2020 年，全国国 I 及以前标准汽车 CO、HC、NO_x 和 PM 排放量分别为 $40.1×10^4$ t、$5.5×10^4$ t、$6.4×10^4$ t 和 $0.02×10^4$ t，占汽车排放总量的 5.8%、3.2%、1.0% 和 0.4%。

(2) 国 II 标准汽车污染物排放情况

2020 年，全国国 II 标准汽车 4 项污染物排放量分别为 $64.0×10^4$ t、$12.3×10^4$ t、$7.6×10^4$ t 和 $0.1×10^4$ t，占汽车排放总量的 9.2%、7.2%、1.2% 和 2.1%。

(3) 国 III 标准汽车污染物排放情况

2020 年，全国国 III 标准汽车 4 项污染物排放量分别为 $139.8×10^4$ t、$34.3×10^4$ t、$218.3×10^4$ t 和 $3.4×10^4$ t，占汽车排放总量的 20.1%、19.9%、35.6% 和 53.8%。

(4) 国 IV 标准汽车污染物排放情况

2020 年，全国国 IV 标准汽车 4 项污染物排放量分别为 $261.6×10^4$ t、$69.7×10^4$ t、$210.4×10^4$ t 和 $1.6×10^4$ t，占汽车排放总量的 37.7%、40.3%、34.3% 和 24.0%。

(5) 国 V 标准汽车污染物排放情况

2020 年，全国国 V 标准汽车 4 项污染物排放量分别为 $146.8×10^4$ t、$42.8×10^4$ t、$165.5×10^4$ t 和 $1.2×10^4$ t，占汽车排放总量的 21.2%、24.9%、27.0% 和 18.3%。

(6) 国Ⅵ标准汽车污染物排放情况

2020 年，全国国Ⅵ标准汽车 4 项污染物排放量分别为 $41.5×10^4$ t、$7.8×10^4$ t、$5.5×10^4$ t 和 $0.1×10^4$ t，占汽车排放总量的 6.0%、4.5%、0.9%和 1.4%。

按不同排放标准阶段汽车污染物排放量分担率如图 1-27 所示。

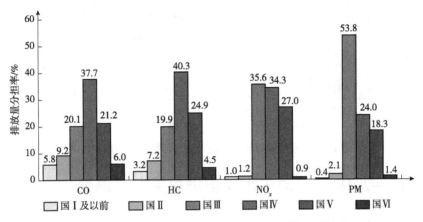

图 1-27　不同排放标准阶段汽车污染物排放量分担率

1.2.2.4　柴油车污染物排放现状

2020 年，柴油车 CO、HC、NO_x 和 PM 排放量分别为 $115.1×10^4$ t、$17.8×10^4$ t、$481.7×10^4$ t 和 $5.8×10^4$ t，占汽车排放总量的 16.6%、10.3%、78.5%和 90.6%以上。

进一步分析表明，小型柴油客车 4 项污染物排放量较低；轻型柴油客车 4 项污染物排放量分别为 $32.7×10^4$ t、$7.0×10^4$ t、$24.2×10^4$ t 和 $2.1×10^4$ t；中型柴油客车 4 项污染物排放量分别为 $6.2×10^4$ t、$1.2×10^4$ t、$27.1×10^4$ t 和 $0.4×10^4$ t；重型柴油客车 4 项污染物排放量分别为 $76.2×10^4$ t、$9.6×10^4$ t、$430.3×10^4$ t 和 $3.3×10^4$ t。柴油货车污染物排放量分担率如图 1-28 所示。

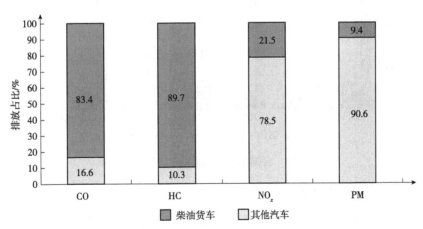

图 1-28　柴油货车污染物排放量分担率

按排放标准阶段分类，国Ⅲ及以前排放标准柴油车 4 项污染物排放量分别为 $49.5×10^4$ t、$10.2×10^4$ t、$181.4×10^4$ t 和 $3.2×10^4$ t；国Ⅳ排放标准柴油车 4 项污染物排放量分别为 $33.7×10^4$ t、$4.2×10^4$ t、$166.0×10^4$ t 和 $1.4×10^4$ t；国Ⅴ及以后排放标准柴油车 4 项污染物排放量分别为 31.9×10⁴ t、3.3×10⁴ t、134.2×10⁴ t 和 1.2×10⁴ t。不同排放标准阶段柴油车污染物排放量分担率如图 1-29 所示。

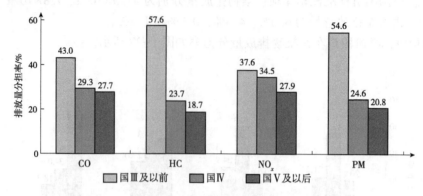

图 1-29　不同排放标准阶段柴油车污染物排放量分担率

1.2.3　2013—2018 年机动车污染物排放量变化趋势

1.2.3.1　机动车污染物排放量变化趋势

2013—2018 年全国机动车 4 项污染物排放总量呈下降态势，由 4 570.9×10⁴ t 降低到 4 065.3×10⁴ t，年均消减 2.3%。其中，CO 排放量由 3 439.7×10⁴ t 降低到 3 089.4×10⁴ t，年均消减 2.1%；HC 排放量由 431.2×10⁴ t 降低到 368.8×10⁴ t，年均消减 3.1%；NO_x 排放量由 640.6×10⁴ t 降低到 562.9×10⁴ t，年均消减 2.1%；PM 排放量由 62.2×10⁴ t 降低到 44.2×10⁴ t，年均消减 5.7%。全国机动车污染物排放量变化趋势如图 1-30 所示。

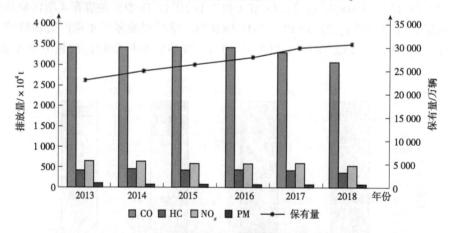

图 1-30　全国机动车污染物排放量变化趋势

1.2.3.2　汽车污染物排放量变化趋势

2013—2018 年全国汽车 4 项污染物排放总量呈下降态势，由 3 906.5×10⁴ t 降低到 3 750.1×10⁴ t，年均消减 0.8%。其中，CO 排放量由 2 912.1×10⁴ t 降低到 2 859.3×10⁴ t，年均消减 0.4%；HC 排放量由 349.0×10⁴ t 降低到 326.7×10⁴ t，年均消减 1.3%；NO_x 排放量由 588.7×10⁴ t 降低到 521.9×10⁴ t，年均消减 2.4%；PM 排放量由 56.7×10⁴ t 降低到 42.2×10⁴ t，年均消减 5.7%。全国汽车污染物排放量变化趋势如图 1-31 所示。

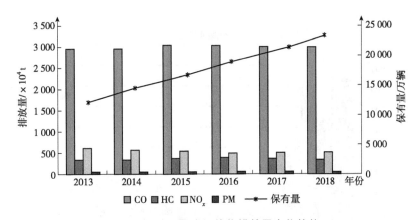

图 1-31　全国汽车污染物排放量变化趋势

1.2.3.3　柴油车污染物排放量变化趋势

2013—2018 年全国柴油车 4 项污染物排放总量呈下降态势，由 813.9×10^4 t 降低到 696.7×10^4 t，年均消减 3.1%。其中，CO 排放量由 338.9×10^4 t 降低到 286.3×10^4 t，年均消减 3.3%；HC 排放量由 74.6×10^4 t 降低到 61.3×10^4 t，年均消减 4.0%；NO_x 排放量由 355.4×10^4 t 降低到 313.4×10^4 t，年均消减 2.5%；PM 排放量由 44.4×10^4 t 降低到 35.7×10^4 t，年均消减 4.3%。全国柴油车污染物排放量变化趋势如图 1-32 所示。

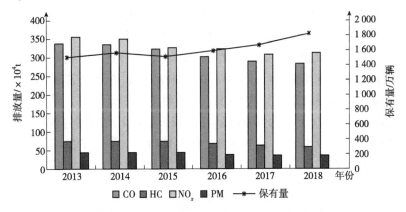

图 1-32　全国柴油车污染物排放量变化趋势

1.2.4　技术实践

车用能源的可利用量及其产生的排放是影响选择车用能源的重要因素，但不是唯一考量因素，能源转换效率也会影响其应用。对现有的车用能源储存设备、电池和转换系统有大量的评价标准，如质量体积比、安全性、使用材料、运输时的基础建设等。

图 1-33 比较了不同燃料及其储存设备和锂离子电池的质量和体积。以 37 L 柴油的能量当量为基准进行比较，相当于一辆中级车开 500 km。对柴油来说，考虑到油箱尺寸，总油箱体积是 46 L，燃料质量是 30 kg，总质量是 43 kg。汽油的值和柴油类似。对更低能量密度的燃料来说，则需要通过质量来补充高的消耗。液化石油气、丙烷和丁烷的混合物，其能量密度远低于汽油，仅有 0.002 35 kg/L，而汽油在相同的压力和温度下是 0.72~0.78 kg/L。在 0℃/1 MPa，液化石油气(LPG)的密度增加至 0.5 kg/L。但是，因为需要承受更高的压力，油箱需要增加厚度，所以整体质量会增加，对 37 kg LPG 来说，油箱质量可达到 72 kg。

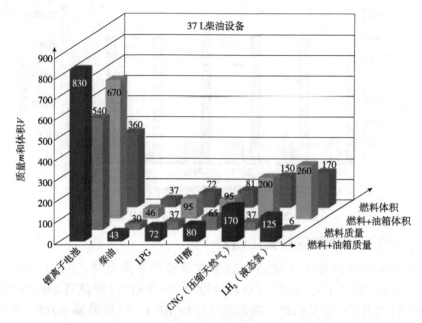

图 1-33 不同燃料及其储存设备和锂离子电池的质量和体积

因此,为了获得和柴油相同的能量,LPG 油箱的质量和体积都会增加 1 倍。甲醇的密度与柴油相似,可以直接在常压下储存,这是一个技术优势,但甲醇的热值还不到柴油的 1/2,为了获得相同的能量和续航里程,得消耗双倍的甲醇,也就是整个油箱系统的质量和体积都要增加。

压缩天然气(CNG)在常温下需要高压储存(20 MPa),但是其密度不超过 0.141 kg/L。因此,油箱不仅重而且大。低温储存(-150℃,0.1 MPa)可以得到高密度(0.409 kg/L),但是油箱设计会更复杂。在相同能量下,氢气(H_2)的质量比柴油低一点,但其密度是所有燃料中最低的,在 -200℃/0.1 MPa 下仅为 0.009 kg/L。液态形式下的密度为 0.071 kg/L,仅为汽油的 1/10,但需要在 -253℃下储存,技术复杂,储存体积大。举一个极端的例子,若使用电池储存电能,即便使用先进、昂贵的锂离子电池,要想获得和 37 L 柴油相同的能量,电池的质量和体积将和一辆紧凑型车相同。

未来汽车替代能源的车载能量储存将非常重要。如果使用电池或氢罐,汽车的结构设计及相应的驾驶动态性能都会被重新定义,而且这些能源储存器的集成所带来的主动、被动安全性都会比传统油箱更复杂。

1.3 汽车能源管理发展

1.3.1 汽车动力系统基础

即使考虑到需求限制、能源来源可获得性、环境影响、技术复杂度、汽车使用形式以及客户接受度等因素,仍然有大量可行的车用能源及其动力系统可供选择。

如果满足上述要求,那么未来任何一种车用动力系统及其车载能源储存或者转换设备的研发必须考虑以下指标:质量能量比或者能量体积比;扭矩特性、加速性能;比油耗/能耗、比排放、噪声;可利用量和车载储存设备;技术复杂度、成本、安全;基础建设和服务设施等。

使用内燃机、电机或者二者混合都可以作为汽车的动力系统。图1-34为发动机和电机的典型扭矩曲线（以汽油机为例）。功率可以通过扭矩计算。典型的电机或汽油机的扭矩/功率公式为：

$$P_e = M_d \omega \text{ 和 } \omega = 2\pi n \Rightarrow P_e = M_d 2\pi n \tag{1-1}$$

式中：P_e 为电机或汽油机功率；M_d 为电机或汽油机扭矩；ω 为电机或汽油机角速度；n 为电机或汽油机转速。

根据式(1-1)，功率曲线在图1-34中示出。另外一种表达方式是以双曲线形式画出等功率曲线。

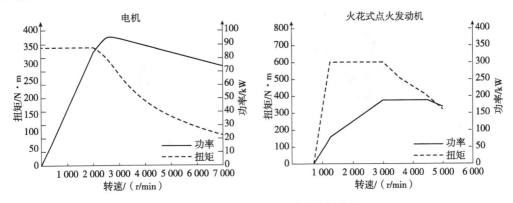

图1-34　发动机和电机的典型扭矩曲线

发动机动力系统和电机驱动的最大不同在于扭矩特性：

①发动机的最大扭矩必须随着发动机转速增加才能达到。图1-34显示在1 300~3 000 r/min时得到最大扭矩，这是因为需要有足够的空气进入发动机。

②电机的最大扭矩在起步阶段就能获得，这是因为只要通电，磁力回路就存在。随着电机转速增加，回路中的磁力线分散程度增加，因此扭矩明显下降。

考虑到电机的最大扭矩和最低转速共存，相应的功率较低，这可以从式(1-1)进行推导，能及时获得最大扭矩对汽车在静止状态的加速性能是优势，图1-35展示了这种关系。

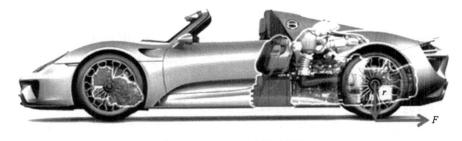

图1-35　汽车车轮扭矩图

汽车加速需要提供扭矩。考虑到车轮半径，附着力 F 决定了汽车所能获得的动量，可以用以下公式描述：

$$F_R = m_F a \tag{1-2}$$

$$a = \frac{2s}{t^2} \tag{1-3}$$

$$F_R = m_F \frac{2s}{t^2} \tag{1-4}$$

$$M_d = F_R r_R = m_F \frac{2s}{t^2} r_R \tag{1-5}$$

式中：F_R 为附着力；r_R 为车轮半径；m_F 为汽车质量；a 为加速度；s 为位移；t 为加速时间；M_d 为扭矩。

总的来说，发动机和汽车之间的速度转换由变速箱完成，可以根据发动机的扭矩特性设置多个传动比。图 1-36 展示了发动机扭矩、变速箱传动比、差速器和车轮上的驱动力。

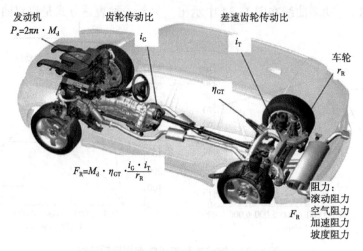

图 1-36　发动机扭矩和汽车驱动力的关系

在行驶过程中，能量流——发动机和车轮之间的功率通过具有不同传动效率的传动系统转换，最终传到车轮上的力为：

$$F_R = M_d \eta_{GT} \frac{i_G i_T}{r_R} \tag{1-6}$$

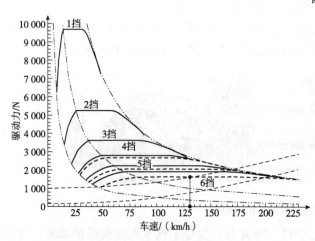

图 1-37　汽车驱动力和速度关系

例如，如果发动机扭矩为 200 N·m，一挡传动比为 3.78，那么车轮上的驱动力为 7 441 N；如果采用四挡（传动比为 0.93），那么汽车驱动力只有 1 830 N，但是汽车速度增加了约 4 倍，也就是 3.78/0.93。车轮驱动力和车速（可以通过车轮旋转速度和车轮半径计算）之间的关系可以通过驱动力/车速图表示，如图 1-37 所示。可以看出，该车有 6 个传动比。图中的双曲线显示出发动机和车轮之间的能量流转换。

将有 6 个传动比的内燃机汽车动力系统和具有固定传动比的电机驱动做个比较，如图 1-38 所示。图 1-38 表示的是加速度和速度的关系，而不像图 1-37 中驱动力和速度的关系，考虑了车重差异。具有高扭矩的电机（如特斯拉可达到 600 N·m）在整个车速范围内都具有比发动机更高的加速度。现有电动车系列的大多数电机都能达到 200~250 N·m 的最大扭矩，这是由电能消耗和电池重量决定的。最大扭矩越低，车轮上的驱动力就越小，

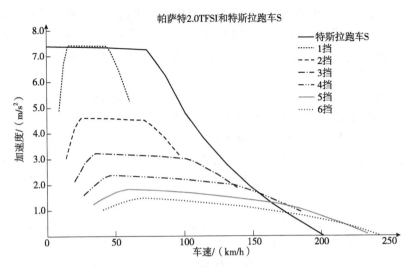

图 1-38 电机和发动机特性比较

因此只有降低车重，才能获得可接受的加速性能。

1.3.2 车用能源转换

图 1-39 总结了各种车用能源、动力系统及车载能量储存/转换形式，它们可以以不同的形式相结合。

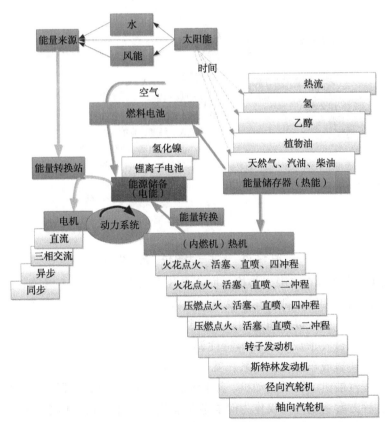

图 1-39 车用能源、动力系统及车载能量储存/转换综述

从图 1-39 可以得到一些先进的研发方案和经典的解决途径。车辆的驱动力来自热机或者电机。迄今为止，可以通过两种经典方案实现汽车驱动系统：一种是使用液体燃料（汽油、柴油、LPG、生物质）或 CNG 的点燃式或压燃式活塞发动机；另一种是锂离子电池或镍氢电池的直流或交流电机。

第一种方案在当前汽车工业中占主流，第二种方案还比较少，尽管仍在增加。从油井到车辆的全生命周期能效管理需要重新考虑从车用能源来源、车载能源储存/转换到汽车驱动系统的各个系统功能。有些途径应引起特别的关注：

①从电池获得能量的汽车动力系统的一个缺点是续驶里程有限。其实，能量储存可以通过车载转换器实现，如燃料电池和其他恰当的能量来源，如图 1-40 所示。在这个例子中，可以通过 H_2 和空气中的 O_2 实现燃料电池，不用电池作为车用能源使该方案获得关注。尽管有高压或低温储存方式，车载储氢仍然受到 H_2 密度低的限制。从这点来看，使用汽油、柴油和甲醇无疑具有优势。这导致另外一种选择：装液体燃料的油箱和一个化学反应器，可以将液体碳氢化合物转化为 H_2，然后添加到 H_2—燃料电池—电机的汽车动力系统中。在该方案中电池仅仅作为一个储能器。

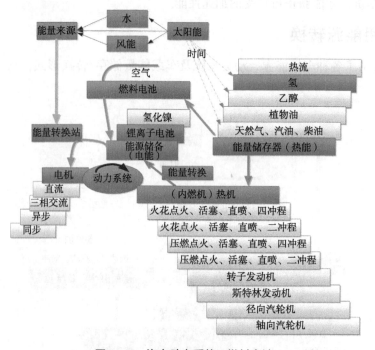

图 1-40 汽车动力系统：燃料电池

②H_2（或者其他燃料）直接用于热机，而不是用于燃料电池（图 1-41）。虽然能量转化装置不同，但氢气的目的相同，都是车载发电。这种情况下，热机不需要产生大范围的扭矩和转速来直接驱动汽车，就可以将扭矩和转速限制在主要功能范围内。因此，在热机的所有工作过程，都可以将混合气形成、燃烧等特性调整到最高效率。如果只工作在某一恒定转速，而且其转速与电机转速或车速都没关系，就可以采用与传统四冲程活塞发动机不同的其他类型热机，如二冲程汽油机、转子发动机、斯特林发动机或汽轮机，都可以充当汽车的高效率、紧凑发电机。这种方案中电池仅仅作为储能器也有优势。作为相同用途的燃料电池可以用相同的指标来比较，如质量、尺寸、价格和效率等，这些因素都会决定未来的配置。

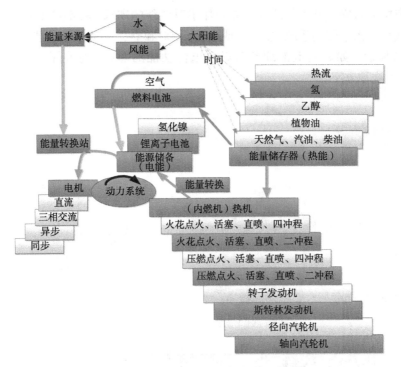

图 1-41　汽车动力系统：氢气增程发动机

对那些有较大功率需求的汽车来说，可以通过固定或弹性耦合发动机与电机来实现驱动。在这种情况下，电能可以靠上述形式之一产生。图 1-42 给出了配置。

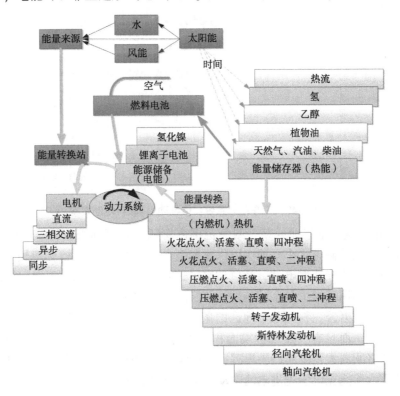

图 1-42　汽车动力系统：混合动力系统

现代汽车中大量安全性和舒适性功能增加了对电能的需求(从 4~7 kW),它们不能从传统的发电机获得。由于驱动系统(发动机或电机)相对独立,驱动系统的能源也可以部分传递给车上的供电装置,如燃料电池或具有燃料电池功能的热机,它们在一个固定工况工作。图 1-43 显示了这种方案。

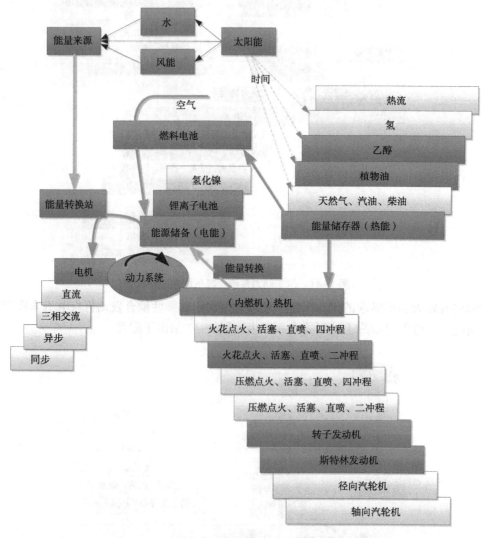

图 1-43　汽车动力系统:传统动力+燃料电池发电

图 1-44 是用于城市聚集地或某一限制范围内车辆的合理动力系统。电能直接来源于太阳、水能、风能,然后储存于小电池中以供紧凑型电动车用。图 1-45 为应用方案示例:德国茨维考大学开发了一个光伏发电站,峰值功率可达到 1.5 kW,这取决于太阳辐射强度。产生的电能足以运行一辆用于维护各个建筑物内 IT 服务的车辆。这种方案实现了真正的零排放,非常适合城市的行政办公。根据各个地区的条件,该模式可以进一步推广。例如,以色列的太阳辐射强度很大,而且有大量的沙漠面积为大型光伏发电站提供空间,对某一特定区域,不具有如美国或者欧洲大范围的行驶里程,即使续驶里程较短也不算缺点。考虑到这一特征,大规模使用仅靠太阳能充电的先进电池电动车项目已经启动。

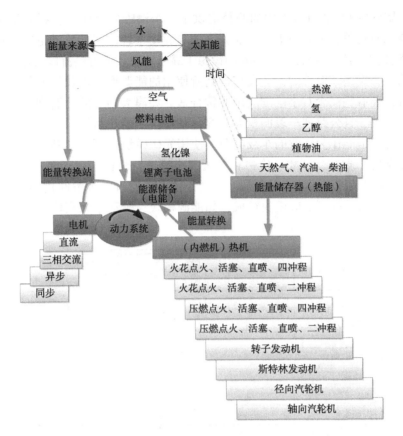

图 1-44 汽车动力系统：太阳能、风能或水能

图 1-45 德国茨维考大学太阳能汽车

图 1-46 为图 1-39 图 1-44 中的路径提供了一个清晰的例子,包括能源形式、能源转换、能源储存和驱动单元。当考虑车用能源来源与驱动系统之间的传动链时,宣称零排放的解决方案通常会被质疑。例如,图 1-46 中设想了靠压缩空气或者热流体工作的发动机。虽然有新闻报道这类方案是革命性的,但没有提到所使用的能源形式以及能源的来源、运输和绝热措施。另外,还有些概念对小范围应用非常合适,如澳大利亚的公路列车,那里的太阳辐射强度大而且连续,且公路列车表面积大,容易获得高压的热水或者热气。这些能源虽然不足以做动力系统,但能作为高效的车载电源。使用光伏模块也可以达到上述目的,但需要对方案的技术复杂度、质量、尺寸、价格和能量大小等进行讨论。由于多样性需求日益增加,特定地区条件(基础设施、可获得的能源、交通条件和消费者经济条件)各有不同,因此未来的动力系统也将由柔性的可适应模块组成,如能源模块、驱动单元模块、车载能源储存和转换模块等。

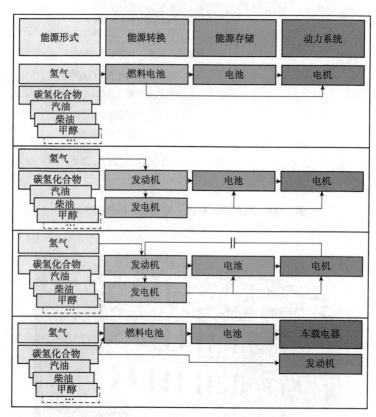

图 1-46 汽车动力系统:从车用能源到驱动模块

第 2 章　汽车排放生成机理

2.1　汽车污染物排放概述

1886 年，第一辆以内燃机驱动的"汽车"出现在马路上，内燃机汽车为当时发现的新能源——"石油"的利用提供了极好的舞台，得以成为今天的以能源、驱动装置和运输工具三位一体的现代汽车。

100 年来，在世界范围内，汽车的发展速度高于国民经济发展速度。20 世纪 20 年代，汽车在美国已作为普遍的交通工具，但随之出现了交通堵塞、交通事故、灰尘、噪声、臭味等弊端。第二次世界大战后的 20 世纪 50~60 年代，汽车行业相当繁荣，汽车对环境的负面影响也日益严重，如占用大量街道、交通事故剧增、能源和原材料的大量消耗、噪声和有害气体的大量排放等。

内燃机燃用传统的碳氢燃料在空气充足时完全燃烧，主要排放出 CO_2 和水蒸气（H_2O），还有多余的 O_2 和基本上可认为不参与燃烧反应的 N_2。完全燃烧产出的 CO_2，过去并不认为是一种大气污染物。近年来因为化石燃料的大量使用，导致地球大气中的 CO_2 含量迅速增加，造成了明显的温室效应，使地球的平均温度逐年提高。一般不认为含氢燃料燃烧产生的 H_2O 是大气污染物，因为在大气中本身就含有大量的 H_2O，而且 H_2O 是地壳的主要成分。

现在内燃机燃烧过程的时间极短，可燃气不可能完全混合均匀，燃烧室中温度快速变化又不均匀，燃料的氧化反应不可能完全。这意味着内燃机排气中会出现不完全燃烧产物（如 CO），甚至未参与燃烧的燃料，在使用碳氢化合物燃料的情况下称为未燃碳氢（unburned HC）或总碳氢（THC）或简称碳氢化合物。内燃机燃烧室中最高燃烧温度达到 2 000 ℃甚至更高，在这种高温度下，空气中的 N_2 氧化生成各种 NO_x（主要是 NO、NO_2），成为另一种排气污染物。

在柴油机中，喷嘴将燃油直接喷入气缸中，燃油在燃烧前和燃烧过程中的极短时间内与气缸中的空气混合形成可燃混合气。因此，若燃料与空气混合不均匀，在高温环境下缺氧的碳氢燃料就会发生裂解、脱氢等反应，最后生成碳基粒子。该粒子又可吸附多种未燃烧或未完全燃烧的碳氢化合物，形成排气颗粒。

此外，燃料中含有的硫还可使内燃机排放出 SO_2、SO_3 以及硫酸盐。

综上所述，内燃机的排气中，燃烧产物包括 CO_2、H_2O、HC、CO、NO_x、SO_x 及颗粒物（PM）等，在这些物质中，除 H_2O 以外的物质都对环境有害，是发动机排放出来的污染物。在现行的排放法规中，主要针对 NO_x、CO、HC 及 PM 这 4 种污染物规定了排放限值。内燃机排放的这 4 种主要污染物对人体和环境的危害简述如下。

2.1.1 氮氧化物(NO_x)危害

内燃机排出的氮氧化物绝大部分是NO，少量是NO_2，可用NO_x表示。NO是无色气体，化学性质不是很活跃，具有中等毒性。以其在空气中可能存在的浓度来说并没有直接的毒性，但高浓度的NO能引起中枢神经的障碍，会影响肺的功能。NO与血红蛋白(Hb)结合力相当强，为CO的1 000倍，为氧的30万倍。NO与血红蛋白结合成NO-血红蛋白，呈暗褐色，无释放氧气能力。

NO在空气中氧化比较缓慢，而在紫外线作用下能迅速氧化成NO_2。NO_2是褐色气体，带刺激性气味，被吸入人体后与水结合后会生成硝酸，引起咳嗽、气喘，甚至肺气肿。自然环境中含有微量的NO_2，其含量低于$0.02\ mL/m^3$。当空气中NO_2浓度为$5\ mL/m^3$时，就会被人所感知；超过$10\ mL/m^3$，会引起呼吸系统疾病；达到$150\ mL/m^3$以上时，对人体有致命危险；浓度超过$50\ mL/m^3$时，几分钟内就会出现肺浮肿而死亡。NO_2的环境限值为$0.05\ mL/m^3$。NO_2与烃类在太阳光作用下进行光学反应，生成光化学过氧化物而形成烟雾，称为光化学烟雾，其主要物质是O_3醛和过氧乙酰硝酸酯(PAN)，以O_3为主的烟雾会刺激人眼和呼吸道，严重时还会造成呼吸困难。

2.1.2 一氧化碳(CO)危害

CO是无色无味气体，是一种对血液和神经系统毒性很强的污染物。空气中的CO通过呼吸系统进入人体血液内，与血液中的血红蛋白、肌肉中的肌红蛋白、含二价铁的呼吸酶结合，形成可逆性结合物。在正常情况下，经过呼吸系统进入血液的氧，将与血红蛋白结合，形成氧合血红蛋白(O_2Hb)被输送到机体的各个器官和组织，参与正常的新陈代谢活动。如果空气中的CO浓度过高，大量的CO将进入机体血液，优先与血红蛋白结合，形成碳氧血红蛋白(COHb)，CO与血红蛋白的结合力为O_2的300倍。若CO为空气中O_2的1/300(0.07)，则有50%血红蛋白与CO结合。血色素中CO-血红蛋白对人体的危害见表2-1所列。

CO对人体的危害不但与CO的浓度有关，还与暴露时间有关。用中毒指数$\rho(CO)\cdot t$[(mg·s)/L]表示，见表2-2所列。

表2-1 CO-血红蛋白对人体的危害

CO-血红蛋白含量/%	危害程度
5~20	降低神经系统机能
20~50	头痛、目眩
50~60	疲劳、虚脱
60以上	丧失意志、死亡

表2-2 中毒指数的危害

中毒指数/[(mg·s)/L]	危害程度
240以下	无症状
600以下	轻微中毒症状
900以下	头痛中毒症状
1 500以下	呕吐中毒症状
1 500以上	生命危险

CO与血红蛋白的结合，不仅降低了血红蛋白携带氧的能力，而且还会抑制、延缓氧合血红蛋白的解析和释放，导致机体组织因缺氧而坏死，严重者则可危及人的生命。CO对机体的危害程度，主要取决于空气中CO的浓度和机体吸收高浓度CO的时间长短。如果空气中的CO浓度达到$10\ mL/m^3$，10 min之后，人体血液内的碳氧血红蛋白可达到2%以上，从而引起

神经系统反应,如行动迟缓,意识不清等。如果 CO 浓度达到 30 mL/m³,人体血液内的碳氧血红蛋白可达到 5% 左右,会导致视觉和听力障碍;当血液内的碳氧血红蛋白达到 10% 以上时,机体将出现严重的中毒症状,如头痛、眩晕、恶心、胸闷、乏力和意识模糊等;CO 浓度再高时,就会导致死亡。

2.1.3 碳氢化合物(HC)危害

HC 包括未燃烧和未完全燃烧的燃油、润滑油及其裂解和部分氧化产物,如烷烃、烯烃、芳烃、苯、醛等数百种成分。烷烃基本上无味,对于它在空气中可能存在的浓度,尚未发现对人体健康有直接影响。烯烃略带甜味,有麻醉作用,对黏膜有刺激性,经代谢转化会转变成对基因有毒的环氧衍生物,烯烃也是与 NO_x 一起形成有害的光化学烟雾的罪魁祸首之一。芳烃有芳香味,却也有危险的毒性。多环芳烃(PAH)及其衍生物均有致癌作用。具有诱变性的 PAH,其活性不仅与分子构成有关,还与其立体结构密切相关。苯在较高的浓度下可能引起白血病,有损肝脏和中枢神经系统的作用。例如,苯并(a)芘(BaP)是致癌的,而苯并(e)芘(BeP)则没有直接致癌作用。醛类是刺激性物质,其毒性随分子质量的减小而增大,且因出现双键而增强。来自内燃机排气的醛类主要是甲醛(HCHO)、乙醛(CH_3CHO)和丙烯醛(CH_2=CHCHO),它们都会刺激眼黏膜、喉和支气管,对血液有毒害。在工作环境中连续暴露的最大允许体积分数分别为:甲醛是 2 mL/m³,乙醛是 100 mL/m³,丙烯醛是 0.1 mL/m³。

2.1.4 颗粒物(PM)危害

内燃机排出的废气有白烟、蓝烟和黑烟,其中含有大量的颗粒。白烟、蓝烟主要是液相颗粒,由高沸点的未燃烃和水组成。黑烟主要是由碳烟粒子形成。燃烧时使用不同燃料、燃料添加剂、润滑油添加剂,排出的固体颗粒会有所不同。例如,燃烧重油会排出含金属元素的灰分;燃烧含铅汽油则会排出含铅氧化物的颗粒等。

柴油机排出的固体微粒直径大多在 0.1 mm。其化学组成主要有三部分:燃烧过程中产生的干碳烟(dry soot)、吸附在干碳烟上的大分子 HC 和硫酸盐。吸附在干碳烟上的大分子 HC 即指有机可溶成分(SOF)。有机可溶成分的产生主要来源于润滑油、未燃燃油及燃烧中间产物。1988 年 6 月,世界癌症研究组织(IARC)指出:柴油机排出的颗粒物可能致癌。

颗粒物的危害性与颗粒粒径大小及其组成有关,粒径越小危害越大,小于 5~10 μm 的颗粒,会深入呼吸道及肺叶组织,并在其中沉积,不易排出,引起肺组织等病变。柴油机排出的颗粒物常吸附有很强致癌性的芳香烃等物质。颗粒粒径越小,比表面积越大,越容易吸附有毒物质。细小的颗粒容易悬浮在空气中,不易沉降,可以随风漂移到离污染源很远的地方,造成行车污染。

为了表示颗粒的危害,颗粒可分为粗颗粒 PM_{10} 和细颗粒 $PM_{2.5}$ 两类。粗颗粒 PM_{10} 是指空气动力学当量直径在 10 μm 以下的颗粒,又称可吸入颗粒。直径大于 10 μm 的颗粒物可以通过呼吸系统过滤掉,不会进入肺部,对人体危害相对较小。粗颗粒 PM_{10} 可随人的呼吸沉积肺部,累积在呼吸系统中,引发许多疾病。PM_{10} 是衡量颗粒物对人体危害的一个重要指标。细颗粒对人体的危害比粗颗粒还要大,已知粒径 1 μm 左右的颗粒物在肺部沉积率最高,细小颗粒可以进入肺泡、血液引发严重疾病。细颗粒 $PM_{2.5}$ 表示对人体有高度危险性的颗粒物。

2.1.5 内燃机排放的评价指标

为了评定内燃机对环境的污染程度或排放特性,常采用下列评价指标。

(1) 排放物浓度

在一定排气容积中,有害排放物所占的容积(或质量)比例,称为排放物的浓度。通常表示体积浓度的单位有%和 mL/m^3,浓度较大时可用%,浓度较小时用 mL/m^3。质量浓度一般用于表征内燃机固态污染物的排放,如柴油机颗粒排放。常用表示质量浓度的方法有:kg/m^3、kg/L 和 mg/L 或 mg/m^3。考虑到排放量的数量级,常用的单位为 mg/m^3。为了所获数据有普遍的代表性,气体的体积一般要换算到标准大气状态。物理标准大气状态对应压力 $1.013×10^5$ Pa,温度 273.15 K。内燃机行业工程标准大气状态一般为:压力 $1.0×10^5$ Pa(其中水蒸气分压 1 000 Pa),温度 298 K。在标准状态(压力为 $1.0×10^5$ Pa、温度为 20℃)下,浓度单位之间有如下关系:$1\ mL/m^3 = 0.000\ 1\% = 0.001\ Mr/22.4(mg/L) = 1\ Mr/22.4(mg/m^3)$,其中 Mr 为有害排放物的相对分子质量。

(2) 质量排放量

内燃机排放物的浓度表示内燃机在某工况下的排放严重程度,这种指标为内燃机的研究和开发工作者广泛应用。但在环境保护实践中,要求对污染源的环境污染物进行总量控制,以保护环境品质。因此,对内燃机要确定单位时间的排放量,称为质量排放量 G(常用单位 g/h);或者按某排放标准规定的办法进行一次测试的排放量,称为循环工况排放质量或工况质量排放量(常用单位 g/test);或者安装内燃机的车辆按照规定的工况组合(称为测试循环)行驶后折算到单位里程的排放量,称为行程质量排放量(常用单位 g/km)。

$$G = CQ_r \tag{2-1}$$

式中:G 为质量排放量(g/km);C 为排气中排放物的浓度(g/m^3);Q_r 为内燃机排出的废气流量(m^3/h)。

(3) 比排放量

每单位功率小时(kW·h)排放出的污染物的质量 g 称为比排放,单位用 g/(kW·h)表示。

$$g = \frac{G}{P_e} = \frac{CQ_r}{P_e} \tag{2-2}$$

式中:P_e 为发动机有效功率(kW)。

发动机比排放量,可以客观地评价不同种类、不同大小内燃机的排放性能。比排放量可以根据测得的发动机功率、排气流量、污染物浓度或摩尔分数、污染物密度等数据进行计算。

(4) 排放指数

排放指数(EI)是指燃烧单位质量的燃料所排放的污染物质量,也称该污染物的排放率,理论上是个无量纲量,但在实践中往往以 g/kg 为单位,便于处理数值。排放指数在研究各种燃烧排放源对大气环境的影响时经常用到,因为根据燃料消耗量和排放指数,可以很方便地估算污染物总量。对于内燃机来说,排放指数随工况变化十分复杂,所以应用不多。

$$g_F = \frac{G}{B} = \frac{CQ_r}{B} \tag{2-3}$$

式中:B 为小时燃料消耗量(kg/h);g_F 是从排放方面评价燃烧过程完善程度的指标。

2.2 氮氧化物生成机理

NO_x 包括 NO、NO_2、N_2O_3、N_2O、N_2O_5、N_2O_4 以及 NO_3,其中对环境危害性最大的是 NO 和 NO_2。通常提到 NO_x 污染,主要是指 NO 及 NO_2 污染。在内燃机排气中,NO_2 的浓度比 NO 低得多,大约占 5%,所以对 NO_x 的研究主要是针对 NO。

2.2.1 一氧化氮(NO)生成机理

燃料燃烧过程中所形成的 NO 是通过几个不同反应生成的:
① 燃烧空气总的 O_2 与 N_2 反应生成 NO(热力型 NO, thermal NO)。
② 空气中的 N_2 通过两步反应生成 NO(快速型 NO, prompt NO)。
③ 燃料中的 NO_x 生成 NO(燃料型 NO, fuel NO)。
发动机实际排放的 NO 主要来源于热力型 NO。

(1) 热力型 NO 生成

在高温燃烧过程中,空气中的 N_2 和 O_2 进行反应而生成的 NO_x 的机理相当复杂,目前已被广泛接受的理论为"泽尔杜维奇机理"(Zeldovich Mechanism)。应用该机理的化学反应部分平衡和平衡理论及由化学反应动力学研究得到的有关化学反应速度常数,不仅可以用来解释热力型 NO_x 的生成机理,还可以比较准确地预测热力型 NO_x 的生成浓度。

根据泽尔杜维奇机理,空气中的 N_2 的键能很大,即使在高温情况下,O_2 和 N_2 直接生成 NO 的反应也进行得非常缓慢。

$$N_2 + O_2 \longrightarrow 2NO \tag{2-4}$$

实际上在高温环境下,NO 的生成起始于 N_2 和 O 的反应,即高温分解产生的氧原子引发了生成 NO 的链锁反应。O 原子先与空气中的 N_2 发生链式反应,生成 NO 和 N 原子,接着 N 原子又与 O_2 发生链式反应,生成 NO 和 O 原子,即:

$$O_2 \rightleftharpoons 2O \tag{2-5}$$

$$O + N_2 \underset{k_{b1}}{\overset{k_{f1}}{\rightleftharpoons}} NO + N \tag{2-6}$$

$$N + O_2 \underset{k_{b2}}{\overset{k_{f2}}{\rightleftharpoons}} NO + O \tag{2-7}$$

式中:k_{f1}、k_{f2}、k_{b1}、k_{b2} 分别为上述两个反应的正向和逆向反应速率常数。一般情况下,按上述机理计算所得到的燃烧室内 NO 的生成浓度与实测结果具有良好的一致性。

除上述两个反应外,OH 自由基对 N 原子的氧化也会生成 NO,即:

$$N + OH \underset{k_{b3}}{\overset{k_{f3}}{\rightleftharpoons}} NO + H \tag{2-8}$$

这一反应是在两个自由基之间进行的,所以速率较低,对 NO 生成量所起作用较小,过去通常不予考虑。但随着排放法规对 NO 的限制越来越严,就有必要将其考虑进去。式(2-6)~式(2-8)合在一起,称为扩充的泽尔杜维奇机理。

表 2-3 给出了上述 3 个反应式的 6 个反应速率常数。纵观这 6 个常数可以发现,式(2-6)的正向反应活化能很高,对温度非常敏感,显然控制了 NO 生成的整个链反应系统,使 O 原子浓度与反应温度成为 NO 生成的两个关键因素。

表 2-3　反应速率常数

反应速率常数	表示式/[cm³/(mol·s)]	温度范围/K
k_{f1}	$7.6×10^{13}\exp(-3\,800/T)$	2 000~5 000
k_{b1}	$1.6×10^{13}$	300~5 000
k_{f2}	$6.4×10^{9}\exp(-3\,150/T)$	300~3 000
k_{b2}	$1.5×10^{9}\exp(19\,500/T)$	1 000~3 000
k_{f3}	$1.0×10^{14}$	300~2 500
k_{b3}	$2.0×10^{14}\exp(-23\,650/T)$	2 200~4 500

将质量作用定律应用于上述 3 个反应，可得到 NO 的生成率为：

$$d(NO)/dt = k_{f1}(O)(N) - k_{b1}(NO)(N) + k_{f2}(N)(O_2)k_{b2}(NO)(N) + k_{f3}(N)(OH) - k_{b3}(NO)(H) \tag{2-9}$$

式中：( )表示物质浓度。

由于化学平衡时，同一反应的正向与逆向反应速率相等，即：

$$R_1 = k_{f1}(O)_e(N_2)_e = k_{b1}(NO)_e(N)_e \tag{2-10}$$

$$R_2 = k_{f2}(N)_e(O_2)_e = k_{b2}(NO)_e(O)_e \tag{2-11}$$

$$R_3 = k_{f3}(N)_e(OH)_e = k_{b3}(NO)_e(H)_e \tag{2-12}$$

因此，各逆向反应速率常数可以用正向反应速率常数和各成分的平衡浓度( )$_e$ 表示。研究表明，在 NO 生成反应中，除 NO 和 N 的特征平衡时间相对较长外，其他成分的平衡可假定为瞬时平衡。这样，设 $\alpha=(N)/(N)_e$，$\beta=(NO)/(NO)_e$，则式(2-9)可表示为：

$$d(NO)/dt = R_1(1-\alpha\beta) + R_2(\alpha-\beta) + R_3(\alpha-\beta) \tag{2-13}$$

类似地，利用质量作用定律可得 N 的生成率公式。考虑到 N 的浓度变化相对于 NO 更慢，为求解方便起见，对 N 做稳态假设，于是

$$d(N)/dt = R_1(1-\alpha\beta) + R_2(\beta-\alpha) + R_3(\beta-\alpha) = 0 \tag{2-14}$$

由式(2-11)可解得 $\alpha=(R_1+R_2\beta+R_3\beta)/(R_1\beta+R_2+R_3)$，代入式(2-10)，得：

$$d(ON)/dt = 2R_1(1-\beta^2)/\{1+\beta[R_1/(R_2+R_3)]\} \tag{2-15}$$

这就是由扩充的泽尔杜维奇机理计算的热力型 NO 生产率公式，式中 R_1，R_2，R_3 均与燃烧产物中各成分的平衡浓度和温度有关。计算中所涉及的平衡浓度，包括 O 原子浓度，取决于燃空当量比 φ、温度 T 和压力 P。因此，很明显，NO 生成率是 φ、T、P 和(NO)的函数。在 φ、T、P 保持常数的情况下，(NO)随时间 t 的增加而增加，于是趋于 1，有

$$d(ON)/dt \to 0, (NO) \to (NO)_e \tag{2-16}$$

即 NO 浓度逐渐接近平衡浓度。

根据研究表明，温度在 1 200℃以下时，热力型 NO 生成不多，但当温度超过 1 200℃时，NO 生成量急剧增加，每增加 100℃，NO 生成量大约增加 10 倍。

由于生成热力型 NO 的反应都是平衡反应，需要一定的时间才能得到平衡浓度。因此，高温滞留时间也是影响 NO 生成的关键因素，减少在高温环境中的滞留时间，是减少热力型 NO 生成的关键因素。

(2) 快速型 NO 生成

20 世纪 70 年代，费涅莫(Fenimore)研究了 NO_x 的生成，发现不是所有 NO_x 的生成，尤

其是在稀薄火焰中，都可以用泽尔杜维奇机理来解释。费涅莫给出了另一种反应机理，即：

$$N_2+CH \longrightarrow HCN+N \tag{2-17}$$
$$C+N_2 \longrightarrow CN+N \tag{2-18}$$
$$CN+O \longrightarrow NO+C \tag{2-19}$$
$$CN+O_2 \longrightarrow NO+CO \tag{2-20}$$

费涅莫机理（Fenimore Mechanism）只发生在存在碳氢团的不完全燃烧区域。这种 NO 生成非常快，因此被称为快速型 NO。与热力型 NO 不同，快速型 NO 与温度关系并不密切，费涅莫机理在很大的温度范围内都适用。在内燃机中，快速型 NO 只占总 NO 的很小一部分，一般低于 5%。

(3) 燃料型 NO 生成

上面所讨论的 NO 生成机理都是针对空气中的 N 在高温下转变为 NO 而提出的。一般常用燃料含 N 不多，但重油中含 0.2%~0.5% 的 N（质量比），燃油中的 N 以有机物的形式存在，如嘧啶、胺和氨基化合物等。尽管用化学方法能将 N 从燃料中除去，但因成本太高至今未能应用。这些含氮有机物在燃烧过程中蒸发并发生分解，形成较小的含氮有机物，之后较小的含氮有机物可按以下两个路径反应：①氧化形成 NO；②通过分解或与 NO 反应生成 N_2。

两种反应都在气相中进行，都是表面催化反应（颗粒表面），具体反应机理非常复杂，涉及多种物质。上述反应可简化为：

$$4NH_3+5O_2 \longrightarrow 4NO+6H_2O \tag{2-21}$$
$$4NH_3+6NO \longrightarrow 5N_2+6H_2O \tag{2-22}$$
$$8NH_3+6NO_2 \longrightarrow 7N_2+12H_2O \tag{2-23}$$

上述方程中，NH_3 代表燃料中的含氮有机物。

在众多影响燃烧的因素中，燃空比对燃料型 NO 的生成影响最大。当实际燃空比大于理论燃空比时增加空气，燃料 NO 增加很少；但当实际燃空比小于理论燃空比时，减少空气会导致燃料 NO 生成急剧减少。与热力型 NO 不同，燃料 NO 对温度并不敏感，在 800~1 700℃ 降低温度，对燃料 NO 生成的影响不大。

在式（2-22）中，燃料中的含氮有机物可以与 NO 反应生成 N_2，减少了 NO 的排放，这个反应在实际中用于减少排气中的 NO，根据有无催化剂，还可分为选择性催化还原（SCR）和选择性非催化还原（SNCR）。

2.2.2 一氧化二氮（N_2O）生成机理

除上面 3 种 NO 的生成模式外，还有一种观点认为空气中的 N_2 还通过 N_2O 生成 NO，其反应过程为：

$$O+N_2+M \longrightarrow N_2O+M \tag{2-24}$$

式中：M 可以是任意气体成分。

式（2-24）生成的 N_2O 根据不同条件，可以进一步还原成 N_2 或氧化成 NO。一般来说，形成 N_2 的可能性较大，但是当空气量和温度增加时，由 N_2O 生成的 NO 也增加。其反应式为：

$$N_2O+O \longrightarrow 2NO \tag{2-25}$$

由于发动机中 NO 生成机理非常复杂，目前通过 N_2O 生成的 NO 详细机理尚不完全清楚。

2.2.3 NO 生成的平衡过程与非平衡过程

如前所述，如果不考虑燃料含 N，则内燃机排气中的 NO 主要靠热反应生成。前面已经提到，决定 NO 在热反应中生成速率的主要因素是 O 原子浓度和反应温度。在一定的 O 原子浓度和反应温度下，如果反应时间足够长，热力型 NO 浓度可达到相应的平衡浓度。在同一初始温度和压力下，可燃混合物燃烧后，NO 平衡浓度随燃空当量比 φ 的不同而变化。对于稀混合气（$\varphi<1$），O 原子充足，故 NO 平衡浓度主要取决于气体温度。在稀混合气一侧，越接近于 1，其温度越高，NO 平衡浓度就越大。但当 φ 趋近于 1 时，O 原子开始不足，这时 NO 平衡浓度开始下降。所以，NO 平衡浓度最大值不是出现在 $\varphi=1$ 时，而是在接近 1 的稀混合气一侧。在浓混合气一侧，随着 φ 增加，气体温度降低，O 原子急剧减少，因此，NO 浓度随 φ 的增加而急剧下降。上述变化趋势如图 2-1 所示。

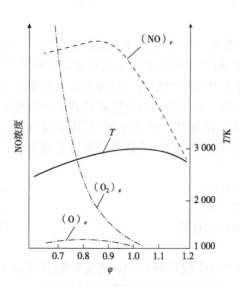

图 2-1 NO 平衡浓度与 φ 的关系

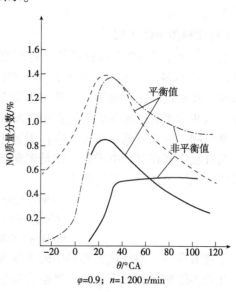

图 2-2 NO 生成的非平衡过程

在产生 O 原子的分解反应中，气体物质的量随反应度的增加而增加。由化学热力学的勒·夏特列原理可知，压力增加使这一分解反应的反应度减小。在稀混合气中，由于 NO 平衡浓度与 O 原子浓度关系不大，因而压力对 NO 生成的影响也就不明显。但是，在浓混合气中，NO 平衡浓度主要受 O 原子浓度影响，这就使压力增加所造成的 O 原子浓度下降，明显影响 NO 的平衡浓度，使 NO 平衡浓度减少。

NO 平衡浓度只能定性地说明在内燃机中影响 NO 生成的主要因素。实际上，在内燃机中，热力型 NO 生成的时间极其短暂（以 ms 计），因此，所生成的 NO 浓度低于燃烧温度所对应的平衡浓度。当膨胀冲程时缸内气体温度不断下降，虽然相应温度的 NO 平衡浓度也迅速下降，但缸内 NO 的实际浓度却由于逆向反应速率太低而几乎没有下降。这种反应"冻结"使内燃机 NO 排放浓度大大高于排气温度对应的平衡浓度。实际测定和计算都已表明，在内燃机中 NO 浓度"冻结"的温度为 1 700~1 800 K。以上情况说明，在内燃机中 NO 生成具有非平衡过程的特征，对于这种非平衡过程，反应时间、温度和 O 原子浓度一起，对 NO 的排放浓度起着重要作用。

图 2-2 所示的是内燃机的燃烧产物在高温区的停留时间对 NO 生成量的影响。图中虚线和点划线分别表示在上止点前 30 曲轴转角（°CA）形成的燃烧产物区中 NO 平衡浓度和非平衡浓度随时间的变化情况。该产物区在上止点前形成，有较长的高温区停留时间，因此该区的 NO 最高浓度与最大平衡浓度比较接近。图中实线表示在上止点后 10°CA 形成的燃烧产物区中 NO 浓度随时间的变化情况。该产物区在上止点后形成，气体温度较低，且在高温区停留

时间也短,因此该区的 NO 最高浓度比最大平衡浓度低得多,并且其 NO 浓度在上止点后 40°CA 附近就已冻结。

在内燃机的工作循环中,决定 NO 生成的工质状态不仅随时间变化,而且其空间分布也不均匀,因而从进气阀关闭到排气阀打开这段时间 τ 内,整个气缸容积 V 内由热反应生成的 NO 质量 G_{NO},可以通过积分得到,即:

$$G_{NO} = \iint_{\tau V} \frac{d(NO)}{dt} dV dt \tag{2-26}$$

2.3 一氧化碳生成机理

CO 是一种常见物质,与内燃机其他排放污染物(如 NO_x 和 HC)相比,其生成机理及影响因素比较简单。HC 经氧化过程最后生成 CO_2,而 CO 的生成是此过程中重要的中间步骤,即:

$$RH \longrightarrow R \longrightarrow RO_2 \longrightarrow RCHO \longrightarrow RCO \to CO \tag{2-27}$$

式中:R 代表烃基。

RCHO 生成 CO 是通过热分解,或通过下列方式实现:

$$RCHO + \begin{Bmatrix} O_2 \\ OH \\ O \\ H \end{Bmatrix} \longrightarrow CO + L \tag{2-28}$$

生成的 CO 接着主要通过反应(2-29)氧化为 CO_2。

$$CO + OH \underset{k_{b1}}{\overset{k_{f1}}{\rightleftharpoons}} CO_2 + H \tag{2-29}$$

这一反应的正向反应速率 k_{f1} 和逆向反应速率 k_{b1} 均较大,一般情况下可认为反应瞬时平衡,因而 CO 和 CO_2 浓度可用平衡常数 k_1 表示,即:

$$(CO)/(CO_2) = (1/k_1)[(H)/(OH)] \tag{2-30}$$

燃料的氧化速率取决于氧浓度、工质温度以及化学反应所占有的时间。如果燃料燃烧过程中局部空间和瞬时存在下列条件之一,则 CO 不能继续燃烧生成 CO_2 而被排出机外:

①参与反应的气体温度突然过低。

②参与反应的气体突然缺乏氧化剂。

③反应物停留在适合于反应条件(如温度和浓度等)的时间过短。

CO 氧化为 CO_2 的反应就是放热反应,放热反应的平衡常数随温度降低而增大,故在内燃机膨胀过程中将随温度降低而增大。这就说明,只要—OH 供应充分,高温中形成的 CO 在温度下降时会很快转变为 CO_2。但如果混合物过浓,则—OH 将主要被 H 夺走而束缚在 H_2O 中,CO 就难以被完全氧化留在燃气中而是被排出气缸。

反应系统中 OH 和 H 的浓度主要决定于如下 7 个基本反应:

$$H + O_2 \rightleftharpoons OH + O \tag{2-31}$$

$$O + H_2 \rightleftharpoons OH + H \tag{2-32}$$

$$OH + H_2 \rightleftharpoons H_2O + H \tag{2-33}$$

$$H + O + M \rightleftharpoons OH + M \tag{2-34}$$

$$H + OH + M \rightleftharpoons H_2O + M \tag{2-35}$$

$$H+H+M \rightleftharpoons H_2+M \tag{2-36}$$

$$O+O+M \rightleftharpoons O_2+M \tag{2-37}$$

其中，式(2-34)~式(2-37)都是三分子反应，其反应速率比式(2-31)~式(2-33)双分子反应的反应速率低得多。在内燃机膨胀过程中，上述双分子反应的正向和逆向反应速率均很大，可认为处于连续平衡状态，而三分子反应因其反应速率过低而可忽略不计。这种所谓"部分平衡"使(H)和(OH)偏离完全平衡时的值。如果(H)和(OH)虽偏离平衡值，但$(H)/(OH)$与$(H)_e/(OH)_e$仍接近，则由于$(CO_2) \approx (CO_2)_e$，根据式(2-32)，(CO)值仍与$(CO)_e$接近。但是，(H)偏离平衡值的程度比(OH)的大，且在膨胀过程中随着温度的下降这种偏离会越来越大，因此使(CO)偏离$(CO)_e$的程度也越来越大。图2-3所示的是在膨胀过程中CO浓度的变化规律，可知CO的氧化确实受化学反应动力学因素的控制。

上述机理的正确性已通过计算值和实测值的比较而确认。图2-4所示的是CO排放浓度实测值与计算值的对比，两者相当一致。图2-4中还给出了分别与燃烧期平均气体温度和排气温度相对应的CO平衡浓度(曲线1和曲线2)，可以看到，CO排放浓度曲线在这2个平衡浓度曲线之间。

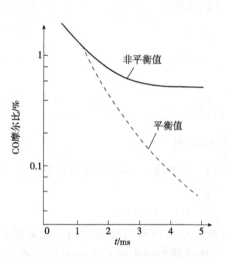

图2-3 膨胀过程中CO浓度变化

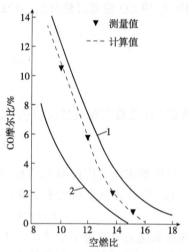

图2-4 CO排放浓度随空燃比的变化

CO的氧化率可以由上述"部分平衡"假设导出。设反应式(2-31)~式(2-33)的平衡常数分别为k_1、k_2、k_3、k_4、k_5、k_6，则由平衡常数定义推得：

$$(OH) = (k_2 k_3)^{\frac{1}{2}} (H_2)_e^{\frac{1}{2}} (O_2)_e^{\frac{1}{2}} / (H_2O)_e \tag{2-38}$$

$$(H) = k_6 (k_2 k_3)^{\frac{1}{2}} (H_2)_e^{\frac{1}{2}} (O_2)_e^{\frac{1}{2}} / (H_2O)_e \tag{2-39}$$

由式(2-29)，得

$$-\frac{d(CO)}{dt} = k_{f1}(CO)(OH) - k_{b1}(CO_2)_e(H) \tag{2-40}$$

将式(2-38)、式(2-39)代入式(2-40)，并考虑到水煤气反应平衡常数$k_{wg} = k_1/k_4$，则

$$-\frac{d(CO)}{dt} = k_{b1} k_4 (k_2 k_3)^{\frac{1}{2}} (H_2)_e^{\frac{1}{2}} (O_2)_e^{\frac{1}{2}} (CO) [k_{wg} - (CO_2)(H_2)_e / (CO)(H_2O)_e] \tag{2-41}$$

也有用经验公式表示的，如

$$-\frac{d(CO)}{dt}=k_0(CO)(O_2)^{\frac{1}{2}}(H_2O)^{\frac{1}{2}}\exp[-E/(RT)] \tag{2-42}$$

式中：$k_0 \approx 1.3 \times 10^{14}$ cm³/(mol·s)；E 为湿分扩散活化能(J/mol)；R 为气体常数，8.314 J/(mol·K)；T 为温度(K)。

综上所述，由于化学反应动力学的作用，即便在稀混合气情况下，高温分解出来的 CO 也不能在膨胀期全部氧化为 CO_2，而必然从排气中逸出，但排出的 CO 浓度一般很低。然而，对于浓混合气，不完全燃烧将形成大量无法继续氧化的 CO。经常在接近理论空燃比或过浓情况下工作的传统汽油机，其 CO 排放浓度较高，而对于过量空气系数较大的柴油机，尽管喷油造成局部过浓会使过浓区域的 CO 浓度相当高。但是，在随后过浓区域中物质向空气区的扩散过程中，CO 还能够充分氧化，因此，其排放浓度通常比汽油机的低得多。

2.4 碳氢化合物生成机理

通常，人们把内燃机逸出物中没有燃烧和部分燃烧的 HC 统称为未燃碳氢。除排气中的未燃碳氢外，还有燃油系统蒸发逸出的以及由气缸内经过活塞、活塞环、气门导杆等处漏出并散入大气的未燃碳氢。内燃机的排气有害物质中，未燃碳氢是最复杂的。到目前为止，已从 HC 中分离出 200 多种化合物。根据对内燃机排气的平均组分分析结果，排气 HC 中含烷烃 44.3%、烯烃 41.8%、芳烃 13.8%。芳烃和烯烃中某些 HC 存在明显的或剧烈的毒性，如丙烯醛、甲醛、苯并(a)芘等。在排气的 HC 中，既包括无氧 HC，也包括含氧 HC。柴油机排气中的 HC，一般是指由氢火焰离子检测器所测得的总碳氢，以碳数计的百万分之一浓度(mL/m³ C)表示。

HC 包括燃油中的未燃碳氢、裂解反应和再化合反应的产物、燃烧和氧化反应的中间产物等，其分子质量和含碳原子数的分布范围很广。含碳原子数从 $C_1 \sim C_{43}$ 均有，但主要分布在 $C_1 \sim C_{25}$。

HC 的生成机理很复杂，它是由多种因素形成的。目前，对内燃机中未燃碳氢的生成源已了解得比较清楚。然而，对各生成源产生未燃碳氢的确切数量以及具体成分尚有待进一步研究。

(1) 烃的氧化反应

大量试验表明，碳氢燃料的氧化根据其温度、压力、燃空当量比、燃料种类及分子结构的不同而有着不同的特点。一般情况下，当温度低于 200℃ 时，氧化反应速率极慢；随着温度上升，开始产生各种含氧化合物，如过氧化氢、甲醛、ROOH 等；待温度上升到 300～400℃ 时，除甲烷、乙烷外，绝大多数碳氢燃料会出现冷焰；温度进一步上升，冷焰消失，反应速率反而降低，反应物又进入慢氧化反应阶段；再进一步提高温度，则出现热焰，燃料很快氧化为最终的稳定生成物。燃料氧化反应随温度而变化的过程，通常用图 2-5 所示的爆炸界限曲线表示。该曲线随燃料分子氧化活化能的下降而向坐标的左下角移动。图 2-5 中，横虚线表示在一定压力下，随着温度提高，反应物经历 1(稳定反应)→2(冷焰)→3(稳定反应)→4(热焰) 4 个阶段。其中唯有在冷焰和热焰阶段烃才进行快速反应(爆炸)。所以，上述碳氢燃料的氧化过程通常又称为两阶段燃烧

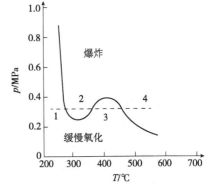

图 2-5 碳氢燃料的爆炸界限

（低温燃烧和高温燃烧），冷焰反应尽管反应速率很快，但产生的稳定产物不多，故反应释放的热量较少。燃烧放热主要发生在热焰阶段。此外，无论冷焰反应或热焰反应都有一个时间上的滞后，称为诱导期。

$$RH \text{（燃料分子）} \longrightarrow RH^* \text{（激活的燃料分子）} \begin{cases} \text{I（稳定分子）} \\ \text{II（自由基）} \end{cases}$$

为了解释上述现象，谢苗诺夫（Semenov）假设碳氢燃料的氧化有两条路线，即路线 I 需要高的活化能，因此只有在较高温度下才能实现。燃料激活后与羟基反应：

$$RH+OH \longrightarrow R+H_2O \tag{2-43}$$

在稀的或浓的混合物中，燃料分子也可与 O 原子反应，即：

$$RH+O \longrightarrow R+OH \tag{2-44}$$

在浓的混合物中，还可进行下述反应：

$$RH+H \longrightarrow R+H_2 \tag{2-45}$$

此外，还有燃料分子的裂解以及裂解产物的氧化。例如，裂解出的甲基的氧化：

$$CH_3+O \longrightarrow H_2CO+H \tag{2-46}$$

$$CH_3+O_2 \longrightarrow H_2CO+OH \tag{2-47}$$

$$H_2CO+OH \longrightarrow HCO+H_2O \tag{2-48}$$

$$HCO+OH \longrightarrow H_2O+CO \tag{2-49}$$

$$HCO+M \longrightarrow H+CO+M \tag{2-50}$$

$$CO+OH \longrightarrow CO_2+H \tag{2-51}$$

路线 II 的反应活化能低，可产生很多自由基，其稳定产物主要是醛类和烯烃。反应首先从燃料分子和 O 分子开始：

$$RH+O_2 \longrightarrow R+HO_2 \tag{2-52}$$

该反应式是吸热反应，反应速率较慢，诱导期较长。当产生出 R 和 HO_2 自由基后，进行以下一系列直链和支链反应：

$$R+O_2 \longrightarrow RO_2 \tag{2-53}$$

$$RO_2 \longrightarrow R'CHO+R''O \tag{2-54}$$

$$RO_2+RH \longrightarrow ROOH+R \tag{2-55}$$

$$R+O_2 \longrightarrow \text{烯烃}+HO_2 \tag{2-56}$$

$$H_2+RO_2 \longrightarrow H_2O_2+R \tag{2-57}$$

$$ROOH \longrightarrow RO+OH \tag{2-58}$$

$$RCHO+O_2 \longrightarrow RCO+H_2 \tag{2-59}$$

反应式（2-53）的活化能近乎为零，故反应很快，反应式（2-54）和式（2-56）分别生成稳定产物醛和烯烃。

无论是低温燃烧还是高温燃烧，燃料的氧化都可以认为是不可逆的，两者的差别在于：低温燃烧时，燃料分子大部分转化为烯烃，故热量释放很少；高温燃烧时，燃料分子很快被氧化为最终产物，热量释放多，而且燃料的消耗与能量的释放接近同步。

以上理论适合于一定燃空当量比范围内的混合物。实际上，无论混合物着火还是火焰传播都存在抑制燃烧发生的浓限和稀限。一般火焰传播界限宽于着火界限，且上述界限均随着温度的升高而拓宽。

由此可以推断,如果燃烧室中某些燃料不能经历高温燃烧阶段,那么它们或仅仅缓慢氧化,或经历低温燃烧,最后总有未燃碳氢排出气缸。具体表现在:

①虽然燃空当量比在燃烧界限内,但可燃混合物因贴近冷的表面,散热损失大,火焰无法传入这部分混合物。这种现象常称为壁面激冷现象。

②燃烧室内燃空比的空间分布不均匀造成混合物局部过浓或过稀,致使反应过于缓慢而无法将局部温度提高到产生高温燃烧的程度。

(2) 火焰淬熄理论

当火焰在可燃混合物中传播到吸热体附近[图2-6(a)]时,火焰传播速度会降低到无法正常传播。最靠近吸热体而火焰传不到的反应区称为激冷层(或淬熄区)。两个吸热体(如两块板)互相接近到一定程度[图2-6(b)],火焰就不能通过此狭小空间。这一临界间距称为淬熄距离(d_0),d_0总是大于2倍的单壁激冷层厚度q_d。

火焰淬熄理论主要依据火焰趋近吸热体时的传热分析。如果在同一时间内传热带走的热量比燃烧反应生成的热量多,火焰就会淬熄。图2-7给出了热量生成率$\dot{Q}_g$和热量损失率$\dot{Q}_e$随温度变化的曲线,其中3条热量损失率曲线分别表示与壁面距离不同处因传热条件各异所造成的热量损失。曲线1是远离壁面处的热量损失率,由能力平衡得到的燃烧温度T';曲线2是临界情况,当火焰趋近壁面时,热量损失率增加,损失率曲线与生成率曲线相切,切点温度T^*实际上是无法维持的,因为稍有扰动,热量损失率就大于热量生成率,火焰就会淬熄。从贴近壁面处的能量损失率曲线3可知,能量平衡决定了无法得到"热"解,而"冷"解温度T''表明火焰已经淬熄,混合气处于缓慢氧化阶段。

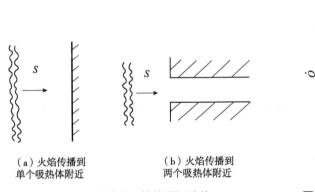

(a) 火焰传播到单个吸热体附近

(b) 火焰传播到两个吸热体附近

图2-6 火焰在吸热体附近淬熄

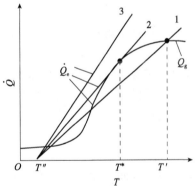

图2-7 火焰传播与淬熄时的能量平衡

发动机的燃烧室表面冷却介质的冷却,温度比火焰低得多。壁面对火焰的迅速冷却使火焰中产生的活性自由基复合,燃烧反应链中断,使反应变缓或停止。结果使火焰不能一直传播到燃烧室壁表面,而是在表面上留下一薄层未燃烧或不完全燃烧的可燃混合气。发动机正常运转时,冷激效应造成的火焰淬熄层厚度在0.05~0.4 mm变动,在小负荷时或温度较低时淬熄层较厚。试验表明,淬熄层中有大量醛类存在,主要是甲醛和乙醛。在发动机正常运转工况下,淬熄层中的未燃HC在火焰前锋面掠过后,大部分会扩散到已燃气体主流中,在气缸内基本被氧化,只有极少一部分成为未燃HC排放。但在冷起动、暖机和急速等工况下,因燃烧室内壁面温度较低,淬熄层较厚,同时已燃气体温度较低及较浓的混合气使后期氧化作用减弱,因此壁面火焰淬熄是此类工况下未燃HC的重要来源。

(3)缝隙效应

内燃机燃烧室中有各种很狭小的缝隙,如活塞、活塞环与气缸壁之间的间隙等。压缩过程中气缸内压力升高时,可燃混合气挤入各缝隙中。因为这些小容积具有很大的面容比,致使进入其中的气体通过与温度相对较低的壁面的热交换很快被冷却。在燃烧过程中缸内压力继续升高,又有一部分未燃的混合气进入各缝隙。当火焰前锋面到达各缝隙所在地时,火焰或者钻入缝隙把那里的混合气全部烧掉,或者烧掉一部分,或者火焰在缝隙的入口处淬熄。淬熄的可能性取决于缝隙入口的几何形状和尺寸、未燃混合气的组成及其热力状态。在火焰到达缝隙口并淬熄后,一部分已燃气体本身也会挤入缝隙,直到缸内压力开始下降为止。当缝隙中的压力高于气缸的压力时(在上止点后15~20°CA),陷入缝隙中的气体逐渐流回气缸。但这时气缸内的温度已下降,O_2的浓度也很低,流回缸内的可燃混合气再氧化的比例不大,有1/2以上会原封不动地排出气缸。

计算表明,若缝隙容积占整个压缩容积的2%,则有10%左右的初始工质留在缝隙中。由于首先进入缝隙中的工质是其周围的气体,所以火焰到达缝隙附近的时间决定了这10%的工质包含多少未燃气体。显然,如果火焰到达较早,则在火焰到达后因缸内压力升高进入缝隙的工质主要是已燃气体。在膨胀期,缸内压力降低,工质从缝隙中逸出,较早逸出的未燃气体因缸内温度较高尚能较快氧化;而较晚逸出的气体,特别是排气阀门开启后逸出的未燃气体,则无法充分氧化。

试验结果表明,缝隙效益造成的HC排放可占HC排放总量的50%~70%。

(4)润滑油膜的吸附和解吸

在进气期间,覆盖在气缸壁面和活塞顶面的润滑油膜被在环境压力下来自燃油的HC蒸气所饱和。这种溶解吸收过程在压缩和燃烧过程期间较高压力下继续进行。当燃烧室燃气中的HC浓度由于燃烧几乎降低到零时,油膜中的HC向已燃气解吸的过程就开始了,并继续到膨胀和排气过程。一部分解吸的燃油蒸气与高温的燃烧产物相混合,然后被氧化;其余部分与温度相对较低的燃气混合,因而不氧化,成为HC排放源。这种HC排放与燃油在润滑油中的溶解度成正比。在燃烧室壁面上出现大面积润滑油膜是HC排放的一个重要因素,HC排放量随润滑油消耗量的增加而增加。适当设计活塞环以降低润滑油消耗,也有助于降低HC排放量。

根据研究表明,润滑油吸附和解吸机理产生的未燃HC排放占HC排放总量的25%左右。

(5)汽油机排气中未燃碳氢的主要来源

图2-8所示的是从汽油机排气过程中未燃碳氢浓度随曲轴转角的变化情况,可以看到缝隙容积是产生未燃碳氢的主要来源。从图中可以看出,未燃碳氢浓度的最大峰值出现在排气后期,这时气缸内压力正急剧下降,未燃气体以旋涡形式从火力岸缝隙卷出,然后排出气缸。

由此可知,在正常燃烧情况下,缝隙容积是汽油机排出未燃碳氢的主要根源,而单壁面激冷层也是根源之一。除此之

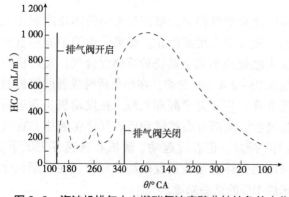

图2-8 汽油机排气中未燃碳氢浓度随曲轴转角的变化

外，燃烧室壁积碳层和缸壁上的润滑油膜也可能是产生未燃碳氢的一个根源。在压缩冲程末期和燃烧初期，缸内压力较高，积碳层和油膜能吸收工质中的燃油蒸气，然后在膨胀期压力下降时释放出来。

如果因某种原因汽油机燃烧室内的混合气燃烧不完全，那么未燃碳氢的排放量就会额外增加。这些原因包括：急速时混合气过浓；在突变工况的过渡过程中混合气过浓或过稀；在低负荷时燃烧室某些区域内的残余废气过多，混合气无法引燃；点火出现间歇断火现象。

此外，如果换气过程配气正时不当，混合气就会在进、排气门同时开启的扫气过程中由排气门逸出（二冲程发动机较严重），这也会增加未燃碳氢的排放。

(6) 柴油机排气中未燃碳氢的主要来源

由于柴油机在接近压缩终了时才喷射燃油，燃油空气混合物分布不均匀，因此，缝隙容积内和缸壁附件多为新鲜空气。换言之，缝隙容积和激冷层对柴油机未燃碳氢排放的影响相对汽油来说小很多。这是柴油机未燃碳氢排放浓度一般比汽油机低很多的主要原因。

燃料在空气中不能燃烧或不能完全燃烧，主要是因为：温度或压力过低；混合气浓度过浓或过稀；超出了富燃极限或贫燃（稀燃）极限。这些原因包括局部温度和瞬时温度过低、局部浓度和瞬时浓度过浓和过稀等，所有这些原因都是 HC 的成因。下面分别阐述。

① 混合气过浓　柴油机的燃烧是不均匀的异相燃烧。即使过量空气系数相当大，混合气的局部过浓和瞬时过浓仍然存在。特别是喷注的尾部和核心部位经常是以雾化不良和混合气过浓的形式存在。喷注贯穿率过大，其前锋油堆积于燃烧室壁面上而来不及与空气完全混合时，也会形成局部过浓。从喷嘴压力室和残留在喷孔内的燃油渗入或漏入燃烧室后，不能与空气很好混合，更是重要的 HC 生成源。

各喷孔的喷注进入燃烧室后呈不对称的扇形。在涡流的吹拂下，相邻两股喷注的前锋之间，可能产生互叠和干扰，从而形成局部或瞬时的过浓混合气。至于因喷油压力低、喷孔过大、喷油初速小、燃油黏度和表明张力过大，造成喷雾不良、雾珠直径过大而形成的混合气局部和瞬时过浓，更是难以避免。

总之，在柴油机的每循环喷油和燃烧中，尽管表观上的过量空气系数不算小，其局部和瞬时的混合气过浓，超过富燃极限依然是不可避免的。在喷油结束时，喷嘴针阀流通面积减小，喷孔处的压力差降低，造成尾喷射时雾化不良，而这正是 HC 的重要排放源。这部分燃油引起的 HC 排放率取决于尾部喷射燃油占循环喷油量的比例大小，以及尾喷射燃油中未被燃烧的部分所占的比例大小，这都与喷油压力等参数有关。

② 混合气过稀　一般来说，柴油机的实际空燃比超过理论空燃比 1/2 以上。在部分负荷或空负荷时，将会超过 1~6 倍，甚至更大。换言之，就完全平均来说，燃烧室内的混合气就偏于贫燃一方。更为严重的是，存在前面各种过浓的混合气部位，就必然存在相当多的超过贫燃极限的混合气过稀区。例如，活塞的顶隙区、火力岸圆周侧隙区、较深的气门坑内、相邻两喷注之间衔接不到的区域、靠近喷孔锥锥顶附件的区域、活塞定内燃烧室的上空部位，以及贯穿度不足时燃烧室近壁处等。

应该注意，混合气的富燃极限和贫燃极限与燃料性质、缸内温度和压力（氧的浓度）有关。温度和压力越低，则混合气的可燃极限范围越小，即混合气的富燃上限越小，贫燃下限越大。

滞燃期中形成的过稀混合气产生的 HC 排放，是柴油机 HC 排放源中相当重要的部分，特别是低负荷、高转速时。这部分 HC 排放量与滞燃期内形成的过稀（超稀燃极限）混合气的量有关。当滞燃期小于某个临界滞燃期时，不产生上述部分的 HC 排放；而当滞燃期超过这一临界滞燃期时，就产生这部分 HC 排放。其产生的量与滞燃期的长短、喷油速率和碳氢氧化速率等有关。

③混合气过冷或骤冷　这一般出现在靠近气缸壁或燃烧室其他壁面附近的混合气中。混合气过冷或骤冷的温度是相对的。例如，正在燃烧着的混合气，其火焰温度可达 2 200 K 以上。当气流运动等原因使其突然转到靠近有冷却水的缸壁缝隙时，火焰可能骤然降温而形成不完全燃烧，出现 HC。混合气的过冷或骤冷（局部的和瞬时的）现象在发动机部分负荷或空负荷或冷启动过程时，更是难以避免。

另外，油嘴结构设计不当，特别是阀后压力室容积过大是形成柴油机未燃碳氢排放的重要原因，因为针阀关闭后留在压力室容积内的剩余燃油会在膨胀冲程中通过喷孔渗漏出来。研究表明，阀后压力室容积从 3.5 mm^3 减小到 0.7 mm^3，可使未燃碳氢排放量减少到原来的 1/3 左右。起动时不着火，发动机窜机油、不正常喷射等也是产生未燃碳氢的原因。

值得指出的是，在内燃机排放的 HC 中，除燃油的成分以外，润滑油的成分也占有相当的比例。所以，柴油机润滑油系统的优劣直接影响着 HC 排放浓度。

2.5　颗粒物生成机理

颗粒物是除去未化合的水以外所有固态的碳基颗粒、液态的燃油与润滑油以及无机物（附聚在碳基颗粒表面上的 SO_2、NO_2、H_2SO_3、Pb）等物质的总称。颗粒包括排气中的一切有边界的物质，而不管其性质、组成、大小和形状。颗粒包括下列物质：①固体的碳基颗粒；②液体的碳氢颗粒，氧化中间产物为酮、醛、酯、酚、有机酸、未燃碳氢以及经重排或再化合的分子质量较大的碳氢，大部分吸附在固体碳基颗粒上，仅少部分独立存在；③无机物，如 SO_x、NO_2、H_2SO_4、硫酸盐和各种痕量金属等，主要附聚在碳基颗粒表面。

发动机冷启动时，会在排气管内凝聚产生以未燃燃料及机油为主的液相颗粒。当这些液体颗粒直径较大时，表现为白烟；直径较小时，表现为蓝烟。白烟和蓝烟主要成分是未燃 HC（含燃油和润滑油）、水蒸气以及不完全燃烧中间产物（如含氧碳氢）。除水外，它们都属于颗粒范畴。

水分也是附聚物之一（也有单独以气态存在和排出的）。在附聚物中包括的水分，在机内和初测量时，属于颗粒范围。但是，按《轻型汽车污染物排放限值及测量方法（中国第六阶段）》（GB 18352.6—2016）与《重型柴油车污染物排放限值及测量方法（中国第六阶段）》（GB 17691—2018）规定，颗粒必须在一定温度下干燥后称量。因此，水分实际上不包括在颗粒内。

柴油机燃烧过程中形成的颗粒，在排至大气经稀释和冷却后，会发生物理变化和化学变化。一般分为原始颗粒，以及新形成的颗粒又称二次颗粒或再生颗粒（如经凝聚过程、催化反应和光学反应形成的新颗粒）。

柴油机颗粒的实测排放率，不仅与燃烧的品质有关，而且与样品的采集条件（如取样时的温度、压力、排气的稀释程度、已经混合状态等）和度量方法等有关。例如，《非车辆用柴油机排放标准》ISO 8178 和美国法规规定取样温度为 52℃，就是为了避免颗粒中水分的冷凝。

柴油机排气中的颗粒与汽油机的排气颗粒不同。后者主要是硫酸盐等组分，而前者主要是一种类似石墨形式，以碳为基本成分，并凝聚和吸附了相对多的有机物和无机物。颗粒的大小和形状范围很广，从直径为 0.01 μm 的单颗粒，到长链或大块团的 10~30 μm 的大颗粒都有，也就是从接近分子大小的小颗粒到人眼可见大小的大颗粒都有。

在内燃机排气颗粒中，虽然偶尔可发现直径大于 2 μm 的，但通常都在 1 μm 以下。柴油机排出的颗粒尺寸比汽油机的大。汽油机排气的颗粒粒径分布峰值一般出现在 0.02 μm 左右，柴油机排气的颗粒粒径分布峰值一般出现在 0.1 μm 左右，都处于在大气中能长期悬浮的范围内，并且这些颗粒常吸附有致病作用的物质，因而对人体有直接威胁。

颗粒通常呈黑色，主要由碳元素构成，但与石墨结构差别很大。当颗粒上尚未凝结或吸附未燃 HC 时，它通常只包含物质分数为 10% 左右的 H 元素。而当有未燃 HC 凝结或吸附在颗粒上时，颗粒中的 nH/nC 比可上升到 1 以上。颗粒上的含氢成分绝大多数可用有机溶剂萃取出来，它们被称作可溶有机成分（SOF），萃取后的颗粒则称作碳烟（soot）。一般来说，SOF 占颗粒物质量的 15%～30%，但观测到的总变化范围要大得多（10%～90%）。发动机负荷越小，SOF 比例就越大，这与温度的影响比较一致。碳烟的 H/C 原子比在 0.1～0.2，而 SOF 为 1.2～1.6。在不同柴油机工况下，SOF 的平均相对分子质量为 360～400，这正好落在柴油（200）与润滑油（440～490）之间。放射性示踪研究表明，碳烟中基本不含润滑油成分，后者全部进入 SOF，在不同机型和不同工况下占 SOF 质量的 15%～80%。燃油产生的物质有 80% 进入碳烟，20% 进入 SOF。颗粒中的 SOF 含有对健康和环境有害的成分，包括各种未燃 HC、含氧有机物（醛类、酮类、酯类、有机酸类等）和多环芳烃（PAH）及其含氧和含氮衍生物等。研究表明，SOF 是颗粒威胁人体健康的主要因素，因而近年来受到极大注意。SOF 组成中以烷烃为最多，占 1/2 左右，其次是乙醚不溶性物、含氧化合物和有机酸，含多环芳香烃一般不到 10%。上述 SOF 主要来自未燃的、部分氧化或裂解的燃料和润滑油，其生成特点接近于气相未燃 HC 的生成特点。

柴油机燃烧过程中形成颗粒的根本原因是存在非均相燃烧（异相燃烧）。在一定高温（主要是局部温度）和压力下，非均相燃烧使燃料形成特有的化学反应而形成初生态碳粒，经冷凝形成颗粒胚核。颗粒胚核非常小，小到只有电子显微镜才能观察到。

这些雏形的颗粒具有很强的亲和力，因而能凝聚和生长为中型颗粒，再经过吸附和附聚过程而成为最终的排出颗粒。这个生核、凝聚、吸附和附聚过程尽管很复杂，但却在数毫秒的瞬时中完成的，在这极短的时间内，如果从 0.01 μm 单颗粒凝聚和附聚到 30 μm 的大团颗粒，需要结集 4 000 个左右的单颗粒。

图 2-9 给出了烃类燃料燃烧过程中生成颗粒的进程。从该图看出：烃类燃料燃烧时，由于存在较低燃烧温度和较高燃烧温度（均含局部温度）两种情况，使烃类按两种途径发展，一种是在较高温度时，如此时缺氧（含局部缺氧），则烃经高温缺氧裂解生成原子碳，或经逐渐脱氢而形成碳基燃烧；另一种是先脱氢成烯烃化合物，继而再脱氢成乙炔，最后脱氢成碳基燃烧。这就是以碳烟形式成为燃烧的途径。

烃类裂解生成原子碳所需要的温度时很高的，局部的火焰温度大约需 3 500 K 或以上，而在 2 300 K 左右时会形成逐级脱

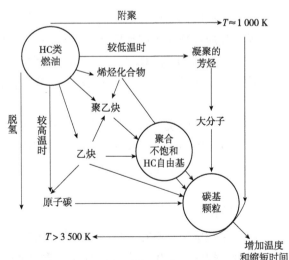

图 2-9 烃类燃烧过程中生成颗粒的进程

氢。当脱氢成聚乙炔时，经聚合构成不饱和高碳含量的碳氢自由基，并最终成为碳基颗粒。

当燃烧局部温度较低时（如靠近冷壁的燃油），一部分烃类未参与燃烧或未完全燃烧成终产物，而成为含氧的燃烧中间产物（如醛、酯、酮、酚、醚等），或聚合成大分子量的碳氢（主要是多环芳烃）。它们最后也成为碳基颗粒，或附聚取在碳基颗粒上。

如果燃烧重增加温度（含局部温度）和缩短燃烧时间，液体 HC 的附聚过程会转变为高温裂解脱氢过程，最后仍以碳烟形式而成为颗粒。

综上所述，内燃机排气中出现的颗粒是燃料在燃烧过程中经历了一系列物理、化学变化后形成的，一般要经历如图 2-10 所示的几个阶段。首先燃料分子在高温中裂解或氧化裂解，接着形成颗粒核心，这就是成核阶段。成核后同时经历表面增长和凝聚两个过程。当颗粒长大到某一尺寸时，增长速度急剧下降，之后便以集聚方式形成链状结构物。从核的萌发到成长、聚集这一系列生成过程始终伴随着颗粒的氧化。因此，排气管排出的颗粒量是颗粒生成和氧化相竞争的结果。

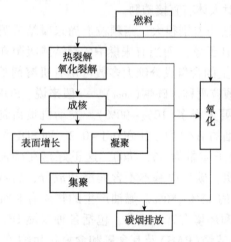

图 2-10　燃烧系统中碳烟粒子的形成过程

(1) 成烟界限

从热力学观点看，碳氢燃料燃烧时，自由碳的析出应在 nC/nO 原子数比（以下简称 nC/nO 比）>1 时发生。实际上，即使在预混燃烧重，一旦 nC/nO 比>0.5，便会生成颗粒。使燃烧系统产生颗粒的临界 nC/nO 比一般称为成烟界限。成烟界限随压力变化而有所不同，但其变化幅度不大。

瓦格纳（Wagner）在解释上述碳析出偏离平衡状况这一现象时，把它归于火焰中一种重要的氧化性自由基 OH 通过下述反应迅速消耗：

$$H_2 + OH \longrightarrow H_2O + H \tag{2-60}$$

$$CO + OH \longrightarrow CO_2 + H \tag{2-61}$$

这 2 个反应的逆反应活化能很高，分别为 86 kJ/mol 和 108 kJ/mol，因而通常在火焰温度下，逆向反应速率比正向反应速率低得多。这就使在相当低的 nC/nO 比值下，燃料因缺氧被束缚在稳定的 H_2O 和 CO_2 中，导致缺氧而析出自由碳。如果温度相当高，如大于 3 000 K，则上述化学反应动力学因素可以认为是第二位的，因而 nC/nO 比成烟界限可望提高，向 1 趋近。

在采用扩散燃烧方式时，燃料与空气的混合比可以从无穷大到零，因此总存在 nC/nO 比大于成烟界限的情况，这说明，扩散火焰中颗粒生成是不可避免的。当然，最终燃烧产物中是否有颗粒以及其数量多少，还取决于它在生成后是否会很快地在 nC/nO 比小于成烟界限的区域中烧掉。

(2) 裂解

绝大多数碳氢燃料在开始生成颗粒之前，就会发生燃料分子的大量分解及反应物原子的重新排列。裂解通常生成许多相对分子质量低的直链饱和碳氢混合气。

热裂解反应一般都是吸热反应，反应所需活化能高，因而其反应速率对温度有较强的依赖。典型的裂解反应按自由基链反应机理进行，少量 O、OH 自由基或 O_2 可通过支链反应加速裂解过程。大部分颗粒正是由这些不太复杂的烃演变而成的。

在预混火焰的预热区，温度较高，并具有较高的 O_2 浓度，燃料很快被氧化裂解成乙炔（C_2H_2）。试验表明，C_2H_2 是颗粒生成过程中的主要中间产物，燃料分子裂解为 C_2H_2 的难易程度影响着预混火焰的颗粒生成。各种燃料在这方面的差别很小，因而燃料种类对预混火焰的颗粒生成影响较小。

在扩散火焰中，由于燃料在低温缺氧区滞留时间较长，因此，某些燃料特别是芳香族燃料，其裂解产物有所变化。例如，苯在温度大于 1 800 K 时主要裂解为 C_2H_2，而在温度小于 1 800 K 的缺氧条件下主要裂解为联二苯。这说明，在扩散火焰中，燃料结构对颗粒生成的影响较大。

(3) 成核

能成为颗粒胚芽的物质，其成长应比分解或氧化反应快。它应当具有足够的稳定性以便抵御高温下的分解，同时又应具有足够的化学活性，以便能以一定的速率与其他基团和离子进行快速反应。那些能直接生成极性共轭结构物质的燃料（如芳香族燃料），有较短的成核诱导期。

裂解反应所生成的 C_2H_2 并不具有共轭物质在颗粒成核过程中所发挥的重要作用，苯基可以与乙炔基乙炔（C_4H_4）或 C_2H_2 反应生成萘而成为颗粒核心。相对分子质量更大的多环芳香族是通过重复甲基取代、脱氢，与乙炔键合、环化等过程而形成的。对颗粒火焰的测定发现，相对分子质量大的正离子浓度峰值与发生在颗粒核心生成处是一致的。

综上所述，非共轭的烃类燃料经热裂解或氧化裂解生成 C_2H_2。如这时有大量的 O 或 OH 自由基存在，则大部分 C_2H_2 可氧化为活性差的产物。剩下的 C_2H_2 通过反应生成丁二烯（C_4H_6）、联乙炔（C_4H_2）、C_4H_4 等极性共轭烃类化合物，C_4H_4 正是颗粒核心的先兆物。颗粒先兆物在高温下环化、脱氢、聚合，最后成为多环结构的颗粒核心。火焰中形成颗粒的难易程度主要取决于乙炔的消耗方式。例如，在给定燃空比的预混火焰中，提高火焰温度，则 O 和 OH 自由基浓度增加，乙炔加速氧化为活性差的产物，从而可降低颗粒生产率。但在扩散火焰中，颗粒生成区的氧化性物质本来就缺少，因此，提高温度反而使裂解速率提高，促进了颗粒的生成。上述分析也有助于解释在预混火焰和扩散火焰中，烷烃、烯烃、炔烃类燃料的颗粒生成倾向的排列次序恰好相反的原因。由于烃类燃料的绝热火焰温度是依炔、烯、烷次序降低的，因而在预混火焰中，随着炔、烯、烷次序，颗粒生成倾向增加。但在扩散火焰中，如前面已指出的，火焰温度升高反而使裂解速率提高，因此颗粒生成倾向却随炔、烯、烷次序而减少。

能直接生成极性共轭物的烃类燃料可以作为成核的另一渠道。此外，芳香族燃料通过环的断裂能很快生成乙炔，或者在较低温度下形成苯基。苯基与乙炔或乙烯基乙炔反应，很容易生成颗粒核心。因此，燃料内芳香族成分含量高，燃烧时颗粒生成量会明显增加。

(4) 表面增长和凝聚

颗粒通过与气相物质表面反应使粒子质量增加的过程称为表面增长。与成核过程类似，表面增长反应的气相物质主要是乙炔及其聚合物。大的聚合物比小的聚合物更容易结合到颗粒表面。颗粒刚成核时，nH/nC 值约为 0.4，到其充分长大时，该比值下降到 0.1 左右。经历表明增长过程的颗粒的表面活性很强。然而，在粒子增长后期，即使在火焰处有大量乙炔或聚乙炔存在，颗粒表面增长率也会急剧下降。这说明，此时颗粒已丧失了自由基或离子的特征。

颗粒在与气相物质作表面反应的同时，还因粒子间的相互碰撞而凝聚。凝聚是指两个小的球状颗粒经碰撞形成一个大的球状颗粒的过程。关于形成球状的原因，目前尚无定论。试验表明，当凝聚速率比成核速率大得多时，火焰中的颗粒的粒径分布由高斯分布逐步转变为对数正态分布。

凝聚使颗粒核心的数量密度下降。当该数量密度下降约一个数量级后，随着基本颗粒粒子的形成，球形粒子相互碰撞不再融合成球形，而是粘接为链状。为将这种合体过程与前者有所区别，在这里称为集聚。

(5) 集聚

集聚主要在缸内、排气系统或取样系统中产生。由颗粒核心通过凝聚长大为基本颗粒所需的特征时间为 0.02~0.07 ms，也就是说成核粒子经过这一特征时间成长为基本颗粒之后就会发生链状集聚，且可一直延续到膨胀冲程或延续到碰撞成为"不黏附"的弹性碰撞。

当柴油机燃烧进行到膨胀冲程时，随着缸内温度的下降，低分子质量的未燃 HC 会凝聚在颗粒上，这主要是通过吸附和凝结两个过程实现的。吸附是未燃 HC 或未完全燃烧的有机物分子，通过化学键或物理(范德华)力黏附到颗粒粒子表面上。这个过程取决于颗粒具有的可吸附气相物质的总表面以及驱动吸附过程的吸附物质的分压力。凝结发生在颗粒周围的气体有机物的蒸气压力超过饱和蒸气压时。

(6) 颗粒的氧化

在颗粒的整个生成过程中，无论是成核先兆物、颗粒核心、颗粒，都可能发生氧化反应。氧化在颗粒存在期间的相对作用是随时间而变化的。试验表明，柴油机缸内生成的峰值颗粒浓度远远大于排放的浓度，表明在燃烧过程(特别是扩散燃烧期)中生成的颗粒并不是全部被排出机外，而是相当大部分在燃烧的后续期中被烧掉(氧化)。所以，要减少柴油机的颗粒排放，除减少颗粒的生成以外，还必须使已生成的颗粒在该循环的燃烧中后期尽可能烧掉。

实际上，在柴油机的燃烧过程中，颗粒的形成过程和消失过程几乎是同时进行的。颗粒生成的根本条件是缺氧和高温、高压。所以，只要改变或转移这 3 个条件，就能降低颗粒的生产率，而已经生成的颗粒在高温火焰的引燃下也会被烧掉。碳烟的核心是高碳、高分子烃类或碳粒，这些都是可燃的。

关于颗粒粒子的氧化机理，目前多数学者倾向于表面反应说。由于在火焰环境下悬浮颗粒的氧化试验和测定都很困难，绝大多数有关颗粒氧化率的数据都是根据裂解石墨(C)氧化试验结果导出的。目前，常用的有关颗粒氧化机理可用纳哥(Nagle)等人提出的描写石墨氧化率的半经验公式来描述，即认为在颗粒的表面存在两种氧化反应活性不同的表面。一种是活性较强的 A 表面，另一种是活性较差的 B 表面。其中，A 表面所占的表面积百分比 x 取决于 B 表面氧化为 A 表面的速率，以及 A 表面通过高温退火转化为 B 表面的速率。最后得到单位表面的总体反应率 R：

$$R = W_C [x k_a p_{O_2} / (1 + k_z p_{O_2}) + k_b p_{O_2} (1-x)] \tag{2-62}$$

$$x = \{ 1 + [k_t / (k_b p_{O_2})] \}^{-1} \tag{2-63}$$

式中：W_C 为碳的相对原子质量；p_{O_2} 为氧分压(Pa)；k_a、k_b、k_t、k_z 为与反应机理有关的反应速率常数，有：

$$k_a = 10^{-2.70} \exp(-15\ 100/T) \text{ kg}/(\text{m}^2 \cdot \text{s} \cdot \text{Pa}) \tag{2-64}$$

$$k_\text{b} = 10^{-6.35}\exp(-7\ 650/T)\ \text{kg}/(\text{m}^2 \cdot \text{s} \cdot \text{Pa}) \tag{2-65}$$

$$k_\text{t} = 10^{6.18}\exp(-48\ 820/T)\ \text{kg}/(\text{m}^2 \cdot \text{s} \cdot \text{Pa}) \tag{2-66}$$

$$k_\text{z} = 10^{-3.67}\exp(2\ 063/T)\ 1/\text{Pa} \tag{2-67}$$

式中：T 为绝对温度。

根据上述机理，当氧分压低时，反应是一级的，当氧分压高时，反应则转化为零级。如果压力维持不变，氧化率最初随温度按指数规律上升，但当温度高于某一定值（该值随氧分压的增加而提高）时，高温退火效应使 A 表面大量转化为活性差的 B 表面，从而使氧化率开始下降。如果温度足够高，整个表面都是 B 表面，反应率便在任何压力下都为一级，且会再次随温度的升高而升高。

虽然上述颗粒氧化机理及半经验总体反应率公式有其成功之处，但它们都没有计入羟基自由基的作用。大量试验证明，羟基对颗粒氧化有不可忽视的作用。又有研究表明，在预混火焰中，只有羟基浓度接近平衡值后才会生成颗粒，而在此之前，羟基的超平衡浓度会使颗粒先兆物及颗粒核心的生成受到抑制。颗粒在过浓的氢火焰环境下的光散射试验证明了羟基作用。试验在 1 830~2 100 K 温度下进行。试验结果发现，在含丰富羟基的火焰中颗粒的氧化率比仅仅考虑氧分压要高得多。这说明目前的颗粒氧化机理还有待进一步完善。

第 3 章 汽油车排放控制

3.1 汽油机低排放燃烧系统

低排放汽油机技术必须从排放污染物的生成机理及影响因素出发，改善汽油在燃烧室内的燃烧，减少和抑制有害排放物的生成，如开发新型的燃烧方式、精确控制空燃比、优化发动机的燃烧室结构、开发可靠的点火系统、提高进气效率、采用废气再循环技术等。这些技术也被称为机内净化技术。表 3-1 所列为低污染汽油车机内净化控制技术，要从根本上治理汽油车排气污染，必须从机内净化角度出发。

低排放燃烧主要依靠稀薄燃烧技术和汽油直接喷射技术来完成。分层燃烧技术是实现稀薄燃烧和汽油直接喷射的辅助措施。同时，提高发动机的压缩比、采用多气门技术和增压技术也可以改善发动机的排放。

表 3-1 低污染汽油车机内净化控制技术

原理	方法
改善进气系统	多气门，可变进气系统，进气增压
改善点火	点火定时控制，提高点火能量
改善燃烧	稀薄燃烧、分层燃烧，提高压缩比，改善缸内气体流动
精确控制空燃比	电控燃油喷射
降低燃烧温度	废气再循环系统

3.1.1 稀薄燃烧

传统的汽油机在空燃比达到 15 甚至更高以后，就可能出现点火困难或不点火现象，反而使发动机各项性能指标降低、排放恶化。为了实现稀薄燃烧，燃烧室内必须形成分层气流，使火花塞周围形成较浓的混合气，在远离火花塞处则形成较稀的混合气。为了达到上述要求，对汽油机主要做如下改动：

①进气道由传统形状改为螺旋式　在进气口处设置蝶形涡流阀，使气流形成较强的涡流，流动更为合理，有利于火花塞点火及火焰的迅速传播。

②采用无级调节气门定时系统 VVT-i　可改变进气门正时 20°，以满足不同工况、不同转速下的进排气效应，从而保证汽油机在各种工况下都能稳定地工作。

③加装燃烧压力传感器　为防止汽油机出现爆燃现象，还需在燃烧室内加装燃烧压力传

感器，使燃烧室内的燃烧状态及时反馈到电子控制单元（ECU），ECU 再根据预先设定的数据对喷油及点火时刻进行调整，使汽油机各项性能指标均保持在最佳状态。

④采用大口径喷油器　通过提高燃油系统压力，使燃油能在设定时刻准确无误地充分喷入燃烧室内。

⑤氧传感器的重新研究开发　为保证燃烧的稳定性，稀薄燃烧系统对进气涡流的组织、喷油定时和各工况下的空燃比控制都提出了严格的要求。目前，安装有三效催化转换器的车用汽油机一般采用氧传感器进行闭环反馈控制，也就是将发动机的空燃比控制在当量空燃比附近，以此保证三效催化转换器的正常工作。而稀薄燃烧要求对各工况下的目标空燃比进行调节，其目标空燃比并不仅仅在当量空燃比附近，因而必须采用测量范围较宽的新型氧传感器，通过 PID（比例—积分—微分）调节来对空燃比进行闭环反馈控制。

目前，日本丰田、三菱、本田，美国福特，德国奔驰等许多国外汽车公司和研究机构已经开发了比较成熟的缸内直喷式汽油机（GDI）机型和产品。这些缸内直喷机型，除福特、菲亚特、五十铃等生产的少数机型仍采用单一的均质预混燃烧模式外，大多根据汽油机的不同工况而采用了不同的混合燃烧模式。广泛使用的是内开式螺旋喷油器，在中小负荷区域，通过压缩行程后期喷油和燃烧系统的合理配合，形成分层稀薄快燃的混合气；而在大负荷和全负荷工况下，通过在进气行程中较早地把燃油喷入气缸，在点火时刻形成预混燃烧的均质混合气。也有如丰田、三菱的某些 GDI 机型采用两段喷射技术，即把燃油分两次分别在进气和压缩行程中喷入气缸，形成介于两者之间的混合气，这既可以实现负荷从中小区域向大负荷区的平稳过渡，也可以降低缸内的气体温度，从而抑制了爆燃的发生，增加了功率的输出。

3.1.1.1　稀薄燃烧对排放的影响

汽油机正常燃烧系统的过量空气系数在 1 附近，稀薄燃烧就是使过量空气系数从 1 提高到远超过 1.1 的水平。由理论循环热效率的公式可知，热效率将随着绝热指数 κ 的增加而增加。汽油机工质是汽油蒸气、空气及燃烧产物的混合体，其燃烧产物主要由 CO_2 和 H_2O 等多原子分子组成。所以，当混合气较浓时，多原子成分的比例较大，绝热指数 κ 值较小；当混合气较稀时，κ 值反而增大。从理论上讲，混合气越稀，κ 值越大，热效率也越大。因此，在发动机不失火的前提下，应尽可能进行稀薄燃烧。

(1) 稀薄燃烧对 CO 排放量的影响

从宏观的角度来看，当可燃混合气的空燃比小于理论上空燃比时，就会有部分燃料不能完全燃烧而产生 CO。如图 3-1 所示，在空燃比较小时，CO 的排放量非常多。由于气缸内可燃混合气的微观浓度分布不均匀，即使缸内空燃比在超过理论空燃比的情况下，排气中仍可能存在较多的 CO。因此，应该认为尾气中 CO 浓度主要受过量空气系数的影响，并且转速与负荷对 CO 浓度造成的影响也是通过过量空气系数的变化起作用的。所以采用稀薄燃烧后，在空燃比大于理论空燃比的某一范围内，CO 浓度可以得到有效控制，图 3-1 可见，在空燃比大于 17 后，CO 浓度明显减少。

(2) 稀薄燃烧对 HC 排放量的影响

对汽油机而言，在实际空燃比稍大于理论空燃比的情况下，尾气中未燃 HC 的含量较少，但是当空燃比小于或大大超过理论空燃比时，未燃 HC 的排放量就会提高。如图 3-1 所示，空燃比小于 18 时，HC 的排放量随着空燃比的增大而减少，其原因主要是混合气较稀薄，燃烧效率提高，且氧气充裕，能在排气行程和排气道中进一步对 HC 进行氧化；但当空燃比超过18时，HC的排放量会因为熄火和部分燃烧而大大增加。所以，进行恰当的稀薄燃烧才可以改善HC的排放。

(3) 稀薄燃烧对 NO_x 排放量的影响

如图3-1所示，在理论空燃比右侧某位置，NO_x 的排放量最多，而高于或低于这一位置时，NO_x 的排放量均降低。因为在燃料浓的区域氧含量少，而在稀薄区域运转时最高燃烧温度会下降，这都有利于 NO_x 排放量的降低。

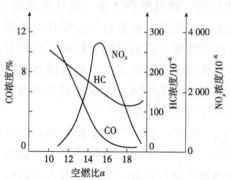

图3-1 空燃比与排气中有害气体成分含量的关系

综上所述，稀燃的最大优点在于提高指示热效率的同时，大大降低了 NO_x 的排放量。此外，稀燃发动机一般不受敲缸界限的限制，可采用高压缩比，这样泵气损失小，有利于改进部分负荷特性。然而，要使发动机能在稀混合气下运转，还必须采用涡流或其他方法，使燃烧快速而稳定地进行。但引入涡流后，发动机功率常因进气道流量系数减小而降低。同时，稀燃发动机排气恶化了氧化条件，导致三效催化剂不能有效地工作，因而必须配合使用其他措施才能使 NO_x 排放达到满意的水平。

3.1.1.2 实现稀燃的措施

20世纪80年代中期，丰田正式使稀混合气发动机产品化，三菱、本田也相继将其产品化。进入20世纪90年代，三菱汽车公司研制出来的缸内直喷技术使稀燃技术又前进了一步。目前，各大公司都拥有自己的稀燃技术，其共同点都是利用缸内涡流运动，使聚集在火花塞附近的混合气最浓，先被点燃后迅速向外层推进燃烧，并有较高的压缩比。

比较著名的是三菱GDI汽油机，可令空燃比达到40:1。它采用立式吸气口方式，从气缸盖的上方吸气产生强大的下沉气流。这种下沉气流在弯曲顶面活塞附近得到加强并在气缸内形成纵向涡旋转流。在高压旋转喷油器的作用下，压缩过程后期被直接喷射进气缸内的燃料形成浓密的喷雾，喷雾在弯曲顶面活塞的顶面空间中不是扩散而是汽化形成混合气体。这种混合气体被纵向涡旋流带到火花塞附近，在火花塞四周形成较浓的层状混合状态。这种混合状态虽从燃烧室整体来看十分稀薄，但由于呈现从浓厚到稀薄的层状分布，因此能保证点火并实现稳定燃烧。

大众的直喷汽油发动机(FSI)则是采用了一个高压泵，使汽油通过一个分流轨道(共轨)到达电磁控制的高压喷射气门。它的特点是在进气道中已经产生可变涡流，使进气流形成最佳的涡流形态进入燃烧室内，以分层填充的方式推混合气体集中在位于燃烧室中央的火花塞周围。

本田最新的可变气门正时和气门升程电子控制系统VTEC发动机也采用稀燃技术。这款取名为VTEC-i 2.0 L的发动机将比普通本田发动机省油20%，其特点是将VTEC技术与稀燃技术相结合，也是当低转速时关闭其中一组进气门，在燃烧室内形成一道稀薄的混合气体涡流，层状分布集结在火花塞周围作点燃引爆，从而起到稀薄燃烧作用。

3.1.2 分层燃烧

汽油机的分层燃烧是采用稀薄不均匀的混合气，由外源点燃的燃烧方式。普通汽油机采用的混合气都是均匀的,且空燃比的变化都在非常狭窄的范围内,空燃比取值范围为12.6~17,这样的燃烧有4个缺点:①容易爆燃;②功率变化时,混合气仍必须维持在点火范围内的浓度,使空燃比不可能变化很大,所以汽油机功率调节只能用量调节,而不能用质调节,低负荷时经济性差;③热效率低;④排气污染严重。

普通汽油机所使用的混合比范围是排放高的范围。如果汽油机能以稀的混合气工作,特别是空燃比超过23时能正常工作,就可以得到非常低的排放而无须采用复杂的机外处理装置。所以,如果汽油机能够用很稀的混合气可靠而稳定地工作,那么不仅可以避免上述4个缺点,还可以得到良好的工作性能。

但是,燃用过稀的、已处于汽油机失火范围内的混合气的问题在于难以形成火核。即使用高能点火系统进行点火,因为在微小体积内的燃料量太少,所以还不足以支持火焰的正常传播。分层燃烧就是合理地组织气缸内混合气分布,使火花塞周围有较浓的混合气,而在燃烧室内的大部分区域具有很稀的混合气,这样只要是形成火焰,在火焰传播的过程中,即使燃烧室内是相当稀的混合气,还是能正常燃烧。分层燃烧的原则就基于此。当点火的瞬间,在火花塞间隙的周围局部具有良好的着火条件——较浓的可燃混合气,其空燃比为12~13.4。而在燃烧室的大部分地区具有较稀的混合气,在此二者之间,为了有利于火焰传播,从浓到稀布满各种空燃比混合气。因此,混合气的浓度有组织地分成各种层次,所以称为分层燃烧。

分层燃烧既可确保正常点火和燃烧,同时也扩展了稀燃失火极限,并可提高经济性,减少排放。因此,在实际的稀燃系统中,大多采取分层混合气组织燃烧。

3.1.3 高压缩比燃烧系统

点燃式发动机的压缩比是最重要的结构参数之一,一般都是在燃料辛烷值允许的前提下尽可能用较高的压缩比,以获得较好的功率和油耗指标。但一味提高压缩比对排气净化不利,在这方面性能与排放是有矛盾的。一方面,压缩比提高使燃烧室更扁平,面容比(S/V)增大,导致未燃HC生成增加;另一方面,压缩比提高使排温下降,未燃HC的后氧化减弱,使HC排放量增大。高压缩比发动机最高燃烧温度较高,使得NO_x生成量增加,热分解产生的CO也增多。但这并不意味着为降低污染物排放要人为降低发动机的压缩比,事实上恰恰相反。传统的汽油机往往根据最易发生爆燃的工况(如最大转矩工况,MBT点火定时)选择压缩比,这样在其他常用的中小负荷工况下,汽油机抗爆能力并没有得到充分利用。现代汽油机则选择压缩比更高些的,在大部分工况下能正常燃烧,而在少数工况发生爆燃时,通过爆燃传感器得到信号并传给ECU,后者可适当推迟点火,消除爆燃。

固定的压缩比成为制约机械增压和排气涡轮增压发动机的一个很重要的因素。当涡轮增压介入以后,燃烧室的温度和压力会大幅升高,如果这个值过高,爆燃就不可避免,不但会对发动机造成巨大伤害,也会影响动力输出。所以,固定压缩比的涡轮增压和机械增压发动机只能把压缩比设计得比普通自然吸气发动机低很多。但是,这种过低的压缩比设计,又会导致发动机在增压器(特别是涡轮增压)没有完全介入时燃烧效率非常低,能产生的动力要比普通自然吸气发动机所产生的动力要少得多。这个矛盾是促使开发可变压缩比汽油机的重要原因。

为了使催化转化过程能够顺利地进行,三效催化转化器必须达到400℃左右的工作温度。冷发动机起动后需要经历一段起燃时间(1~2 min)才能达到这一温度,在起燃时间尚未结束之前,三效催化转化器对排放的净化转化作用十分有限。采用可变压缩比汽油机,与推迟点火一样，能够提高单位排量的废气热流量，只要迅速地加热三效催化转化器，就可以缩短起燃时间，明显地降低冷起动和暖机阶段排放。

在部分负荷工况，针对 HC 随着压缩比增大而升高的现象，一方面，由于可变压缩比汽油机可以接受较大的排气再循环率，因而能够更多地降低 NO_x 排放；另一方面，在较高负荷下通过提高压缩比能够提高热效率，增大扭矩，可以部分替代混合气加浓的程度，因而降低对混合气加浓的要求，这样就可以扩大闭环控制的工况范围，进一步降低有害物质 CO 和 HC 的排放。

可变压缩比发动机的实现方案主要有 3 个：①改变缸盖结构；②改变缸体结构；③改变活塞及曲柄连杆机构。

根据发动机的转速、负荷、工作温度、燃料使用状况等进行连续调节压缩比，这一切，使得 NO_x 生成量增加，热分解产生的 CO 也增多。但这都在 ECU 的控制下进行，所以动力和油耗能达到完美的平衡。

Saab 开发的可变压缩比（variable compression，SVC）发动机如图 3-2 所示，其可通过改变压缩比来控制发动机的燃油消耗量。它的核心技术就是在缸体与缸盖之间安装楔形滑块，缸体可以沿滑块的斜面运动，使得燃烧室与活塞顶面的相对位置发生变化，改变燃烧室的容积，从而改变压缩比。其压缩比变化范围是(8∶1)~(14∶1)。在发动机小负荷时采用高压缩比以节约燃油；在发动机大负荷时采用低压缩比，并辅以机械增压器以实现大功率和高扭矩输出。萨博 SVC 发动机是 1.6 L 5 缸发动机，每缸缸径 68 mm，活塞行程 88 mm，最大功率 166 kW，最大扭矩 305 N·m 综合油耗比常规发动机降低了 30%，并且满足欧洲Ⅵ号排放标准。

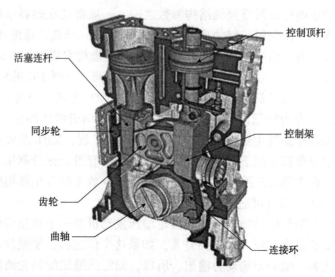

图 3-2 可变压缩比发动机

3.2 尾气排放控制

机内净化技术以改善发动机燃烧过程为主要内容，对降低排气污染起到了较大作用，但其效果有限，且不同程度地给汽车的动力性和经济性带来负面影响。随着对发动机排放要求的日趋严格，改善发动机工作过程的难度越来越大，能统筹兼顾动力性、经济性和排放性能的发动机将越来越复杂，成本也急剧上升。因此，世界各国都先后开发废气后处理净化技术，在不影响或少影响发动机其他性能的同时，在排气系统中安装各种净化装置，采用物理的和化学的方法降低排气中的污染物最终向大气环境的排放。

专门对发动机排气进行后处理的方法是将净化装置串接在发动机的排气系统中，在废气排入大气前，利用净化装置在排气系统中对其进行处理，以减少排入大气的有害成分。这些装置主要有三效催化转化器、热反应器和空气喷射器等。图3-3是汽油机排放控制系统基本构成示意图。

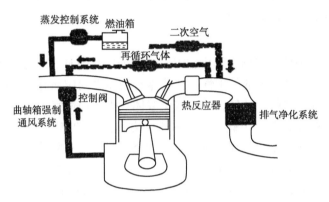

图3-3 汽油机排放控制系统基本构成示意

3.2.1 三效催化转化器

三效催化转化器是目前应用最多的废气后处理净化技术。当发动机工作时，废气经排气管进入催化器，其中NO_x与废气中的CO、H_2等还原性气体在催化作用下分解成N_2和O_2；而HC和CO在催化作用下充分氧化，生成CO_2和H_2O。三效催化转化器的载体一般采用蜂窝结构，蜂窝表面有涂层和活性组分，与废气的接触表面积非常大，所以其净化效率高。当发动机的空燃比在理论空燃比附近时，三效催化剂可将80%以上的CO、HC及NO_x同时净化，因此这种催化器被称为三效催化转化器。目前，电子控制汽油喷射加三效催化转化器已成为国内外汽油车排放控制技术的主流。

3.2.1.1 三效催化转化器的基本结构

三效催化转化器的基本结构如图3-4所示，它由壳体、垫层和催化剂组成。其中，催化剂包括载体、涂层和活性组分，将在后面的章节中详细介绍。下面主要介绍三效催化转化器的壳体和垫层部分。

(1) 壳体

壳体是整个三效催化转化器的支承体。壳体的材料和形状是影响催化转化器转化效率和使用寿命的重要因素。目前用得最多的壳体材料是含铬、镍等金属的不锈钢，这种材料具有热膨胀系数小、耐腐蚀性强等特点，适用于催化转化器恶劣的工作环境。壳体的形状设计，要求尽可能减少流经催化转化器气流的涡流和气流分离现象，防止气流阻力的增大；同时要特别注意进气端形状设计，保证进气流的均匀性，使废气尽可能均匀分布在载体的端面上，

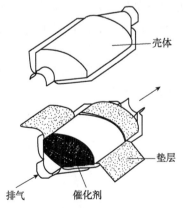

图3-4 三效催化转化器的基本构造

使附着在载体上的活性涂层尽可能承担相同的废气注入量，让所有的活性涂层都能对废气产生加速反应的作用，以提高催化转化器的转化效率和使用寿命。

三效催化转化器壳体通常做成双层结构，并用奥氏体或铁素体镍铬耐热不锈钢板制造，以防因氧化皮脱落造成催化剂的堵塞。壳体的内外壁之间填有隔热材料。这种隔热设计防止发动机全负荷运行时由于热辐射使催化器外表面温度过高，并加速发动机冷起动时催化剂的起燃。为减少催化器对汽车底板的热辐射，防止进入加油站时因催化器炽热的表面引起火灾，避免路面积水飞溅对催化器的激冷损坏，以及路面飞石造成的撞击损坏，在催化器壳体外面还设有半周或全周的防护隔热罩。

（2）垫层

为了使载体在壳体内位置牢固，防止它因振动而损坏；同时，也为了补偿陶瓷与金属之间热膨胀性的差别，保证载体周围的气密性，在载体与壳体之间应加有一块由软质耐热材料构成的垫层。垫层具有特殊的热膨胀性能，可以避免载体在壳体内部发生窜动而破碎。另外，为了减小载体内部的温度梯度，以减小载体承受的热应力和壳体的热变形，垫层还应具有隔热性。常见的垫层有金属网和陶瓷密封垫层两种形式，陶瓷密封垫层在隔热性、抗冲击性、密封性和高低温下对载体的固定力等方面比金属网要优越，是主要的应用垫层；而金属网垫层由于具有较好的弹性，能够适应载体几何结构和尺寸的差异，在一定的范围内也得到了应用。

陶瓷密封垫层一般由陶瓷纤维（硅酸铝）、蛭石和有机黏合剂组成。陶瓷纤维具有良好的抗高温能力，使垫层能承受催化转化器中较为恶劣的高温环境，并在此条件下充分发挥垫层的作用。蛭石在受热时会发生膨胀，从而使催化转化器的壳体和载体连接更为紧密，同时还能隔热以防止过高的温度传给壳体，保证催化转化器使用的安全性。

3.2.1.2 催化反应机理

图3-5为三效催化转化器示意图。催化作用的核心是催化剂。催化剂是一种能够改变化学反应达到平衡的速率而本身的质量和组成在化学反应前后保持不变的物质。有催化剂参与的化学反应就称为催化反应。催化反应一般都是多阶段或多步骤的，从反应物到产物经过多种中间物，催化剂参与中间物的形成，但最终不进入产物。根据催化剂与反应物所处状态的不同，催化作用可以分为均相催化和多相催化。固体催化剂对气态或液态反应物所起的催化作用属于多相催化，车用催化剂就是此类型的催化。多相催化反应过程一般包括以下步骤：①反应物分子从流体主体通过滞流层向催化剂外表面扩散（外扩散）；②反应物分子从催化剂外表面向孔内扩散（内扩散）；③反应物分子在催化剂内表面上吸附；④吸附态的反应物分子在催化剂表面上相互作用或与气相分子作用的化学反应；⑤反应产物从催化剂内表面脱附；⑥脱附的反应产物自内孔向催化剂外表面扩散（内扩散）；⑦产物分子从催化剂外表面经滞流层向流体主体扩散（外扩散）。其中，步骤①②⑥⑦为传质过程，③④⑤为表面反应过程，或称化学动力学过程。

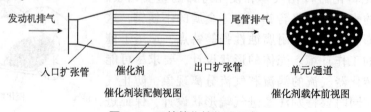

图3-5 三效催化转化器示意

化学动力学过程 3 个步骤的机理如下：

(1) 吸附过程

吸附作用是一种或数种物质的原子、分子或离子附着在另一种物质表面上的过程。具有吸附作用的物质称为吸附剂，被吸附的物质称为吸附质。吸附质在表面吸附以后的状态称为吸附态；吸附发生在吸附剂表面上的局部位置，该位置称为吸附中心。吸附中心与吸附态共同构成表面吸附络合物。

在三效催化剂上发生化学吸附的一般吸附方程式如下。

假定：A 为吸附质分子（CO、HC 或 NO_x），s 为活性中心（或催化中心），A(s) 为在吸附表面上形成的表面络合物，H(s) 和 O(s) 分别为 H 原子和 O 原子吸附在活性中心形成的表面络合物，则：

$$A+s \longrightarrow A(s) \tag{3-1}$$

$$H_2+s+s \longrightarrow H(s)+H(s) \tag{3-2}$$

$$O_2+s+s \longrightarrow O(s)+O(s) \tag{3-3}$$

(2) 表面反应过程

反应物分子吸附在催化剂表面的活性中心后，它们就分别开始与同样吸附在活性中心的氧化剂分子或还原剂分子发生氧化还原反应。在三效催化转化器中主要发生 CO 氧化反应、HC 氧化反应和 NO 还原反应，它们的反应机理如下：

① CO 氧化反应 当排气中有自由氧时，氧化催化剂促进如下的总量反应：

$$CO+\frac{1}{2}O_2 \longrightarrow CO_2 \tag{3-4}$$

CO 被 O_2 氧化一般认为包括下列 4 个基本步骤：

$$CO(g) \longrightarrow CO(a) \tag{3-5}$$

$$O_2(g) \longrightarrow 2O(a) \tag{3-6}$$

$$O(a)+CO(a) \longrightarrow CO_2 \tag{3-7}$$

$$O(a)+CO(g) \longrightarrow CO_2(g) \tag{3-8}$$

式中：(g) 表示气相；(a) 表示吸附相。式(3-7)和式(3-8)导致生成 CO_2。在混合气的排气中，大量具有高度极性的 CO 吸附在贵金属催化剂上将妨碍它被 O_2 氧化。为使 CO 开始解吸以让出催化剂的活性位给氧，催化剂必须达到足够高的温度（100~200℃）。氧离解，开始式(3-7)和式(3-8)的反应。反应式(3-7)和式(3-8)空出新的活性位，使 CO 的催化氧化加速。HC 和 NO 对 CO 的氧化有抑制作用，而对 CO_2 和 H_2O 没有任何影响。部分 CO 可通过水煤气反应式(3-9)而清除，而铂(Pt)可促进此反应。

$$CO+H_2O \longrightarrow CO_2+H_2 \tag{3-9}$$

H_2 很容易被氧化成水，即：

$$2H_2+O_2 \longrightarrow 2H_2O \tag{3-10}$$

② HC 氧化反应 有多余的氧和氧化催化剂时，会发生如下的总量氧化反应：

$$C_mH_n+\left(m+\frac{1}{4}n\right)O_2 \longrightarrow CO_2+\frac{1}{2}nH_2O \tag{3-11}$$

式中：m 和 n 分别表示 C 和 H 的原子数。NO 和 CO 对 HC 的氧化反应起抑制作用。

③ NO 还原反应 除非在很高的温度下，否则 NO 分子是不稳定的，因此在理论上 NO 会

按如下的反应分解成 N_2 和 O_2：

$$NO \longrightarrow \frac{1}{2}N_2 + \frac{1}{2}O_2 \tag{3-12}$$

但是，这种放热反应很难进行。存在催化剂时，较高的温度和具备化学还原剂是 NO 得以还原的必要条件。伴随 NO 存在于排气中的 CO、未燃 HC 和 H_2 可以成为这样的还原剂，其中 H_2 可能来自水煤气反应或水蒸气重整反应：

$$C_mH_n + mH_2O \longrightarrow mCO + \left(m + \frac{1}{2}n\right)H_2 \tag{3-13}$$

而导致 NO 消失的总量反应如下：

$$NO + CO \longrightarrow \frac{1}{2}N_2 + CO_2 \tag{3-14}$$

$$NO + H_2 \longrightarrow \frac{1}{2}N_2 + H_2O \tag{3-15}$$

$$\left(2m + \frac{1}{2}n\right)NO + C_mH_n \longrightarrow \left(m + \frac{1}{4}n\right)N_2 + \frac{1}{2}nH_2O + mCO_2 \tag{3-16}$$

具体基本步骤：

$$CO(g) \longrightarrow CO(a) \tag{3-17}$$

$$NO(g) \longrightarrow NO(a) \tag{3-18}$$

$$NO(a) \longrightarrow NO(a) + O(a) \tag{3-19}$$

$$N(a) + N(a) \longrightarrow N_2(g) \tag{3-20}$$

$$O(g) + CO(a) \longrightarrow CO_2(g) \tag{3-21}$$

$$2NO(a) \longrightarrow N_2O(g) + O(a) \tag{3-22}$$

$$2NO(a) \longrightarrow N_2(g) + 2O(a) \tag{3-23}$$

$$N_2O(g) \longrightarrow N_2O(a) \tag{3-24}$$

$$N_2O(a) \longrightarrow N_2(g) + O(a) \tag{3-25}$$

如果排气中 O_2 的分压明显高于 NO 的分压，NO 消失的速率会明显下降。这就是为什么用目前已有的催化剂不能完全消除供给过量空气的发动机（稀燃点燃式发动机和压燃式发动机）排气中 NO 的原因。

反之，当发动机以浓混合气运转时，排气中会出现大量化学还原剂，从 NO 离解产生的原子态 N 可进行更彻底的还原。主要反应通过下列某一途径生成氨(NH_3)：

$$NO + 2.5H_2 \longrightarrow NH_3 + H_2O \tag{3-26}$$

$$2NO + 5CO + 3H_2O \longrightarrow 2NH_3 + 5CO_2 \tag{3-27}$$

(3) 脱附过程

当表面反应过程完成后，生成的反应产物分子就会从催化剂表面的活性中心脱离出来，为表面反应的继续进行空出活性位，这个过程称为脱附。

在三效催化剂表面发生的一般脱附方程式如下。

假定：B 为反应产物分子，s 为活性中心（或催化中心），B(s) 为在吸附在催化剂上形成的表面络合物。

$$B(s) \longrightarrow B + s \tag{3-28}$$

$$H(s) + H(s) \longrightarrow H_2 + s + s \tag{3-29}$$

$$O(s)+O(s)\longrightarrow O_2+s+s \tag{3-30}$$

3.2.1.3 三效催化剂

三效催化剂是三效催化转化器的核心部分,它决定了三效催化转化器的主要性能指标。

(1) 载体

蜂窝状整体式载体具有排气阻力小、机械强度大、热稳定性好和耐冲击等优良性能,故能被广泛用作汽车催化剂的载体,其结构如图3-6所示。目前市场上销售的汽车排气净化催化剂商品均采用蜂窝状整体式载体,其基质有两大类:堇青石陶瓷和金属,前者约占90%,后者约占10%。

汽车用蜂窝陶瓷载体一般用堇青石制造,它是一种铝镁硅酸盐陶瓷,其化学组成为 $2Al_2O_3 \cdot 2MgO \cdot 5SiO_2$,熔点在1 450℃左右,在1 300℃左右仍能保持足够的弹性,以防止在发动机正常运转时发生永久变形。一般认为,堇青石蜂窝载体的最高使用温度约为1 100℃。为增大蜂窝陶瓷载体的几何面积,并降低其热容量和气流阻力,载体采用的孔隙度已从早期的47孔/cm^2到62孔/cm^2再到93孔/cm^2,孔壁厚也由0.3 mm到0.15 mm再到0.1 mm。因此,在不增加催化转化器体积的情况下,使单位体积的几何表面积由2.2 m^2/L增加到2.8 m^2/L再到3.4 m^2/L,从而大大提高了净化效率。

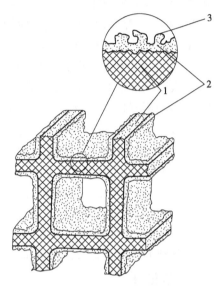

图3-6 催化器的微观结构
1—陶瓷蜂窝载体 2—活性涂层 3—催化活性物质

蜂窝金属载体的优点是起燃温度低、起燃速度快、机械强度高、比表面积大、传热快、比热容小、抗振性强和寿命长,可适应汽车冷起动排放的要求,并可采用电加热。在外部横断面相同的情况下,金属载体提供给排气流的通道面积较大,从而可降低15%~25%的排气阻力,使发动机功率提高2%~3%。相同直径的金属蜂窝整体式载体和陶瓷载体达到相同三效转化率时,金属载体的体积比陶瓷载体的体积减小18%。但由于其价格比较昂贵,目前主要用于空间体积相对较小的摩托车以及少量汽车的前置催化转化器中,后者的主要目的是改善发动机的冷起动排放。

(2) 涂层

由于蜂窝陶瓷载体本身的比表面积很小,不足以保证贵金属催化剂充分分散,因此常在其壁上先涂覆一层多孔性物质,以提高载体的比表面积,然后涂上活性组分。多孔性的涂层物质常选用 Al_2O_3 与 SiO_2、MgO、CeO_2 或 ZrO_2 等氧化物构成的复合混合物。理想的涂层可使催化剂有合适的比表面积和孔结构,从而改善催化剂的活性和选择性,保证助催化剂和活性组分的分散度和均匀性,提高催化剂的热稳定性。同时还可节省贵金属活性组分的用量,降低催化剂生产成本。

对于蜂窝金属载体,涂底层的方法并不适用,而是通常采用刻蚀和氧化的方法在金属表面形成一层氧化物,然后在此氧化物表面上浸渍具有催化活性的物质。

(3) 活性组分

汽车尾气净化用催化剂以铑(Rh)、铂(Pt)、钯(Pd)3种贵金属为主要活性组分,此外还含有铈(Ce)、镧(La)等稀土元素作为助催化剂。催化剂各组分的作用如下:

Rh 是三效催化剂中催化 NO_x 还原反应的主要成分。它在较低的温度下还原 NO_x 为 N_2，同时产生少量的 NH_3，具有很高的活性。所用的还原剂可以是 H_2 也可以是 CO，但在低温下 H_2 更易反应。O_2 对此还原反应影响很大，在氧化型气氛下，N_2 是唯一的还原产物；在无氧的条件下，低温时和高温时主要的还原产物分别是 NH_3 和 N_2。但当氧浓度超过一定计量时，NO_x 就不能再被有效地还原。此外，Rh 对 CO 的氧化以及烃类的水蒸气重整反应也有重要的作用。Rh 可以改善 CO 的低温氧化性能。但其抗毒性较差，热稳定性不高。在汽车催化转化器中，Rh 的典型用量为 0.1~0.3 g。

Pt 在三效催化剂中主要起催化 CO 和 HC 的氧化反应的作用。Pt 对 NO 有一定的还原能力，但当汽车尾气中 CO 的浓度较高或有 SO_2 存在时，它没有 Rh 有效。Pt 还原 NO_x 的能力比 Rh 差，在还原性气氛中很容易将 NO_x 还原为 NH_3。Pt 还可促进水煤气反应，其抗毒性能较好。Pt 在三效催化剂中的典型用量为 1.5~2.5 g。

Pd 在三效催化剂中主要用来催化 CO 和 HC 的氧化反应。在高温下它会与 Pt 或 Rh 形成合金，由于 Pd 在合金的外层，因此会抑制 Rh 的活性的充分发挥。此外，Pd 的抗 Pb 毒和 S 毒的能力不如 Pt 和 Rh，因此全钯催化剂对燃油中的 Pb 和 S 的含量控制要求更高。但 Pd 的热稳定性较高，起燃活性好。

在汽车尾气净化用三效催化剂中，各个贵金属活性组分的作用是相互协同的，这种协同作用对催化剂的整体催化效果十分重要。

(4) 助催化剂

助催化剂是加到催化剂中的少量物质，这种物质本身没有活性，或者活性很小，但能提高活性组分的性能——活性、选择性和稳定性。车用三效催化剂中常用的助催化剂有氧化镧（La_2O_3）和（CeO_2），它们具有多种功能：储存及释放氧，使催化剂在贫氧状态下更好地氧化 CO 和 HC，以及在过剩氧的情况下更好地还原 NO_x；稳定载体涂层，提高其热稳定性，稳定贵金属的高度分散状态；促进水煤气反应和水蒸气重整反应；改变反应动力学，降低反应的活化能，从而降低反应温度。

3.2.1.4 三效催化剂的劣化机理

三效催化剂的劣化机理是一个非常复杂的物理、化学变化过程，除了与催化转化器的设计、制造、安装位置有关外，还与发动机燃烧状况、汽油和润滑油的品质及汽车运行工况等使用过程有着非常密切的关系。影响催化剂寿命的因素主要有 4 类，即热失活、化学中毒、机械损伤以及催化剂结焦。在催化剂的正常使用条件下，催化剂的劣化主要是由热失活和化学中毒造成的。

(1) 热失活

热失活是指催化剂由于长时间工作在 850℃ 以上的高温环境中，涂层组织发生相变、载体烧熔塌陷、贵金属间发生反应、贵金属氧化及其氧化物与载体发生反应而导致催化剂中 Al_2O_3 载体的比表面积急剧减小、催化剂活性降低的现象。高温条件在引起主催化剂性能下降的同时，还会引起氧化铈（CeO_2）等助催化剂的活性和储氧能力的降低。

引起热失活的原因主要有 3 种：①发动机失火，如突然刹车、点火系统不良、进行点火和压缩试验等，使未燃混合气在催化器中发生强烈的氧化反应，温度大幅升高，从而引起严重的热失活；②汽车连续在高速大负荷工况下行驶、产生不正常燃烧等，导致催化剂的温度急剧升高；③催化器安装位置离发动机过近。催化剂的热失活可通过加入一些元素来减缓，如加入锆（Zr）、镧（La）、钕（Nd）、钇（Y）等元素可以减缓高温时活性组分的长大和催化剂载体比表面积的减小,从而提高反应的活性。另外,装备了车载诊断系统(OBD)的现代发动机,也能使催化剂热失活的可能性大为降低。

(2)化学中毒

催化剂的化学中毒主要是指一些毒性化学物质吸附在催化剂表面的活性中心不易脱附,导致尾气中的有害气体不能接近催化剂进行化学反应,使催化转化器对有害排放物的转化效率降低的现象。常见的毒性化学物主要有燃料中的 S、Pb 以及润滑油中的 Zn、P 等。

①铅中毒 Pb 通常是以四乙基铅($C_8H_{20}Pb$)的形式加入汽油中,以增强汽油的抗爆性。它在标准无铅汽油中的含量约为 1 mg/L,以氧化物、氯化物或硫化物的形式存在。一般认为,Pb 中毒可能存在两种不同的机理:一是在 700~800℃时,由氧化铅(PbO)引起的;二是在 550℃以下,由硫酸铅($PbSO_4$)及 Pb 的其他化合物抑制气体扩散引起的。

②硫中毒 燃油和润滑油中的 S 在氧化环境中易被氧化成 SO_2。SO_2 的存在,会抑制三效催化剂的活性,其抑制程度与催化剂种类有关。S 对贵金属催化剂的活性影响较小,而对非贵重金属催化剂活性影响较大。而在常用的贵金属催化剂 Rh、Pt、Pd 中,Rh 能更好地抵抗 SO_2 对 NO 还原的影响,Pt 受 SO_2 影响最大。

③磷中毒 通常 P 在润滑油中的含量约为 12 g/L,是尾气中 P 的主要来源。据估计,汽车运行 $8×10^4$ km 大约可在催化剂上沉积 13 g P,其中 93% 来源于润滑油,其余来源于燃油。P 中毒主要是 P 在高温下可能以磷酸铝($AlPO_4$)或焦磷酸锌($Zn_2P_2O_7$)的形式黏附在催化剂表面上,阻止尾气与催化剂接触所致。但向润滑油中加入碱土金属(Ca 和 Mg)后,碱土金属与 P 形成的粉末状磷酸盐可随尾气排出,此时催化剂上沉积的 P 较少,使 HC 的催化活性降低也较少。

(3)机械损伤

机械损伤是指催化剂及其载体在受到外界激励负荷的冲击、振动乃至共振的作用下产生磨损甚至破碎的现象。催化剂载体有两大类:一类是球状、片状或柱状 Al_2O_3;另一类是含 Al_2O_3 涂层的整体式多孔陶瓷体。它们与车上其他零件材料相比,耐热冲击、抗磨损及抗机械破坏的性能较差,遇到较大的冲击力时,容易破碎。

(4)催化剂结焦

结焦是一种简单的物理遮盖现象,发动机不正常燃烧产生的碳烟都会沉积在催化剂上,从而导致催化剂被沉积物覆盖和堵塞,不能发挥其应有作用,但将沉积物烧掉后又可恢复催化剂的活性。

3.2.1.5 三效催化转化器的性能指标

车用汽油机三效催化转化器的性能指标很多,其中最主要的有污染物转化效率和排气流动阻力。

转化效率由下式定义:

$$\eta^{(i)} = \frac{c_i^{(i)} - c_o^{(i)}}{c_i^{(i)}} \times 100\% \tag{3-31}$$

式中:$\eta^{(i)}$ 为排气污染物 i 在催化器中的转化效率;$c_i^{(i)}$ 为排气污染物 i 在催化器进口处的浓度或体积分数;$c_o^{(i)}$ 为排气污染物 i 在催化器出口处的浓度或体积分数。

催化转化器对某种污染物的转化效率,取决于污染物的组成、催化剂的活性、工作温度、空间速度及流速在催化空间中分布的均匀性等因素,分别可用催化器的空燃比特性、起燃特性和空速特性表征;而催化器中排气的流动阻力则由流动特性表征。

3.2.1.6 空燃比特性

三效催化剂转化效率的高低与发动机可燃混合气的空燃比 α 或过量空气系数 ϕ_a 有关,转化效率随 α 或 ϕ_a 的变化称为催化器的空燃比特性。

当供给发动机的可燃混合气的空燃比严格保持为化学计量比时(过量空气系数 ϕ_a =1.00),三效催化剂可以同时消除80%以上的3种污染物。如果发动机的可燃混合气浓度未保持在化学计量比时,三效催化剂的转化效率就将下降,如图3-7所示,对稀混合气(空气过量),NO_x 净化效率下降;对浓混合气(燃油过量),CO和HC净化效率下降,不过一旦所有可用的 O_2 和NO已经消耗完,CO和HC还可以分别通过与排气中的水蒸气发生水煤气反应和水蒸气重整反应加以消除。

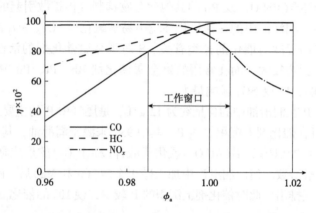

图3-7 过量空气系数 ϕ_a 对三效催化转化器转化效率的影响

三效催化剂能理想工作的过量空气系数 ϕ_a "窗口"很窄,宽度只有 0.01~0.02(对应空燃比 α 窗口宽度 0.15~0.3),且并不相对 ϕ_a =1.00 对称,而是偏向浓的方向。在这个窗口工作,CO、HC 和 NO_x 的净化效率均可在80%以上。

3.2.1.7 起燃特性

催化剂转化效率的高低与温度有密切关系,催化剂只有达到一定温度才能开始工作,称为起燃。起燃特性有两种评价方法:催化剂的起燃特性常用起燃温度评价,而整个催化转化器系统的起燃特性用起燃时间来评价。

图3-8 表示三效催化剂的转化效率随气体入口温度的 t_i。转化效率达到50%时所对应的温度称为起燃温度 t_{50}。起燃时间特性描述整个催化转化系统的起燃时间历程,将达到50%转化效率所需要的时间称为起燃时间 τ_{50}。

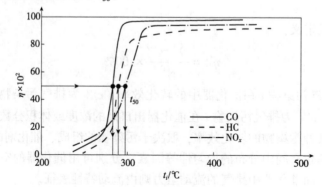

图3-8 三效催化剂的起燃温度特性

起燃温度 t_{50} 和起燃时间 τ_{50} 评价的内容不完全相同。t_{50} 主要取决于催化剂配方，它评价的是催化剂的低温活性。而 τ_{50} 除与催化剂配方有关外，在很大程度上取决于催化转化器系统的热容量、绝热程度以及流动传热传质过程，影响因素更复杂，但实用性更好。

3.2.1.8 空速特性

空速是空间速度的简称，其定义是单位催化剂体积的被催化气体体积流量。

$$SV = q_v / V_{cat} \qquad (3-32)$$

式中：SV 为空速(s^{-1} 或 h^{-1})；q_v 为流过催化剂的排气体积流量(换算到标准状态)(L/s 或 L/h)；V_{cat} 为催化剂体积(L)。

空速的大小实际上表示了反应气体在催化剂中的停留时间 t_r(单位为 s)，SV 越高，t_r 越短，会使转化效率降低；但同时由于反应气体流速提高，湍流强度加大，有利于反应气体向催化剂表面的扩散以及反应产物的脱附。因此，在一定范围内，转化效率对空速的变化并不敏感。

发动机在不同工况运行时，催化器的空速在很大范围内变化。怠速时，$SV = 1 \sim 2 \text{ s}^{-1}$；而在全速全负荷运行时，$SV = 30 \sim 100 \text{ s}^{-1}$。性能好的三效催化剂至少在 $SV = 30 \text{ s}^{-1}$ 内保持的转化效率；而性能差的催化剂尽管在低空速(如怠速)时可以有很高的转化效率，但随着空速的提高转化效率很快下降。因而，仅用怠速工况评价催化剂的活性是不充分的。

在催化剂的实际应用中，人们总希望用较小体积的催化剂实现较高的转化效率，以降低催化剂和整个催化转化器的成本。这就要求催化剂有很好的空速特性。一般来说，催化剂体积与发动机总排量之比为 $0.5 \sim 1.0$，即：

$$V_{cat} = (0.5 \sim 1.0) V_{st} \qquad (3-33)$$

式中：V_{st} 为发动机排量(L)。

而贵金属用量与 V_{cat} 的数值关系为：

$$m_{pm} = (1.0 \sim 2.0) V_{cat} \qquad (3-34)$$

式中：m_{pm} 为贵金属用量(g)。

3.2.1.9 流动特性

催化转化器给发动机排气系统增加了阻力，加大排气背压，导致发动机的动力性与经济性恶化。一般要求催化转化器的流动阻力不超过 5 kPa。

催化转化器的流动阻力主要由蜂窝载体的细小孔道引起。排气在催化剂孔道内的流动是层流，其阻力与流速、孔道长度成正比，与孔道面积成反比。从降低阻力角度看，减小孔道密度是有利的，但这不利于转化效率，所以实际的发展趋势正相反。兼顾效率和阻力的最佳途径是减小孔道之间的壁厚。目前，蜂窝陶瓷制造工艺上可能的最小壁厚为 0.1 mm 左右。在这方面金属载体比较有优势。

此外，缩短孔道长度有利于减小阻力。同时，增大载体横截面积减小流速，也可减小阻力。所以，为保持一定空速，在催化剂体积不变的条件下，用短而粗的催化剂可使阻力大大减小。但实际安装条件往往限制催化转化器的横向尺寸。此外，横向尺寸过大易造成横截面上流速分布不均匀。

催化转化器横截面上流速分布不均匀，不仅会使流动阻力增加，还会引起催化剂转化效率下降和劣化加速。因为一般都是中心区域流速高，外围区域流速低，造成中心温度过高，催化剂容易劣化，缩短使用寿命；而外围温度又因过低，催化剂得不到充分利用，使总体效率降低。此外，载体径向温度梯度增大，产生较大热应力，造成载体热损坏的可能性增大。

一般车用三效催化转化器的催化剂的直径（或当量直径）为 100~150 mm，直径与长度近似保持 1:1 的关系。

3.2.1.10 三效催化转化器的匹配

三效催化转化器与发动机以及汽车有一个非常重要的优化匹配问题。催化器性能再好，如果系统不能给它提供一个合适的工作条件（如空燃比、温度及空速等），催化器就不能高效地净化排气污染物。反之，催化器在设计时，也应根据具体车型原始排放水平的不同、要满足的排放法规的不同、对动力性和经济性等指标的要求不同等条件来确定设计方案。

在排放法规日益严格的今天，不装催化器的汽油车已无法满足排放法规的要求，但如果不进行优化匹配，即使装上最好的催化器，也难以达标。因此，要实现低排放的目标，需要高性能的催化器加高水平的催化器匹配技术。可以说，催化器的匹配问题是催化器得以应用的前提和关键。催化器的匹配主要包括以下几个方面：①催化器与发动机特性的匹配；②催化器与电控燃油喷射系统的匹配；③催化器与排气系统的匹配；④催化器与燃料及润滑油的匹配；⑤催化器与整车设计的匹配。

催化器的匹配是一项交叉于汽车、材料和化学等不同领域的涉及范围很广的技术。下面仅就②③④点，对催化器的匹配问题作一些简单介绍。

(1) 三效催化器与电控燃油喷射系统的匹配

电控喷射汽油机在闭环状态下工作时，空燃比总是在某一目标空燃比（由闭环电控喷射系统和氧传感器保证）附近波动，这种波动对三效催化转化器的性能会产生很大的影响。

对闭环电控喷射发动机，其闭环空燃比波动的幅值、频率及波形是由闭环控制方法及控制参数等决定的，在确定其闭环控制参数时，也以尽量提高三效催化转化器的转化效率为前提。因此，进行三效催化转化器与闭环电控喷射发动机的匹配时，需先对三效催化剂在空燃比波动条件下的活性进行评价。不同波动条件时的最高转化率及窗口宽度都有明显不同。这样，对于既定催化剂，可以通过改变闭环电控系统的空燃比波动特性来改善其最高转化效率或选择窗口，而对于空燃比波动特性已定的电控系统也可以根据其频率和幅值来选择合适的催化剂。

在发动机各种不同的工况下，如何使三效催化转化器的转化效率最高，这就涉及三效催化转化器与电控喷油系统控制的空燃比的匹配，其具体体现在以下几点：

①冷起动阶段　在保证发动机运转平稳的前提下，一般采用较小的空燃比，较小的点火提前角和较高的暖机转速，以产生较高的排气温度，使三效催化转化器尽快起燃。

②怠速工况　为保证三效催化转化器的转化效率，要把空燃比控制在化学计量比附近，并采用较小的点火提前角和较高的怠速转速，以保证排气温度高于催化器的起燃温度。而无催化器的电控系统一般追求怠速的稳定性和经济性。

③稳态工况　中小负荷时，要实现空燃比中值和波动的控制，涉及氧传感器中值电压修正和空燃比波动频率、幅值的调节。大负荷时，要对空燃比进行加浓，以获得好的动力性，在有催化器时，还要兼顾利用加浓的空燃比来降低排气温度，以防止催化转化器过热。

④加减速等过渡工况　涉及加速变浓、减速变稀和减速断油等工况的标定，要兼顾良好的过渡性能和排放性能。特别是在减速过程中，更要严格控制失火现象，以免未燃混合气在催化器中的燃烧引起催化器过热。

(2) 三效催化器与排气系统的匹配

排气系统对发动机性能的影响主要是通过压力波对排气干扰而产生的，其影响程度随排气管长度而变化。而催化器的安装位置会显著影响排气系统的这种波动效应，进而影响发动机的动力性和经济性。因此，在采用催化器时，必须对发动机排气系统进行重新设计，以达到催化器与排气系统的良好匹配。匹配中应考虑的主要影响因素是：排气总管和排气歧管的尺寸以及配气相位。

图 3-9 是采用模拟计算方法得出的某一发动机外特性转矩随排气总管长度的变化。

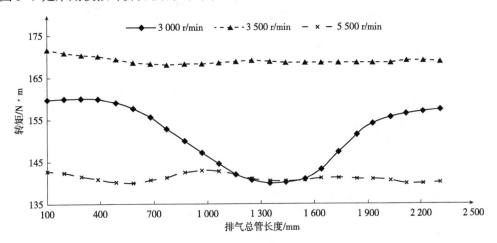

图 3-9　催化器安装位置对发动机转矩的影响

催化器安装在排气总管之后，总管长度变化反映了催化器的安装位置变化。从计算结果可以看出，随排气总管长度的变化，不同转速时的最大转矩有明显的变化，特别是在 3 000 r/min 时，最大转矩在 140~160 N·m 范围变化，即有 13% 的影响。另外，安装位置还会影响发动机的燃油经济性和排气噪声。

(3) 催化器与燃料及润滑油的匹配

催化器与燃料及润滑油的匹配是指对于油品中有害成分含量（Pb、S、P 等）尚未实行控制的地区，应选用抗中毒劣化性好的催化剂。另外，催化器与排放法规之间也应有合理的对应关系。如仅满足以 HC 和 CO 为控制目标的排放法规，则可选用氧化型催化器；为满足带有城郊高速行驶工况的排放测试程序，应选用空速特性好的催化器。实际上，汽车和催化器厂家并不单纯追求催化器性能越高越好，而是更注重催化器性能恰好满足当时的排放法规。因为催化器性能越好，往往是贵金属含量越高，因而成本越高。

3.2.2　热反应器

汽油机工作过程中的不完全燃烧产物 CO 和 HC 在排气过程中可以继续氧化，但必须有足够的空气和温度以保证其高的氧化速率，热反应器为此提供必要的温度条件。在排气道出口处安装用耐热材料制造的热反应器，使尾气中未燃的 HC 和 CO 在热反应器中保持高温并停留一段时间，使之得到充分氧化从而降低其排放量。

热反应器一般采用耐热、耐腐蚀的不锈钢制成，其净化装置如图 3-10 所示。

热反应器由壳体、外筒和内筒三层构成，中间加保温层，使内部保持高温。热反应器安装

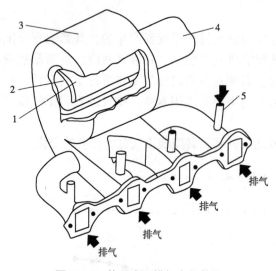

图 3-10 热反应器排气净化装置
1—外筒 2—内孔 3—壳体 4—排气口 5—空气喷射孔

在排气总管出口处，由于有较大的容积和绝热保温部分，反应器内部的温度可高达 600~1 000℃。同时在紧靠排气门处喷入空气(即二次空气)，以保证 CO 和 HC 氧化反应的进行。CO 进行氧化反应的温度应高于 850℃，HC 进行完全反应的温度应至少超过 750℃。热反应器必须为热反应提供必要的反应条件，通常在浓混合气工作条件下，热反应器产生大于 900℃ 的高温。通入二次空气时，CO 和 HC 的转化率最高，但会使燃油经济性恶化。对于稀混合气工作的汽油机，不需供给二次空气，并可减少空气泵的能量消耗。一般情况下，热反应器对 CO 和 HC 的转化率可达 80%。

热反应器系统在发动机冷起动时不能发挥作用，起动后，为了工作可靠，要求排气中有足够的可燃物质以保证产生自燃反应，这就需使混合气浓度大大高于最经济时的浓度，从而导致油耗增大。

热反应器不能净化 NO_x。尽管其有隔热装置，但仍给车盖下增加了大量的热负荷。热反应器的内部温度高达 800~1 100℃，且长期处于 Pb、P 和高温的工作条件，即使采用高级昂贵材料，也几乎无法解决零件的寿命问题。

3.2.3 空气喷射系统

空气喷射就是将新鲜空气喷射到排气门的后面，使尾气中的 HC 和 CO 在排气管内与空气混合，继续进行氧化的方法，又称二次空气法。

空气喷射装置可分为主动式和被动式两种。主动式空气喷射装置带空气泵，主要用在化油器式的发动机上；而被动式空气喷射装置(不带空气泵)用在电控发动机上。被动式空气喷射装置也称为脉冲式吸气装置。空气与尾气结合时，空气中的 O_2 和 HC 反应生成 H_2O，并呈蒸汽状；而 O_2 和 CO 反应生成 CO_2。被动式空气喷射装置与主动式空气喷射装置的区别在于没有空气泵，它由吸气阀、连接空气滤清器与吸气阀的长软管和空气喷嘴等组成，如图 3-11 所示。吸气阀安装在空气滤清器与排气歧管之间的管路中，它实质是一个单向阀。当发动机工作时，每一个排气阀的关闭都会使排气歧管内部的压力低于大气压力。发动机每一排气阀的循环关闭必然出现脉冲式的相对低压，在这一低压的作用下，空气滤清器中的空气通过吸气

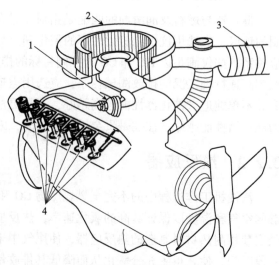

图 3-11 被动式空气喷射装置
1—吸气阀 2—空气滤清器 3—进气管 4—喷嘴

阀被吸进排气歧管。吸气阀和检查阀的作用一样，它使用弹性簧片或有回位弹簧的隔膜，只许空气进入排气歧管，不许废气倒流。

3.3 废气再循环系统

3.3.1 废气再循环系统分类

废气再循环系统(EGR)分为内部废气再循环系统和外部废气再循环系统。通常把发动机排气经过 EGR 阀进入进气支管，与新鲜混合气混合在一起的方式称为外部 EGR。实际上，EGR 的这种效果也可以通过不充分排气以增大滞留于缸内的废气量(即增大残余废气系数)来实现，与上述外部 EGR 相对应，称这种方法为内部 EGR。滞留在缸内的废气量决定了配气相位重叠角的大小，重叠角大，则内部废气再循环量也大。高比功率的发动机，由于有较好的充气，通常重叠角较大，内部废气再循环量也大，因而 NO_x 排放物相对较低。但是，重叠角也不能无限加大，过大的重叠角会导致发动机燃烧不稳定、失火，并使 HC 排放量增加等，因此，在确定配气相位重叠角时必须对动力性、经济性和排放性能进行综合考虑。

3.3.2 废气再循环系统结构

图 3-12 为车用汽油机 3 种典型的 EGR 系统。图中(a)是真空控制 EGR 系统。该系统除低温切断 EGR 用温度控制阀 5 实现外，其余控制规律由进气管节气门后的真空度和真空驱动 EGR 阀的构造保证(如采用双膜片式 EGR 阀等)。真空控制 EGR 系统是一种机械式 EGR 系统，在现代电控汽油机上已很少应用。(b)为电控真空驱动 EGR 系统，用电控单元 7 控制真空调节器 6，后者控制真空驱动 EGR 阀 1 的开度。在此系统中，通过预先标定的 EGR 脉谱有可能针对不同工况实现 EGR 的优化控制。(c)为闭环电控 EGR 系统，广泛应用于现代电控汽油机中。这种系统应用了带 EGR 阀位置传感器 8 的线性位移电磁式 EGR 阀 9，由电控单元 7 发出的 PWM 信号驱动。传感器 8 发出的 EGR 阀位置信号反馈给电控单元 7，保证精确实现预定的电控脉谱，而电控脉谱由发动机的 EGR 标定试验确定。

在 EGR 控制系统中，EGR 阀是最为关键的部件，不同的 EGR 率是通过 EGR 阀的调节来实现的。EGR 阀常用的控制方式有温控真空式、真空背压式、真空电磁式、电磁阀式等。随

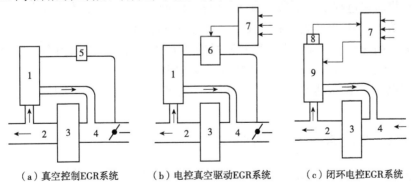

(a) 真空控制EGR系统　　(b) 电控真空驱动EGR系统　　(c) 闭环电控EGR系统

图 3-12　车用汽油机的 EGR 系统

1—真空驱动 EGR 阀　2—排气管　3—发动机　4—进气管　5—温度控制阀　6—电控真空调节器
7—电控单元　8—EGR 阀位置传感器　9—线性位移电磁式 EGR 阀

着电子技术在汽车上的广泛使用，现代汽车大多采用电子控制的 EGR。

3.3.3 废气再循环及其净化原理

废气再循环技术是控制 NO_x 排放的主要措施，其工作原理如图 3-13 所示。它是将汽车排出的一部分废气重新引入发动机进气系统，与混合气一起再进入气缸燃烧。废气混入的多少用 EGR 率表示，其定义如下：

$$EGR 率 = [返回废气量/(进气量+返回废气量)] \times 100\%$$

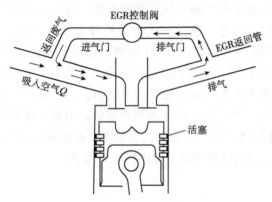

图 3-13　废气再循环系统工作原理

NO_x 是在高温和富氧条件下 N_2 和 O_2 发生化学反应的产物。燃烧温度和 O_2 浓度越高，持续时间越长，NO_x 的生成量也越多。一方面，废气对新气的稀释作用意味着降低了 O_2 浓度；另一方面，考虑到除急速外的其他工况下的 CO、HC 和 NO_x 浓度均小于1%，废气中的主要成分为 N_2、CO_2 和 H_2O，而且三原子气体的比热较高，从而提高了混合气的比热容，加热这种经过废气稀释后的混合气所需要的热量也随之增大。在燃料燃烧放出的热量不变的情况下，最高燃烧温度可以降低，从而可使 NO_x 在燃烧过程中的生成受到抑制，明显地降低 NO_x 的排放。

3.3.4 废气再循环的控制策略

随着 EGR 率的增加，燃烧开始不稳定，燃烧波动增加，HC 排放上升，功率下降，燃油经济性趋于恶化。小负荷特别是急速时进行废气再循环会使燃烧不稳定，甚至导致失火，使 HC 排放急增。全负荷追求最大动力性，使用 RGR 会使最大功率降低，动力受损。因此，必须对 EGR 率进行适当控制，使之在各种不同工况下，得到各种性能的最佳折中，实现 NO_x 的控制目标。对 EGR 系统的控制要求如下：

① 由于 NO_x 排放量随负荷增加而增加，因而 EGR 量也应随负荷的增加而增加。

② 急速和小负荷时，NO_x 排放浓度低，为了保证稳定燃烧，不进行 EGR。

③ 在发动机暖机过程中，冷却水温和进气温度均较低，NO_x 排放浓度也很低，混合气供给不均匀，为防止 EGR 破坏燃烧稳定性，冷机时不进行 EGR。

④ 大负荷、高速时，为保证发动机有较好的动力性，此时虽温度很高，但 O_2 浓度不足，NO_x 排放生成物较少，通常也不进行 EGR 或减少 EGR 率。

⑤ 为了实现 EGR 的最佳效果，需保证再循环的排气在各缸之间分配均匀，即保证各缸的 EGR 率一致。

3.3.5 EGR 率对汽油机的影响

前面已阐述，采用废气再循环能有效地降低汽油发动机的 NO_x 排放。但 EGR 率过大会使燃烧恶化，燃油消耗率增大，HC 排放上升。小负荷下进行 EGR 会使燃烧不稳定，表现在缸内压力变动率增大，工作粗暴，HC 排放急剧增加。大负荷时进行 EGR 会使发动机动力性受损。因此，在进行 EGR 时必须要考虑其对发动机动力性、经济性的影响。EGR 率对燃油经济

性和 NO_x 排放浓度的影响,如图 3-14 和图 3-15 所示。图 3-15 中,空燃比被作为参变量,试验结果是在各点的最佳点火提前角条件下得到的。可见,EGR 率越大,对降低 NO_x 排放越有利。EGR 率越大,燃油消耗率也将增加。故要提高 NO_x 净化率,势必要增加燃油消耗率。

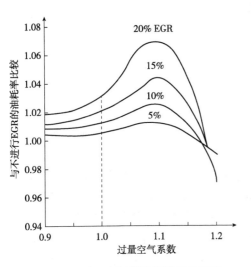

图 3-14 EGR 率对燃油经济性的影响　　图 3-15 EGR 率对 NO_x 排放浓度的影响

EGR 率对汽油机净化与性能的影响如图 3-16 所示。该试验是在转速、进气管压力及空燃比一定条件下进行的,试验所用的机型是一台日本丰田 3R 型汽油机。试验结果表明,当 EGR 率超过 15% 时,发动机的动力性和经济性开始恶化,未燃 HC 排放浓度也因 EGR 率加大发生失火现象而上升,而且此时对进一步降低 NO_x 排放浓度的作用不大。因此,通常将 EGR 率控制在 10%~15% 较合适。

EGR 技术在汽车 NO_x 排放控制中具有重要地位,是目前降低 NO_x 排放的主流技术。完善的电子闭环控制 EGR 技术的应用,为 EGR 净化技术的推广应用创造了优越的条件。即使在

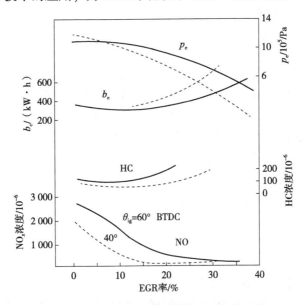

图 3-16 EGR 率对汽油机净化与性能的影响

不采用 NO_x 后处理的情况下，也能满足我国现行排放法规对 NO_x 限值的要求。值得注意的是，EGR 技术同时增加了进气温度，降低了充气效率，恶化了燃油经济性。在此基础上，提出了冷却 EGR 技术，即再循环废气经冷却器冷却后再送入进气端，进一步降低进气温度，更有利于降低 NO_x 排放，同时也改善了燃油经济性。

3.4 蒸发排放控制

3.4.1 蒸发排放的种类

蒸发排放是指车辆静置时释放出来的气体。蒸发排放的主要来源可分成两类：基于燃油的蒸发排放；基于非燃油的蒸发排放。

通常，基于燃油的蒸发排放来自燃油系统组件渗漏的燃油蒸气和燃油罐或进气系统蒸发的燃油。基于非燃油的蒸发排放来自车辆的各部件，如轮胎、涂料、密封剂和胶合剂。来自四氟乙烷（R134a）空调制冷剂和风窗玻璃醇类清洗溶剂的排放，也属于非燃油的蒸发排放。

汽油是一种易挥发的物质，在常温下燃油箱经常充满蒸气，若不加以控制或回收，则当发动机停机时，汽油蒸气将挥发到大气中，造成对环境的污染。汽油的蒸发排放有 4 个来源。

①运转蒸发　是指汽车行驶时从发动机燃油系统逃逸出的蒸气。对于设计正确且运行正常的汽车发动机，运转蒸发数很少，一般可忽略不计。

②热烤蒸发　汽车停止行驶时，由于发动机周围失去风扇和迎面风的冷却，发动机的残余热量使燃油温度升高而造成蒸发。它主要发生在汽车停车后 1 h 或更短的时间内。

③昼夜蒸发　燃油箱因昼夜温度变化造成的呼吸（换气）现象，使油箱内燃油蒸气流出箱外，是构成昼夜蒸发的主要部分。

④加油蒸发　是指汽车在加油过程中所造成的汽油蒸发，包括加油时油箱中汽油蒸气的溢出，燃油液滴飞溅和燃油泄漏。燃油蒸发和飞溅泄漏蒸发数量很大，这需要对营销分配系统的管理和技术设施进行改造。

3.4.2 蒸发排放测试程序

为期两天的蒸发排放测试程序，包括一个带有碳罐的联邦测试程序（FTP）循环，一个 1 h 的升温热浸测试循环，以及紧接着的为期两天的昼间测试。总的测试结果是 1 h 热浸值和昼间最高值之和。碳罐装填丁烷和 N_2 的混合物，表示车辆多天没有行驶或刚加油的碳罐情况。FTP 驾驶循环模拟车辆长时间（通宵）浸泡后起动，以一特定的车速行驶，模拟典型的上下班情况（在美国联邦法规全书[CFR]中定义）；热浸工况紧跟在 FTP 循环后，模拟车辆在一段驾驶后驻车的情况，热浸温度为 22℃；一个白昼模拟在加州理论上所能遇到的最坏温度变化情况：开始汽车浸泡在 18℃ 下，然后，温度在 12 h 内升高至 40℃，之后在 12 h 内温度又降至 18℃。当车辆被加热时，燃油箱中的燃油会蒸发，蒸发的所有燃油必须收集起来，不允许泄漏到大气中。为期三天的测试循环还需要增加一个称为运转损失测试的驾驶循环，该驾驶循环运行在 40℃ 环境条件下。在加油口盖和碳罐处测量排放物，以确保车辆在运行时的排放物都被收集，同时也可以保证车辆的清净系统功能正常。在运转损失测试之后，车辆立刻放在 40℃ 环境下热浸 1 h，接下来是 3 个白昼的测试，测试温度与上面描述的一样。总的测试结果是热浸值和白昼试验最高值之和。

用来确定白昼和热浸排放的装置称为蒸发物确定封闭室(SHED)。如图 3-17 所示，SHED 是一个封闭柜，里面放置定时检测 HC 排放物的火焰离子检测器(FID)。在试验开始和结束时分别对 SHED 里的 HC 浓度进行采样，因此汽车热浸的排放物与白昼试验的排放物都可以测得。因为 FID 检测的是全部的 HC 排放，包括那些基于非燃油蒸发的 HC 排放，所以测试时还使用另外一种红外线检测器(IR)。IR 检测器可以区分 HC 排放是基于燃油 HC 蒸发物还是其他 HC 蒸发物。用于 IR 检测器的过滤液是 R134a、甲醇和乙醇。IR 检测器还可以用来诊断车辆排放物和故障的来源。

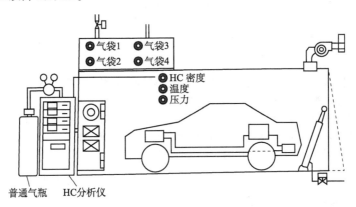

图 3-17 SHED 设备

3.4.3 蒸发排放控制系统的类型

燃油存储和输运有多种类型：一种是运行过程中燃油箱内保持正压；另一种是燃油箱有真空，几乎不产生燃油蒸气；还有一种属于"自由通气"即与大气相连，可以一直通气。燃油箱保持正压的优点在于能够在燃油箱的不同位置开出燃油通道，从而让燃油充满管道。一个"蒸气圆顶"可以放置在油箱适宜安装的任意地方，许多安装都选择放在燃油加注管道的顶部，以便油箱收集蒸气。

低燃油蒸气产生系统的一大好处是降低了对燃油蒸气控制的要求。为了防止燃油箱里产生燃油蒸气，必须排除燃油上面的空气。一种方法是利用胆囊原理采用可变体积的燃油箱。当燃油消耗时，胆囊塌陷，蒸气鼓包无法形成。燃油中混入的空气越少，产生的燃油蒸气就越少。制造胆囊的材料可以采用防渗透的多层高密度聚乙烯，或采用不防渗透的单层材料。另一种方法是胆囊燃油箱可以封闭在另一个防渗透的容器中。这种不产生大量蒸气的燃油系统可以应用在混合动力汽车上，这类汽车对空间和车重要求很高，并且发动机小。

自由通气的燃油存储和传输系统如图 3-18 所示。加油时用焊在油箱上的阀门 10 控制加油量，当油线达到合适的高度时，浮子关闭，燃油压向充油管道，关闭管嘴，另一个焊在燃油箱上的阀 5 与进油止回阀 9 一起防止汽车发生翻转事故时燃油的泄漏。当车辆或燃油箱倾斜成一定角度时，翻转阀 5 保持通气。为了减少加油时产生燃油蒸气，燃油箱产生的部分燃油蒸气再循环至加油管道的顶部，与加注的燃油混合，这时的燃油蒸气已饱和，液态燃油无法产生过多的燃油蒸气。回流孔的尺寸由一些与车辆相关的参数确定，回流孔一般位于控制阀 10 内，具有蒸气流控制和翻转阀的功能。碳罐通过新鲜空气通道始终与大气相连。在白昼试验期间，燃油箱在升温和降温过程中可以自由通气，燃油蒸气可以往碳罐自由移动。在驾驶循环条件下，如果燃油蒸气产生的速度比带走的速度快，那么燃油箱的压力会升高，燃油

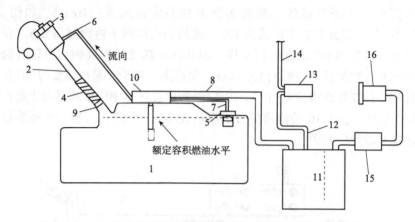

图 3-18 自由通气的燃油存储和传输系统(戴姆勒-克莱斯勒公司)

1—燃油箱(钢或塑料) 2—燃油加注管道 3—油箱盖(带有压力/真空释放阀) 4—加油管道和燃油箱的连接件(弹性的) 5—燃油箱倾斜通风和翻转阀 6—燃油蒸气再循环管路 7—燃油蒸气输运线路 8—与碳罐相连的燃油蒸气管路 9—进油止回阀 10—多功能控制阀(加油限制、燃油辨识、流量控制孔、翻转) 11—碳罐 12—清净管路 13—清净设备 14—与进气相连的清净管路 15—泄漏检测设备 16—过滤器

蒸气向碳罐输运。自由通气系统不复杂,体现在蒸气圆顶与燃油箱集成在一起,系统组件较少,管路少,控制策略也简单易行。

汽油蒸发控制装置就是将汽油蒸气引进发动机燃烧室进行燃烧,这既可以防止燃油蒸气进入大气造成污染,又减少了蒸发造成的汽油损耗,提高燃油的经济性。20 世纪 70 年代后,西方工业国家的各种车辆都装备了这种装置。现代发动机中的燃料蒸发排放控制系统已实现电子控制,电磁阀是由发动机控制单元 ECU 控制的。电子燃油蒸发排放控制装置的缩写形式有 EVAP、EEC 和 ECS 几种,它们都表示同一系统。

典型的电控燃油蒸发排放控制系统如图 3-19 所示。油箱的燃油蒸气通过单向阀进入活性炭罐上部,空气从活性炭罐下部进入清洗活性炭,在活性炭罐右上方有一个定量排放孔和受进气管真空度控制的真空控制阀,真空控制阀上部真空室的真空度由电磁阀控制。

当发动机停机后,油箱中的汽油蒸气经单向阀和汽油蒸气管进入活性炭罐(图 3-20)。汽油蒸气进入活性炭罐后被其中的活性炭吸附。

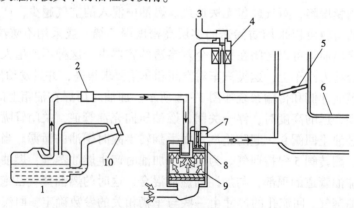

图 3-19 汽油蒸发排放控制系统

1—汽油箱 2—单向阀 3—接缓冲器 4—控制电磁阀 5—节气门 6—进气歧管 7—真空控制阀 8—定量排放孔 9—活性炭罐 10—油箱盖

当发动机工作时，ECU 根据发动机转速、温度、空气流量等信号，通过控制电磁阀的开闭来控制真空控制阀上部的真空度，从而控制真空控制阀的开度。当真空控制阀打开时，燃油蒸气通过真空控制阀被吸入进气歧管。

发动机怠速或温度较低时，ECU 使电磁阀断电，关闭吸气通道，活性炭罐内的燃油蒸气不能被吸入进气歧管。

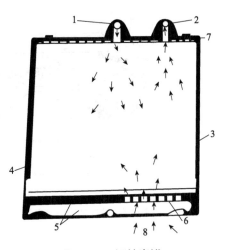

图 3-20 活性炭罐
1—燃油进油口 2—燃油蒸气排泄口 3—塑料外壳
4—活性炭 5—滤网 6、7—栅格 8—空气

3.5 曲轴箱排放控制

因为由活塞、活塞环、汽缸构成的气体密封系统，实质上是一个往复运动的移动式迷宫密封系统，存在着漏气通道，不能保证绝对的密封，所以在内燃机工作循环的压缩过程、燃烧过程和膨胀过程，可燃的混合气会或多或少通过活塞组与气缸之间的间隙漏入曲轴箱空间内，称为曲轴箱窜气。一般在技术状态正常的情况下，窜气量相当于发动机总排气量的 0.5%～1.0%。如果这些窜入的混合气不被排除，还会稀释曲轴箱内的机油，使机油变质造成发动机机件过早磨损。

气缸的窜气会使发动机曲轴箱内产生压力。为防止曲轴箱压力过高，早期内燃机一般都通过机油加油口处使曲轴箱与大气相通，进行"呼吸"，这就是开式曲轴箱通风系统，如图 3-21 所示。

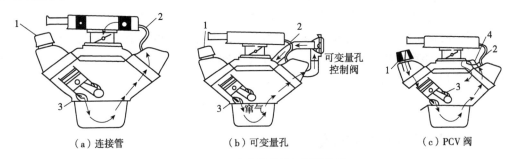

图 3-21 开式曲轴箱通风系统示意
1—新鲜空气入口 2—进气歧管连接管 3—窜缸气体 4—流动控制阀

但因为汽油机采用预混合的可燃混合气，漏入曲轴箱的窜气中含有大量未燃 HC 及其不完全燃烧产物和少量 CO、NO_x 等有害物质，排入大气会造成污染。为了防止曲轴箱排放物的危害，世界各国的车用汽油机从 20 世纪 60 年代起先后采用曲轴箱强制通风装置或闭式曲轴箱通风装置(positive crankcase ventilation，PCV)，如图 3-22 所示，它比开式曲轴箱通风装置多一个空气滤清器连接管。新鲜空气由空气滤清器进入曲轴箱，与窜气混合后，经 PCV 阀进入进气管，与空气或油气混合气一起被吸入气缸燃烧掉。

在 PCV 系统中最重要的控制元件是 PCV 阀，其功用是根据发动机运转状况自动调节吸入气缸的窜气量，并保证曲轴箱中的压力在任何工况下都不超过大气压力。进气歧管的真空度决定了 PCV 阀的开启程度，从而决定了窜气量，如图 3-23 所示。PCV 阀是由阀体和回位

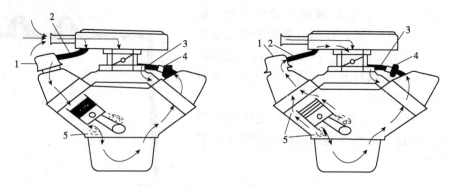

图 3-22 闭式曲轴箱强制通风装置
1—密封式加油口盖 2—空气滤清器连接管 3—进气歧管连接管 4—PCV 阀 5—泄漏气体

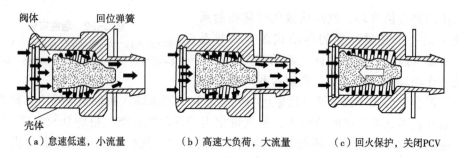

(a) 怠速低速，小流量　　(b) 高速大负荷，大流量　　(c) 回火保护，关闭PCV

图 3-23 PCV 阀调节窜气量原理

弹簧组成的单向阀。在怠速、低速时，节气门开度小，进气歧管真空度高，阀体向右移动使流量减小，通过较少的曲轴箱蒸气，因为此时窜气也少，所以 PCV 阀开度虽小但足以使曲轴箱内的气体流出。若无 PCV 阀，过量的空气通过曲轴箱进入歧管，使空燃比增大，造成怠速不稳或失速。在加速、大负荷时，节气门开度大，进气歧管真空度减弱，吸力小，阀体被弹簧推动左移，使流量增大，通过较多的曲轴箱蒸气，因为此时窜气也增加了，所以 PCV 较大的开度可以使曲轴箱气体被吸入进气管。在进气管回火时，进气歧管压力骤增，压力使阀体左移顶住进气口，全部关闭 PCV，防止回火火焰通过 PCV 进入曲轴箱点燃窜气而损坏发动机。

3.6 加油站油气回收

石油及其产品中的轻质油尤其是汽油，具有较高的饱和蒸汽压，极易挥发。故在油品从油库用油罐车发送到加油站，再用加油机零售给用户的过程中，不可避免地有大量油气产生，油气挥发造成环境污染、火灾隐患、危害人身安全、降低油品质量、资源浪费等诸多严重危害。石油是不可再生能源，在当今油品需求量日益增加、能源供给日益紧张、环保要求日益严格的情况下，对油气进行密闭回收势在必行。

加油站油气回收系统总体分为三次油气回收：一次油罐车卸油油气回收、二次加油机加油油气回收、三次加油站(库)油气回收装置油气回收，简称为一、二、三次油气回收，如图 3-24 所示。

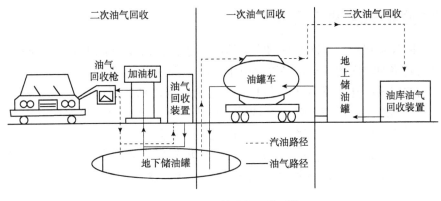

图 3-24 加油站油气回收系统

3.6.1 加油站一次油气回收

一次油气回收是油罐车采用密闭卸油方式卸油,减少油气向外界逸散。其基本原理是:油罐车向加油站内的地下储油罐卸下一定数量的油品,使油罐车内压力降低,需要吸入大致相等的气体补充压力。而地下储油罐也因注入油品而向外排出相当数量的油气,此油气经过导管输回油罐车内,完成密闭式油气循环的卸油过程。

一次油气回收有两点式和同轴式两种形式。设有两点式油气回收系统的地下储油罐一般有两个出口,一个用于连接输油管,另一个用于连接装有弹性阀的油气回收管。当油罐车上的油气回收管正确连接到油罐的回收口时,弹性阀就会打开,同时排气管关闭,使油罐中的油气能完全由回收管到油罐车内。同轴式油气回收系统是由两个相互嵌套的导管组成,它们之间由同轴弹簧连接,这类系统只设有一个储油出口,油品在内管中流动,油气从内外管间的间隙中排出。

3.6.2 加油站二次油气回收

二次油气回收是指加油机对汽车加油过程中,通过安装油气回收设备进行油气回收。其基本原理是:加油机给汽车加油时,利用加油枪上的特殊装置,经加油枪、比例调节阀、拉断阀、同轴胶管、油气分离接头、油气回收管线等一系列油气回收装置,将原本由汽车油箱逸散于空气中的油气,回收至加油站地下油罐内。将回收的油气储存在油罐内进行饱压,不做排放。要达到这个效果,汽油与油气相互交换比例需接近1∶1。在理论上就是在加油时,每向外输出1 L汽油,油罐液位下降产生的空间,同时由油气回收枪回收相当于1 L体积的油气,送回油罐内填补该空间以达到压力平衡。回收的饱和油气补入油罐也可以减少油罐内汽油的挥发。目前国外普遍使用的回收设备为真空辅助式油气回收系统,其工作原理是:利用外加的辅助动力(真空马达或同步叶片涡轮式真空泵),在加油运转时产生中央真空通过回收管、回收油枪将油气回收。当油罐内压力过大,油罐通气孔上的真空压力帽会开,由排气口排出过压的气体。根据油气回收泵的配置方式不同,真空辅助式油气回收系统可分为分散式和集中式两种。分散式系统是油气回收泵装置于加油机内,其连接2条平行的油品输油管及油气回收管线与油罐连接。当油品输出时电机带动油气回收泵,产生真空进而通过回收油枪达到回收油箱内挥发油气的效果。中央式系统是油气回收泵装置于油气回收管与油罐连接处,油气回收泵不用增加动力,它利用潜油泵抽出油压力来带动。

3.6.3 加油站三次油气回收

三次油气回收是将一、二次回收的收集的油气进行再回收的后端油气处理系统。此系统是为解决回收到储油罐内的油气过多以及由于小呼吸等因素造成罐内压力上升，从而再次向大气排放油气的问题，达到零呼吸。其基本工艺为：吸附法、吸收法、冷凝法和膜分离法。总之，在油品从油库用油罐车发送到加油站，再用加油机零售给用户的过程中，由于温度、压力的变化容易造成油气的小呼吸和大呼吸损耗，同时会产生大量的挥发性油气，不仅浪费了巨大资源、给环境带来很大污染，形成的油气聚集易成为易燃易爆场所，更给油库、油站的运营造成巨大安全隐患。优化油库、油站工艺设计，设置油库、油站油气回收系统迫在眉睫。

第 4 章 柴油车排放控制

4.1 柴油机机内排放控制

柴油机的排放控制技术大体分为机内措施和机外措施两种。机内措施主要以燃烧过程控制为目的,但是对内燃机等通过在空气中燃烧进行能量转换的动力装置而言,通过机内措施实现燃烧排放物中有害排放物的零排放几乎是不可能的。为进一步降低内燃机的排放,使之尽可能接近零排放,以达到清洁环境的目的,结合机内措施常采用机外的后处理技术。所以,目前针对不断严格的排放法规,在车用柴油机上所采取的主要排放控制措施(图 4-1)有:①可变增压、中冷技术;②燃烧室结构及喷注优化匹配技术;③电控多阶段高压喷射技术;④排气再循环(exhaust gas re-circulation,EGR)及其中冷技术;⑤后处理技术。不同技术措施对排放及性能的影响效果见表 4-1。

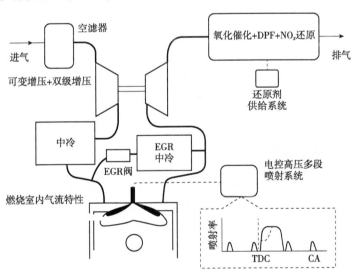

图 4-1 柴油机排放控制技术

4.1.1 增压

增压是提高柴油机功率密度的重要手段,而且还是排放控制的必然选择。近几十年来,由于道路条件的改善,长途运输用大吨位载货汽车的需求急剧增长,推动了涡轮增压大功率车用柴油机的普及。增压在车用柴油机上的应用,最大的推动力来自排放控制的压力。现在,

表 4-1　不同技术措施对排放及性能的影响效果

措施	喷射系统				EGR	后处理		
	喷射压力高压化	喷射压力控制	预喷射	喷射时期迟后控制		还原性催化剂	氧化性催化剂	静电/滤清器
微粒(碳烟)及HC	好	好	—	差	差	—	好	好
NO_x	差	一般	好	好	好	好	—	—
经济性	一般	一般	一般	差	一般	—	—	—
噪声	差	一般	好	一般	—	—	—	—
起动机	—	一般	一般	差	—	—	—	—
行驶性	一般	好	—	差	—	—	—	—

几乎所有的车用柴油机都采用增压加中冷技术，而且增压度越来越高。

增压是发展低排放柴油机的入门技术，也是最容易实施的。当自然吸气柴油机不能提供足够大的 ϕ_a 时，PM 与 NO_x 之间的矛盾很难解决。增压柴油机的主要特征是进气量大，平均 ϕ_a 大，因此碳烟和 PM 排放下降。但增压一般使 NO_x 排放增加，因为增压后进气温度提高，同时燃气中氧含量增加。但在 PM 排放下降的前提下，可以采取推迟喷油等办法来减少 NO_x 的排放，而不致使 NO_x 排放过分增加。

采用增压后空气的中间冷却器，降低柴油机的进气温度，不仅降低柴油机的热负荷，还进一步提高空气密度，从而可以更加强化功率密度，同时降低最高燃烧温度，减少 NO_x 的生成。为把增压空气冷却到尽可能低的温度，现在大多采用空—空中冷器，即把中冷器放在冷却水散热器之前，用温度最低的环境空气来冷却增压空气。在这种情况下，增压空气温度可从 120~150℃ 降低到 40~60℃，从而可以大幅改进柴油机性能和排放。

为改善增压柴油机低速性能，涡轮增压器大多带排气旁通阀，在高速高负荷工况时，通过增压空气的压力控制排气旁通阀的开度，使发动机的部分排气绕过涡轮直接进入排气管，避免增压器超速等问题。满足国Ⅳ及以上排放标准的车用柴油机，尤其是转速范围宽、要求动态响应好的轿车柴油机，很多应用可变喷嘴涡轮增压器(VNT)或两级增压系统。

4.1.2　喷射系统的控制

喷射系统的控制目的，除了良好的雾化特性和喷注与燃烧室良好匹配的基本要求以外，就是控制喷油规律，由此有效地控制燃烧放热规律，达到既节能又降低排放的目的。为此，对车用柴油机的喷射系统提出高压喷射化，而且喷射压力、喷射时期、喷射量及喷油规律可控制，同时高精度、高响应特性等的要求。现阶段满足这些要求的有高压共轨系统、泵喷嘴系统等。

以高压共轨系统为例，它通过柱塞式高压泵的泵油速率保证喷射压力的高压化，同时在共轨中设置压力传感器，通过 ECU 反馈控制高压泵的电磁阀来实现喷射压力的任意控制。喷射时期是直接通过喷油器的电磁阀任意控制针阀的开启时刻来实现自由控制的，并通过电磁阀的通电时间(脉宽)任意控制喷射量。喷油规律是将每个循环燃烧所必要的喷射量以多次喷射的方式进行控制。这就要求喷油器有足够高的响应特性和控制精度，喷油器的响应特性和控制精度取决于电磁阀的高频响应特性和针阀系统的惯性质量。

相对单体泵和泵喷嘴系统，由于高压共轨系统直接控制喷油器，在控制响应特性上占优势，因此轻型高速柴油机上普遍采用高压共轨系统。

为了实现喷油规律的精确控制，对喷油器的设计提出了以下两点要求：

①喷射压力的进一步高压化　现阶段国外高压共轨喷射压力已达到 180~300 MPa，泵喷嘴系统的最高喷射压力也超过 200 MPa。高压化后需要解决的就是高压密封性、耐压强度的提高以及相对运动副的耐磨性的提高。

②实现多阶段喷射方式　目前高压共轨系统可实现每个循环六阶段喷射方式，由此在循环内可合理分配燃料喷射量，有效控制放热规律，以完善循环热效率，提高发动机的整机性能。实现多阶段喷射方式需要精确控制各阶段之间的喷射间隔时间，所以要求提高喷油器的响应特性。为进一步提高喷油器的响应特性，已研究开发压电式喷油器。

4.1.3　低排放燃烧系统

4.1.3.1　低排放燃烧室

虽然非直喷式燃烧室在 PM、NO_x 和 HC 排放方面优于直喷式燃烧室，但燃油经济性差，使得非直喷式燃烧室在燃用轻柴油的发动机中基本被淘汰。

直喷式燃烧室的设计首先取决于压缩比 ε。一般情况下 ε 根据确保柴油机冷起动可靠的要求选择。低排放柴油机一般要适当提高 ε，这样可降低 HC 和 CO 的排放。设计直喷式燃烧室时，首先要尽可能增大燃烧室容积对气缸工作容积的有效容积比，以提高缸内空气利用率，降低碳烟和 PM 排放。现已确认，长行程、低转速的柴油机的燃料经济性和排放性要优于短行程、高转速的，为了弥补长行程柴油机动力性的不足，可以采用提高增压度的方法加以解决。现代车用高速柴油机的行程缸径比（S/D）已增大到 1.2~1.3，而传统的数值是 1.0~1.2。

在燃烧室的结构形状方面，原则上应该加强缸内气体湍流运动及其持续时间，以促进燃烧，改善发动机的动力经济性和降低排放。虽然对柴油机燃烧室形状还没有明确的评价标准，但有趋同设计的态势。如图 4-2 所示，通过对喷雾与缸内气体流动的数值模拟，燃烧室形状要求配合喷油

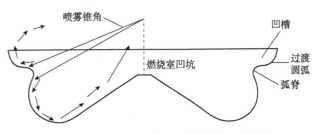

图 4-2　燃烧室的结构及其与油束匹配关系

器的油束分布，使燃油能够更好地同缸内空气进行混合，以提高空气利用率，促进燃油燃烧，达到降低油耗和减少颗粒物排放的目的。此外，提高有效容积比，要尽可能缩小活塞顶面到气缸盖底面之间的余隙。为此，要提高机体、活塞、连杆和曲轴等主要零件与此余隙相关的尺寸的加工精度，减小气缸衬垫压紧厚度的公差。

4.1.3.2　燃烧室气流组织

适当的缸内气流运动有利于燃烧室中燃油喷雾与空气的混合，使燃烧更迅速、更完全。当喷油压力不够高导致喷雾不够细时，一般要求较强的涡流运动来支持油气混合。现代低排放柴油机的发展趋势是采用孔径较小、孔数较多的喷油器和压力较高的喷油系统，因而进气涡流要求减弱。小缸径柴油机燃烧室直径很小，但即便喷孔直径再小，仍有相当大的一部分燃油喷到燃烧室壁上，需要较强的气流运动来加速室壁上燃油油膜的蒸发，促进可燃混合气的及时形成，

涡流比相对要大些。大缸径柴油机形成油膜的可能性较小，故不需要强烈的气流运动。

小缸径高速柴油机的工作转速范围很大，在进气涡流比基本恒定的情况下，如果在高转速下气流速度正好，则在低转速下就显得不足，导致燃烧恶化。如果在低转速下气流速度合适，则在高转速下就会过强，同样不利于燃烧，同时又造成进气损失过大，充量系数下降过大。因此，传统的做法是针对中等转速匹配合适的涡流比，容忍在低转速和高转速下的某些损失。

每缸只有一个进气门的柴油机上，要改变由进气道形状决定的进气涡流比是很困难的。四气门柴油机除扩大进排气门总流通面积，从而减少换气损失，提高充量系数之外，还使变涡流的实现变得容易。这时可通过关闭或部分关闭两个进气道中的一个来大幅度调节气缸内的涡流强度。高转速时两个进气道都开放，由于两股进气流的干扰作用造成较低的涡流比，这正是所希望的；低转速时关闭一个进气道使涡流比大大提高，改善燃烧，虽然这时充量系数降低，但对柴油机低速运转不是大问题。在最新型的车用四气门柴油机中，开始采用在一个进气道中开度连续可调的调节阀，这样就可通过电控器使进气涡流强度在全工况范围内得到优化。

对重型车用柴油机，为了达到高性能、低油耗、低排放的目标，开始采用低涡流甚至无涡流的设计。这时进气阻力减小，充量系数提高，不存在涡流对转速的敏感性问题。当然，与此同时要增加喷油器的喷孔数，相应减小孔径，提高喷油压力，增大燃烧室口径，以改变燃油宏观分布的均匀性和微观细度，减少油雾的着壁量。图4-3所示为一台重型车用柴油机实现低油耗和低排放的技术措施。由图4-3可以看出，燃烧室形状缩口深坑形变为敞口浅平形，喷孔数由5增加到7再到8，喷油器端最高喷油压力由135 MPa提高到150 MPa再到180 MPa时，进气涡流相对下降5%再到基本无涡流时，燃油消耗率平均下降10%左右。

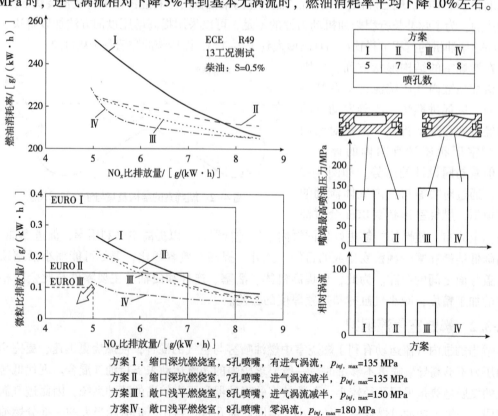

方案Ⅰ：缩口深坑燃烧室，5孔喷嘴，有进气涡流，$p_{inj,\,max}$=135 MPa
方案Ⅱ：缩口深坑燃烧室，7孔喷嘴，进气涡流减半，$p_{inj,\,max}$=135 MPa
方案Ⅲ：敞口浅平燃烧室，8孔喷嘴，进气涡流减半，$p_{inj,\,max}$=150 MPa
方案Ⅳ：敞口浅平燃烧室，8孔喷嘴，零涡流，$p_{inj,\,max}$=180 MPa

图4-3 重型车用柴油机各种燃烧系统

4.1.3.3 排气再循环

相对于汽油机，柴油机更适合采用排气再循环降低 NO_x 排放。对于轻型车或轿车用柴油机来说，常用的为中小负荷工况，这时 ϕ_a 很大，可以用较大的 EGR 率，所以用 EGR 降低 NO_x 排放的效果较显著（因为排放法规规定的测试工况也以中小负荷为主）。对于重型车用柴油机来说，平均使用负荷较高，而大负荷工况 ϕ_a 较小，不可能用很大的 EGR 率。

由于柴油机排气含氧量远高于汽油机，而 CO_2 含量较低，所以柴油机可以用较大的 EGR 率来降低 NO_x，最大 EGR 率 $\phi_{EGR}=0.4\sim0.5$。大负荷下用 EGR 会降低本已不大的 ϕ_a，使 PM 排放上升。在较高的转速下用 EGR 也会造成类似的问题。所以，最佳的 ϕ_{EGR} 脉谱，要全面考虑 NO_x 和 PM 排放并通过标定试验确定。

在增压柴油机中，再循环排气一般不引向增压器进口以免污染增压器叶轮，而是引入增压器后的有压力的进气管中（如果有中冷器，则在中冷器后引入，以免污染中冷器）。因此，为保证足够的排气进入进气管中，要求涡轮进口的排气压力要高于压气机后的发动机进气压力，即采用所谓的高压 EGR 系统发动机的排气温度很高，为了能更有效地降低 NO_x 排放，降低进气温度和发动机的热负荷，保持发动机的功率密度，需要增加 EGR 冷却器。为了布置的方便和系统的高效，甚至采用两级 EGR 冷却。EGR 率的控制一般还要结合电控 EGR 流量控制阀。

这样，EGR 系统的流动阻力增加，为保证足够的压差，可采用可变喷嘴涡轮增压器，通过调节 VNT 涡轮喷嘴的流通面积，改变排气背压，从而实现不同的 EGR 率的压差控制。为了提高控制的精度，可以对 EGR 系统各执行器进行反馈控制。

4.1.4 新的燃烧方式

柴油机燃烧过程中主要问题就是 PM 和 NO_x 排放。这两种排放物的生成均与空燃比和燃烧温度有关。一般控制排放的机内措施对这两种排放物的控制相互矛盾，即降低 NO_x 排放的措施一般都使 PM 排放量增加。所以，作为同时降低 PM 和 NO_x 排放量的技术，必须同时控制混合气的形成过程（或空燃比）和燃烧温度。为此，应开发研究有关低温燃烧技术和均质压燃技术。

4.1.4.1 低温燃烧技术

典型的低温燃烧技术有可谐调动力学（modulated kinetics，MK）燃烧方式。这种燃烧方式的特点是，低温燃烧和预混合燃烧方式的组合，由此达到同时降低 NO_x 和 PM 排放量的目的。实现 MK 燃烧方式的基本原理是通过 EGR 降低氧含量的同时降低燃烧温度，由此降低 NO_x 排放量。为了同时降低 PM 排放量，可采用高压喷射，以缩短喷射期间，同时结合实施冷 ECR 及提前喷射，延长着火延迟期，实现预混合燃烧，从而降低 PM 排放量。为了控制预混合燃烧，以燃料喷射持续时间和着火延迟期之差作为预混合化的控制指标。当喷射持续时间小于着火延迟期时，就可以认为是预混合燃烧。因此，通过燃料的十六烷值和压缩比的调节来满足与混合燃烧的条件（图 4-4），实现 MK 燃烧方式。

图 4-5 所示为 MK 燃烧方式对排放的影响。当无 EGR 时 NO_x 排放量比较高，为了降低 NO_x 排放量，实施 EGR 率为 30% 的废气再循环时，虽然 NO_x 排放量降低了，但是 PM 排放量明显增加，而且喷射持续时间与着火延迟期的差值较大（>0），表明扩散燃烧阶段较多。通过提高喷射压力，降低 PM 排放量，同时实施冷 EGR，实现预混合燃烧，可进一步降低 NO_x 和 PM 的排放量。

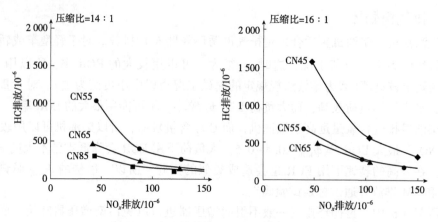

图 4-4 十六烷值(CN)对排放特性的影响

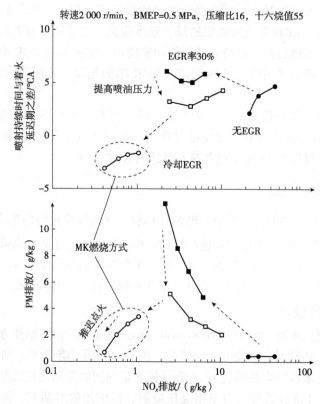

图 4-5 MK 燃烧方式对排放的影响

4.1.4.2 均质充量压燃技术

均质充量压燃(HCCI)方式,是为了同时解决节能(提高热效率)和降低 NO_x、碳烟等排放问题而提出的新的燃烧模式。其实质是开发可避免 NO_x 和 PM 生成的温度区和空燃比领域的高热效率的稀薄低温燃烧技术。实现 HCCI 燃烧方式所必要的技术措施有配气定时可变控制技术、EGR 控制技术及喷射定时控制技术等,其中具有代表性的配气定时可变控制技术是全程可变配气定时(FVVT)技术。其特点是气门升程和配气定时均可连续可变控制,由此实现负气门重叠角控制,为实现 HCCI 燃烧方式创造条件。结合配气机构的控制,在压缩过程的早期恰当时刻喷油,使着火延迟期足够长,由此在气缸内形成稀薄的预混合气,并通过压缩过程和 EGR 率的控制实现 HCCI 的燃烧过程。缸内空燃比的分布特性和混合气温度的精确控制是实现 HCCI 燃烧方式的关键技术。空燃比及其均匀化，一般可通过高压喷射及喷射时期来控制；而着火时刻及最高燃烧温度是通过进气温度、EGR 以及喷射方式和喷油规律来控制的。HCCI 燃烧方式在小负荷范围内比较容易实现，但负荷过小时易出现失火现象，反而使 HC 排放量增加；而在较大负荷时实现 HCCI 燃烧，容易造成发动机工作粗暴。这就是说，车用发动机可实现 HCCI 燃烧方式的工况是很有限的。

为了扩大 HCCI 燃烧方式的负荷领域而研究的具有一定成效的技术措施之一就是预混合压燃（premixed charge compression ignition，PCCI）方式。这种方式与 HCCI 方式相比，存在缸内混合气形成及温度分布不均匀性的问题。PCCI 一般通过两阶段或多阶段喷射方式，在气缸内先形成稀的预混合气后，使主喷射压燃，燃烧稀混合气，由此在较大负荷工况下实现 PCCI 燃烧。图 4-6 所示为采用两阶段喷射方式，结合降低压缩比和实施 EGR 来实现 PCCI 的燃烧方式，由此预混合燃烧阶段的放热率峰值得到很好的控制。一般在压缩比较高（如 $\varepsilon=17$）的状态下，进行两阶段高压喷射时，早期喷射的燃料在压缩过程中燃烧，这虽然对主喷射燃烧时的压力升高率和最高燃烧温度的控制有利，但会造成压缩负功增加，所以预喷射量不宜过多。实施 EGR 率为 30% 左右的 EGR 后，虽然降低了初期喷射燃烧的放热率峰值，但变化不明显。当把压缩比降低到 14 而不实施 EGR 时，缸内温度降低，有效地抑制了初期燃烧的放热率，但整个燃烧阶段燃烧速率也随之降低，延长了燃烧放热过程。在降低压缩比的同时实施 EGR 率为 30% 左右的 EGR 时，由于着火延迟期延长，预喷射燃料的大部分形成稀薄的均匀混合气，使初期燃烧放热率明显减小，而在主喷射阶段，促进了预混合燃烧过程，使得主喷射燃烧过程中的初期放热速率明显得到提高（图 4-6）。

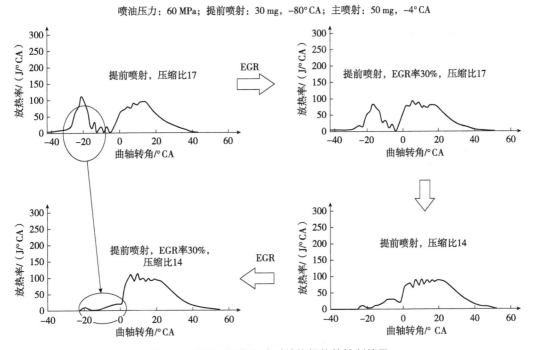

图 4-6　HCCI 燃烧方式对放热规律的控制效果

4.1.5 不同阶段柴油机的控制技术

车用发动机排放法规的不断强化,所对应的技术措施有所不同。自 2000 年开始实施的欧Ⅲ排放法规开始,对测试方法提出了新的要求,去掉了原发动机起动后允许的 40 s 暖机时间,新增了 HC 和 CO 等排放量低温检测和车载诊断系统的检测等项目,同时对 HC 和 NO_x 排放物分别单独测量,这对冷起动排放控制提出了更严格的要求。对应这种排放法规,国外已开发出喷射压力为 160 MPa 以上的高压喷射技术(包括单体泵、泵喷嘴、高压共轨)、冷 EGR 技术、可变增压(VGT/VNT)技术、预喷射燃烧技术、进气涡流可变系统等,并限制燃料含 S 量为 50×10^{-6}(体积分数)以下;采用柴油机氧化催化转化器(DOC)、柴油机微粒滤清器(DPF)等后处理技术。

针对 2005 年实施的欧Ⅳ排放法规的技术措施,主要采用高压多段喷射技术、闭环电控、高增压和可变增压(VGT/VNT)技术、高 EGR 技术和采用 PCCI 燃烧方式,燃料含 S 量限制在 10×10^{-6} 以下。

针对 2009 年实施的欧Ⅴ排放法规的技术措施,主要是 200 MPa 的高压多阶段喷射、部分实现 HCCI 燃烧、采用内部 EGR 控制技术、限制燃料含 S 量且机油含 S 量为 0,并采用尿素-选择性催化还原(NH_3-SCR)等后处理技术。

为了进一步控制 CO_2 和 PM 排放,结合内部 EGR,进一步扩大 HCCI 燃烧范围,并采用可变喷孔喷油器和新型 DPF、可变配气相位技术、二级增压技术以及天然气合成油(GTL)、生物质合成油(BTL)等合成燃料。

4.2 后处理技术

目前,单靠柴油机燃烧过程的改进、各种优化策略的应用已不能满足不断严格的排放法规要求,为此各类排气后处理技术的研发顺应而生。柴油机的主要污染物为 NO_x 和 PM,其排气后处理技术主要有吸附过滤和催化转化两种方法。柴油机排气后处理装置种类繁多,主要分类如图 4-7 所示。

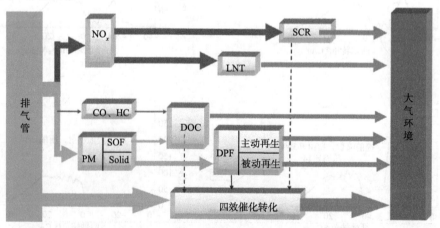

图 4-7 柴油机后处理器分类

DOC—柴油机氧化催化器(diesel oxidation catalyst)　DPF—柴油机微粒捕集器(diesel particulate filter)
SCR—选择性催化还原(selective catalytic reduction)　LNT—稀薄 NO_x 吸附(lean NO_x trap)
SOF—可溶性有机成分(soluble organic fraction)　Solid—固相颗粒

4.2.1 柴油机氧化催化器

尽管柴油机排气温度较低，使得微粒中的碳烟难以氧化，但柴油机氧化催化器（DOC）可以催化氧化微粒中的 SOF，获得降低微粒排放的效果，同时也可以进一步降低柴油机的 HC 和 CO 的排放水平。DOC 的结构与常见的汽油机三元催化器相似，在蜂窝多孔陶瓷载体上涂覆金属氧化物活性涂层（如 Al_2O_3），再涂上铂族金属（PGM）催化剂，主要活性成分为铂（Pt）和钯（Pd）。

DOC 对柴油机排放控制主要起到两个基础性作用：①有效促进未燃 HC、CO 和 PM 中 SOF 的氧化，如式（4-1）、式（4-2）所示，同时氧化产生的热量可供 DPF 或 LNT 再生使用；②将 NO 转化为 NO_2，如式（4-3）所示，可用于 DPF 的被动再生[式（4-4）]或者提升 SCR 的 NO_x 转化效率[式（4-5）]。

$$C_xH_{2x+2}+[(3x+1)/2]O_2 \longrightarrow xCO_2+(x+1)H_2O \tag{4-1}$$

$$2CO+O_2 \longrightarrow 2CO_2 \tag{4-2}$$

$$2NO+O_2 \longrightarrow 2NO_2 \tag{4-3}$$

$$NO_2+2C \longrightarrow 2CO_2+NO \tag{4-4}$$

$$NO+NO_2+2NH_3 \longrightarrow 2N_2+3H_2O \tag{4-5}$$

为了降低汽车在实际道路，尤其是城市工况的排放，需要研发先进的 DOC 在低温（≤200℃）下具有良好的转化能力。先进的合成技术在 SiO_2 基体上生成一层 ZrO_2 外壳，再涂上 PGM，可以将 HC 和 CO 的起燃温度降低至 150℃（图4-8）。

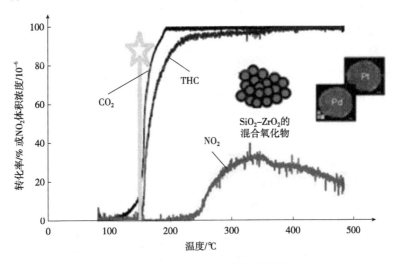

图 4-8　SiO_2-ZrO_2 核壳结构活性涂层的 DOC

虽然现在低 S 柴油得到了广泛应用，但仍然需要关注 DOC 潜在的环境影响。DOC 可以将 SO_2 转化为 SO_3，从而生成硫酸盐反而增加了 PM 的排放。另外，低 S 柴油也是防止催化剂中毒的需要。

4.2.2 微粒捕集器

微粒捕集器（DPF）是目前研究应用较多也是最有效的一种微粒后处理措施，一般由耐高温的过滤体和可清除沉积于过滤体中微粒的再生系统组成，因而微粒捕集技术研究可以分为过滤体和再生控制。

4.2.2.1 过滤体

理想的 DPF 过滤体材料需要满足以下条件：①高过滤效率，壁流式 DPF 对 PM 和 PN 的去除率需达到 99%；②低压降；③高碳烟容纳能力；④热稳定性，能抵抗 DPF 再生时的高温和热冲击；⑤化学稳定性；⑥再生兼容性，如能涂覆催化剂或接受燃料添加剂；⑦不产生二次污染物；⑧体积小、重量轻；⑨耐久性；⑩低成本。

壁流式 DPF 载体一般由特殊的多孔性材料挤压而成，目前常见的过滤体材料有堇青石（Cd，$2MgO \cdot 2Al_2O_3 \cdot 5SiO_2$）、碳化硅（SiC）、针状莫来石（ACM，$Al_2SiO_5$）、钛酸铝（AT，$Al_2TiO_5$）和合金泡沫，如图 4-9 所示。由于堇青石具有成本低和较好的起燃特性，因此被广泛应用于轻型、中型特别是重型柴油机。而 SiC 具有高强度、高热容性、良好的防热冲击性能和热传导性，因此在轻型和中型柴油机上应用较多。

图 4-9 常见 DPF 过滤体材料

传统的壁流式蜂窝过滤体具有对称的进气孔道和排气孔道，新近研究关注过滤体的孔隙结构，目前最新技术可以显著降低排气压降。先进的过滤系统需要在灰分(不可再生成分)沉积后仍具有低压降。康宁公司开发了一种非对称结构载体技术（ACT），具有高灰分承载能力、出色的耐久性和机械性能，如图 4-10 所示。ACT 结构具有大的进气通道和小的排气通道，从而留有较大的空间来储存灰分。当灰分沉积不断增大时，ACT 结构的背压上升比传统结构缓慢。

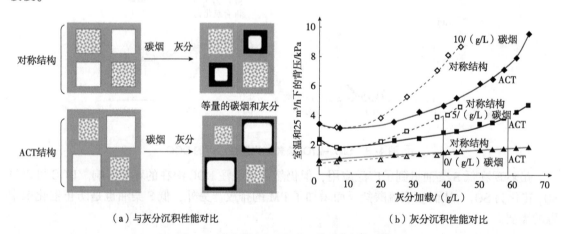

(a) 与灰分沉积性能对比　　　　　　(b) 灰分沉积性能对比

图 4-10 传统载体和 ACT 载体的结构与性能对比

圣戈班集团研发了一种称为"wavy"的过滤体结构，将蜂窝壁的方形结构改为正弦波形，如图 4-11 所示。wavy 结构既增大了进气通道又扩大了过滤面积，因此有利于灰分沉积和降低压降。

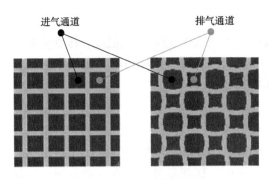

图 4-11 wavy 的过滤体结构

4.2.2.2 再生控制

DPF 在正常使用时,排气阻力会因微粒在过滤体中的沉积而增加,为保证发动机的性能损失不致过大,必须定期清除微粒,限制其最高阻力,微粒的清除即为 DPF 的再生。再生是 DPF 研发的关键技术。目前被认为有希望的 DPF 再生方法可以分为两大类,即断续加热再生和连续催化再生。前者属于主动再生,利用 O_2 作为氧化剂,一般会牺牲 2%~3% 的燃油经济性;后者属于被动再生,利用 NO_2 作为氧化剂,可将经济性损失降低 80%。

$$C+O_2 \xrightarrow{-600℃} CO_2 \quad \Delta h_R = -393.51 \text{ kJ/mol} \tag{4-6}$$

$$2C+O_2 \xrightarrow{-600℃} 2CO \quad \Delta h_R = -110.51 \text{ kJ/mol} \tag{4-7}$$

$$HC(SOF)+O_2 \xrightarrow{-450℃} H_2O+CO_2 \tag{4-8}$$

$$C+2NO_2 \xrightarrow{>260~300℃} CO_2+2NO \quad \Delta h_R = -279.41 \text{ kJ/mol} \tag{4-9}$$

$$C+NO_2 \longrightarrow CO+NO \quad \Delta h_R = -53.47 \text{ kJ/mol} \tag{4-10}$$

断续加热再生是指在 DPF 工作一段时间后,由外界提供附加能源,提高滤芯温度,使沉积在滤芯中的微粒燃烧,达到清除微粒的目的。目前断续加热再生有缸内后喷、排气管燃油喷射、燃烧器加热、电加热、催化型 DFP、连续再生捕集器(CRT)、燃油辅助再生(FBC)等方法。

(1)缸内后喷

发动机控制模块 ECU 在预喷和主喷后增加后喷,额外的柴油燃烧后提高排气温度,达到优化的目标温度。在控制策略中还可以加入二次后喷,使部分未燃柴油随排气进入排气管,随后氧化生热提高 DPF 温度。但是,缸内后喷的部分未燃柴油也会进入曲轴箱,造成润滑油稀释现象。

(2)排气管燃油喷射

通过喷嘴直接将燃料喷入排气管,使之与排气混合,在 DPF 上游的 DOC 中氧化,产生放热反应提高排气温度。这种方法的燃油经济性损失较缸内后喷小。许多制造商主要将这种方法用于重型柴油车 DPF 改造。

(3)燃烧器加热

在 DPF 入口处设置一燃烧器,喷入柴油和二次空气并燃烧,产生高温再生微粒。这种方法不需要根据发动机工况进行调整,最初在德国、瑞士等欧洲国家的在用柴油车改造中得到应用。

(4) 电加热

通过电加热对 DPF 载体、沉积微粒或者排气温度直接加热提升温度，促使微粒起燃。电加热再生不仅避免了复杂昂贵的燃烧器，还能消除二次污染问题，但实际使用时需要一套复杂的控制系统，而且能量消耗较大。

(5) 催化型 DPF

在微粒捕集器的陶瓷载体表面（主要是入口处）涂覆含有贵金属元素的催化剂涂层，使微粒的起燃温度降到 300～400℃。国外从 20 世纪 80 年代开始，在矿井等地下作业车辆上开始采用。为保证足够高的排气温度，往往与进气节流装置并用，这种方法于 20 世纪 90 年代初开始应用于雅典等城市的公交客车上。目前采用凝胶涂覆法可以将催化剂涂覆在孔壁上，从而获得低的压降和多的贵金属使用量（图 4-12）。

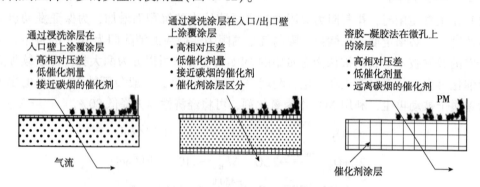

图 4-12 催化型微粒捕集器的催化剂涂覆方法

(6) 连续再生捕集器（CRT）

庄信万丰公司（Johnson Matthey）提出了一种不用添加剂的连续再生方法，由柴油机排出的废气首先经过一个氧化催化器，在 CO 和 HC 被净化的同时，将 NO 氧化成 NO_2，而 NO_2 本身是一种化学活性很强的氧化剂，在随后的 DPF 中，NO_2 与微粒进行氧化反应，使微粒的起燃温度降到 200℃ 左右。但是，当排温高于 400℃ 时，NO_2 的生成量减少，不能使 DPF 中的微粒起燃，再生效率急剧下降。更进一步可以将 CRT 与 CDPF 相结合，即在 CDPF 前加一个 DOC，可以成为催化型 CRT 或 CCRT。

(7) 燃油辅助再生（FBC）

作为一种有代表性的方案，在柴油中加入铈（Ce）的添加剂，使燃烧产生的微粒中含有 Ce 的化合物，由此将微粒的自燃温度降到 300℃ 以下，可以在柴油机绝大部分工况下自动进行再生。但是这种方法尚存在一些问题，如添加剂用量较大，因而成本较高，金属 Ce 的氧化物会残留在 DPF 内造成慢性堵塞等。另外，为保证低负荷时排气温度不至于过低，还要同时用进气或者排气节流、喷油提前角推迟等方法。尽管除 Ce 以外的其他金属（如 Cu、Fe 和 Mn 等）也有催化作用，但是一些研究结果表明，Mn 会产生新的有害排放物，Cu 的化合物容易残留在陶瓷滤芯上。

4.2.3 选择性催化还原技术（SCR）

SCR 技术利用氨、氨水、尿素或烃类为还原剂，在氧浓度较高的条件下，利用催化剂高选择性地优先将 NO_x 还原为 N_2。催化剂的作用是降低反应的活化能，使反应温度降低到合适的温度区间。

柴油机的 NO_x 排放中 NO 占 90% 以上，而且柴油机排气中又是富氧环境，因此式（4-11）称为 SCR 的标准反应，此反应在温度 300~400℃ 时有较高的反应速率，但在温度较低时（250℃，如柴油机冷起动）NO_x 转化率较低。

$$4NO+4NH_3+O_2 \longrightarrow 4N_2+6H_2O \tag{4-11}$$

当增加 NO_x 中的 NO_2 比例时，可以提高低温时 NO_x 转化率，此时主要是反应起主导作用，当 NO 与 NO_2 的浓度之比为 1 时 NO_x 转化率最高。

$$NO+NO_2+2NH_3 \longrightarrow 2N_2+3H_2O \tag{4-12}$$

尿素作为还原剂不仅克服了难于贮存、不便运输的缺点，而且本身无毒、经济性好，因此目前尿素-选择性催化还原在重型车上得到了广泛应用。图 4-13 为 BOSCH 公司的尿素-选择性催化还原系统。

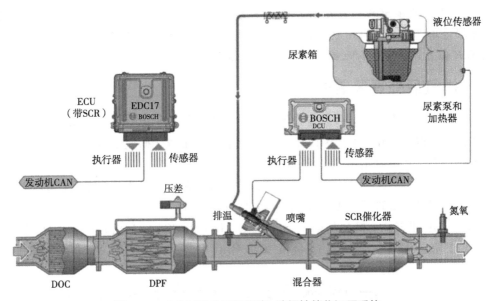

图 4-13 BOSCH 公司的尿素-选择性催化还原系统

目前常用的尿素-选择性催化还原催化剂主要有钒基和分子筛型两类。其中，钒基催化剂具有对 NO_x 较高的选择性和较宽的温度窗口，同时具有高的抗 S 能力，缺点是易因润滑油中的 P 组分中毒以及高温失活问题；而分子筛型催化剂的工作窗口一般要比钒基的宽，高温耐久性和低温性能好，但对 NH_3 有极强的吸附能力，抗 S 性能较差。

4.2.4 稀薄 NO_x 吸附 LNT

LNT 是利用发动机混合器浓度变化而进行周期性的吸附-催化还原的一种后处理技术。这项技术最早用于稀燃汽油机上，在实验室中表现出极高的 NO_x 还原潜力，现在也逐步应用于柴油机。LNT 的工作原理如图 4-14 所示。

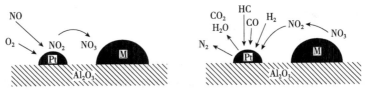

图 4-14 LNT 的工作原理

在柴油机正常工作时（图 4-14 左），排气处于富氧状态，在催化剂的作用下，排气的 NO 被氧化成 NO_2，并以硝酸盐的形式吸附在储藏介质 M 中直至饱和；再生阶段（图 4-14 右），通过柴油机周期性的富燃工况，排气中的 HC 和 CO 含量增加，硝酸盐分解释放出 NO_x，在催化剂的作用下与 CO、HC 和 H_2 反应生成 N_2、CO_2 和 H_2O，并使碱金属再生。LNT 通过交替循环进行捕集和还原两个工作阶段来降低排放。LNT 的化学反应主要包括捕集阶段的吸附反应和还原阶段的还原反应。捕集阶段是 LNT 在稀燃条件下吸附排气中的 NO_x，还原阶段是 LNT 在富燃条件下将所吸附的 NO_x 还原成 N_2。

LNT 所需的富氧环境可通过以下措施实现：进气节流、高 EGR 率、燃油后喷技术等，这些措施一般会导致燃油经济性下降。另外，LNT 对柴油的 S 含量极为敏感，需要使用超低硫柴油。

近年来，随着排放法规的日益严苛，单独使用 LNT 已不能满足新排放要求。在轻型柴油车上联合使用 LNT 和 SCR 可达到 NO_x 的超低排放。LNT 可弥补 SCR 的低温性能，同时在富氧再生阶段还可产生氨作为 SCR 的还原剂，以此替换 SCR 的尿素喷射系统。另外，也利用浸渍法将 SCR 催化剂涂覆在 LNT 载体上形成双层催化剂。

4.2.5 排气后处理装置的集成

柴油机由于排气温度低和排气中富氧，使 PM 和 NO_x 的后处理成为难题，很难用一种后处理技术同时去除 PM 和 NO_x，因此排气后处理装置的集成化研究成为一大热点。针对重型柴油机和轻型柴油机分别给出两个例子。

为了满足未来的 NO_x 超低排放法规，必须提高排放测试循环中冷启动阶段的 NO_x 转化效率，因此需要优化后处理器布置，并采用额外的加热系统。FEV 公司以一台 7.7 L 排量、6 缸直列、高压 EGR 重型柴油机为基础，集成 DOC、DPF 及 SCR 等后处理器，使之同时满足美国 2027 年 2 阶段温室气体排放标准和 2024 年 0.015 g/(kW·h) 的超低 NO_x 排放限值（图 4-15）。

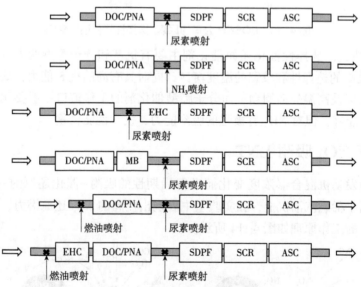

图 4-15　重型柴油车后处理器集成方案

DOC—柴油机氧化型催化器　PNA—被动 NO_x 吸附　SDPF—SCR 催化剂涂覆的 DPF
SCR—选择性催化还原　ASC—氨气逃逸催化剂　EHC—电加热催化剂　MB—迷你燃烧器

为满足新排放法规(欧Ⅵb 标准)中的 RDE(real driving emissions,实际道路排放)测试要求,里卡多公司评价了轻型柴油车的后处理器集成方案。以 DOC+带 SCR 涂层的 DPF(SCRF)为基准,对 C 级轿车来说,技术风险小、最能平衡 NO_x 和 CO_2 排放的集成方案是 LNT+主动 SCRF(图 4-16)。主动 SCRF 系统结构紧凑,但存在 NO_x 逃逸风险。这种方案的尿素消耗低于 DOC/PNA+主动 SCRF 系统。

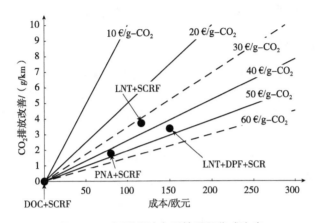

图 4-16　轻型柴油车后处理器集成方案

4.3　智能柴油机

智能柴油机主要指电子控制柴油机。而电子控制技术的核心是电子控制燃油喷射技术。柴油机为压燃式发动机,喷油压力很高(200~250 MPa)。因此,研究柴油机电喷技术主要是研究柴油机喷油压力技术和燃油喷射技术。

1893 年 2 月 23 日,德国人鲁道夫·狄塞尔(Rudolf Diesel)发明了狄塞尔发动机(柴油机)。100 多年来,柴油机作为动力源具有优越的经济性和耐久性,在汽车机工程机械领域得到了广泛的应用,到目前为止,已经研制并生产出不同种类、功能各异的柴油机电子控制系统。控制功能更全、工作更可靠的新产品层出不穷,大大改善和提高了柴油汽车的动力性、经济性和排放性能,取得了显著的经济效益和社会效益。

随着排放法规要求的严格,电控燃油系统已经得到了广泛应用。电控燃油系统不仅需要精确地控制燃油的喷射过程,而且还有辅助控制整机排气后处理等装置的效率,成为内燃机满足排放法规的重要系统。

4.3.1　智能柴油机燃油系统的基本要求

为获得柴油机良好的动力性、经济性与排放指标,要求燃油系统在品质(高压喷雾与喷油规律)、数量(油量精确控制)、时间(喷油始点与持续期)等方面与整机实现良好的匹配。理想的柴油机燃油系统应具有以下基本特征:

①能产生足够高的燃油喷射压力,以保证燃油良好的雾化;具有合适的油束贯穿度、喷雾锥角和较小的油滴直径,保证燃油与空气的混合均匀。

②精确及时地控制每循环喷入气缸的燃油量,使各缸的喷油量相同。

③具有最佳的喷油时刻、喷油速率和持续期等理性的喷油规律。

④结构紧凑，成本低，便于在柴油机上布置和安装。

⑤具有状态识别和运转保护功能，保证柴油机安全、可靠地工作。

柴油机燃油系统主要可分为机械式和电控式。虽然机械燃油系统目前仍然可用于非道路柴油机，但随着更加严格的排放法规实施，其应用范围越来越小。电控燃油系统通过控制柴油机的喷射规律，不仅可以优化缸内燃烧过程，实现高效燃烧与低排放，而且还可以进一步协同控制柴油机的排气后处理等装置，满足柴油机排放法规的要求。

4.3.2 电控燃油系统

随着对柴油机排放要求的不断提高以及电子控制技术的发展，先后出现了电控单体泵、电控分配泵、电控泵-喷-嘴和电控共轨燃油系统等形式的电控燃油系统，满足了不同阶段的排放要求。其中，电控高压共轨燃油系统显示了燃油喷射压力高和控制精确的优势，得到了更为广泛的应用。

柴油机共轨燃油系统如图4-17所示，油箱中的燃油经滤清器与输油泵送至高压油泵，燃油经高压油泵加压后送至蓄压管道（高压油轨），高压油轨与各缸喷油器之间以高压油管相连，ECU根据各传感器（温度、压力、进气流量、曲轴和凸轮轴转角位置与转速等）提供的有关柴油机运转工况的信息以及驾驶员的操作意图（加速踏板位置）进行逻辑分析，发出控制喷油过程的相关指令。

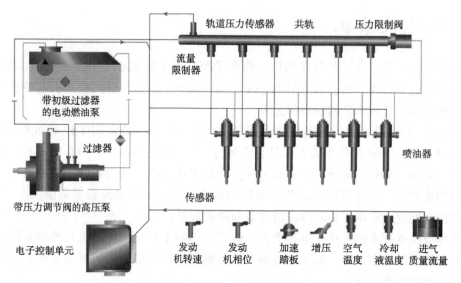

图4-17 柴油机共轨燃油系统

与机械燃油系统相比，共轨燃油系统的高压燃油由高压泵产生，控制与调节喷油过程由电控喷油器实现，两者相互独立。这种系统由于能产生较高的喷油压力（200~250 MPa），且压力基本上可以保持恒定而不受柴油机转速与负荷的影响，因此属于恒压式燃料系统。共轨燃油系统可对喷油量、喷油正时、喷油压力进行控制与调节，喷油压力不受柴油机转速和负荷的影响，在各种工况下均能保持最佳值，可以获得更好的控制柔性和更高的控制精度。在电控高压共轨系统中，除传感器和ECU外，高压燃油供给系统中的关键部件还包括高压泵、高压油轨和喷油器。

4.3.2.1 高压供油泵

高压供油泵的功能是在柴油机工作时,向燃油共轨腔内提供足够高的高压燃油。图4-18所示是一种带有3个径向压油柱塞泵的高压油泵。工作时,低压燃油通过进油阀流入油泵柱塞顶部,通过凸轮的旋转,推动3个周向120°均布的柱塞依次向外运动,产生一定的油压,柱塞顶部的高压燃油经过高压泵进入高压燃油轨,完成高压供油。

共轨燃油系统中,高压泵通常安装在柴油机机体侧面,由齿轮、链条或齿形带传动。高压油泵的供油无须像机械式燃油系统的油泵那样与喷油过程保持同步,可以连续向高压油轨供油。因此,共轨高压泵的驱动转矩峰值较低,消耗的功率较小。

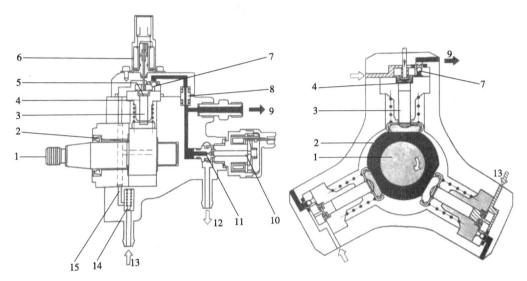

图4-18 电控共轨系统的径向压油柱塞高压泵
1—驱动轴 2—偏心凸轮 3—径向柱塞 4—径向柱塞顶部空间 5—进油阀 6—停油电磁阀
7—出油阀 8—密封件 9—高压泵出口 10—调压阀 11—球阀 12—回油路
13—进油孔 14—带节流孔的安全阀 15—通往进油阀的低压油道

4.3.2.2 高压油轨

高压油轨实质上是一个蓄压器,其主要功能是储存高压燃油,保持油压稳定并通过油管将高压燃油分配给各缸的电控喷油器。高压油轨为一管状厚壁容器,其尺寸和腔内容积应考虑燃油的可压缩性和循环喷油量等因素,以保证喷油和供油时,油轨内的燃油压力波动尽可能小,同时也要保证柴油机起动时,油轨内的压力能迅速建立,如图4-19所示。在高压油轨上还需安装油轨压调节阀,用于调节燃油压力。

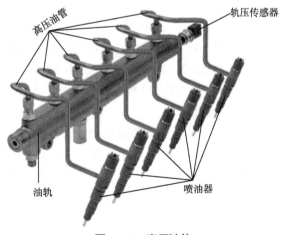

图4-19 高压油轨

4.3.2.3 电控喷油器

电控喷油器是控制喷油量和喷油正时的关键零部件。如图4-20所示,电控喷油器主要由

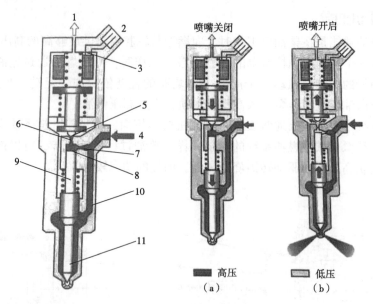

图 4-20 电控喷油器
1—回油 2—电缆接口 3—电磁阀 4—高压进油孔 5—球阀 6—回油节流孔 7—进油节流孔
8—柱塞上腔 9—控制柱塞 10—高压油道 11—针阀

电磁阀、球阀、控制柱塞、针阀等零件组成。喷油器的工作状态分为待喷状态、喷油状态和停油状态。

(1) 待喷状态

图4-20(a)所示为待喷状态。电磁阀在ECU的指令下断电,球阀(5)在弹簧的作用下关闭回油节流孔(6)。进入喷油器的高压燃油分成两路,分别流往针阀的高压油道(10)和柱塞上腔(8)。由于控制柱塞的顶面面积大于针阀的承压面积,控制柱塞向下的压紧力要大于针阀的升起力,再加上针阀弹簧的作用,使针阀保持关闭,喷油器处于待喷状态。

(2) 喷油状态

图4-20(b)所示为喷油状态。电磁阀通电,衔铁在电磁力的作用下被吸至上方,球阀(5)将回油节流孔(6)打开,柱塞上腔(8)内的高压油经节流孔(6)和回油道流回油箱。因为回流节流孔(6)的孔径大于进油节流孔(7)的孔径,故球阀打开后,柱塞上腔(8)的压力迅速下降,降低了对针阀的压紧力。当压紧力与针阀弹簧的合力小于高压油泵对针阀承压面的作用力(喷油器的开启力)时,针阀开启,实现高压喷油。

(3) 停油状态

电磁阀断电,失去对衔铁的吸力,球阀(5)在电磁阀弹簧作用下关闭回油节流孔,柱塞上腔(8)内的油压升高推动针阀落座,电控喷油器回到停油待喷状态。

随着喷油压力的进一步提高,为克服高速电磁阀机件质量和惯性对其频响特性进一步提高的限制。目前,已有用压电晶体取代电磁阀的喷油器。它利用压电晶体通电后,能够迅速产生变形的原理,直接或通过液压伺服机构使针阀开启,提高了电控喷油器的响应,加快了针阀启闭的速度,使喷油器的结构更为紧凑,可实现喷油过程的及时、精确与灵活的控制。

4.3.3 电控共轨燃油系统喷油过程

电控共轨燃油系统喷油过程由ECU发出指令,通过喷油器的电磁阀控制喷油始点、喷油终点、喷射次数及喷油压力等。喷油压力由装在高压燃油轨的调压阀控制,喷油量取决于喷油压力、喷油持续期和喷孔的流通特性。ECU 根据各种传感器的反馈信息,可以判断柴油机的运行工况,依据内存的脉谱图(MAP),对电控共轨系统的喷油量、喷射次数、喷油正时以及喷油压力做出及时、有效的调整。

图 4-21 所示为电控喷油过程的电流、针阀升程、控制阀升程、喷油速率等的变化曲线。由图可见,在共轨系统中,燃油的可压缩性导致实际喷油压力存在一定波动,可通过油轨优化设计和 ECU 的控制策略进行补偿。喷油过程中,针阀开启关闭时间由电流脉冲控制,响应速度快,喷油速率波形接近于梯形,开始阶段喷油速率上升快,停油干脆。

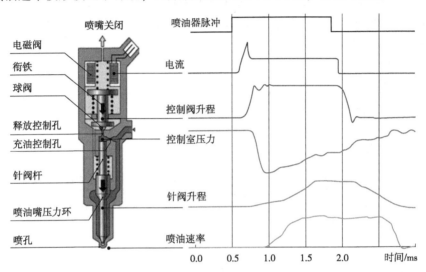

图 4-21 电控系统喷油过程

电控共轨燃油系统可以实现 5~8 次喷射,如图 4-22 所示。为了有效降低柴油机的燃烧噪声与 NO_x 排放,在每循环主喷射之前,先喷入少量油量,能够缩短滞燃期与提高缸内的局部湍流,可有效降低燃烧最高爆发压力、燃烧温度,此过程可称为预喷射(pre-injection)或先导喷射(pilot injection)。早喷(early injection)可以实现部分预混压燃(PCCI)燃烧的目的;后喷(post injection)可以出尽主喷尾部喷射燃油的混合与氧化,降低 PM 排放;晚喷(late injection)主要是为了提高排气温度,减少 CO、HC 排放,更重要的是使 SCR、DPF 后处理装置的高效工作。

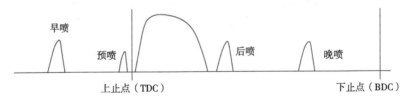

图 4-22 电控系统喷油过程

4.3.4 柴油机燃油电控系统及控制策略

随着柴油机节能、排放与噪声法规要求的进一步提高,除提高喷油压力以外,还必须在喷油量、喷油正时、喷油规律控制方面进行优化,以保证柴油机与其燃料供给和调节系统之间在各工况下实现精确的匹配。由于目前机械燃油喷射系统已无法满足这些要求,柴油机电控燃油系统得到了广泛的应用。

4.3.4.1 柴油机电控系统

采用电喷喷射系统，可以对喷油量、喷油正时、喷油次数以及喷油规律进行精确控制和优化。电控系统除满足常规稳态性能调控外，还可以对润滑、冷却等系统以及 SCR、DPF 等后处理装置进行控制，满足降低柴油机燃油消耗和有害排放物的要求；电控系统还可以对柴油机的过渡工况进行控制，对柴油机的故障进行自动监测与处理；电控系统已成为整机，乃至整车管理系统智能化控制的关键部件。

柴油机电控系统一般由传感器(transducer/sensor)、ECU 与执行器(actuators)组成。传感器测量柴油机和整车的各种信号(转速、空气流量等)，这些信号主要是模拟数字或者脉冲信号，这些信号经过滤波、整形以及放大处理，传输给 ECU，通过 ECU 的运算和处理，给执行器(如喷油器)发出指令，如图 4-23 所示。

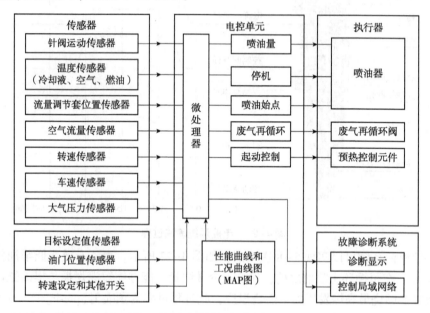

图 4-23　柴油机燃油供给与调节系统电子控制框

(1) 传感器

传感器是柴油机电控系统的重要组成部分，是电控单元精确控制发动机运行的基础，它将发动机的运行状态的物理量与化学量转换为电信号，传送给电控单元。从功能上可将电控系统的传感器分为以下几种：

① 车辆及发动机运行工况参数传感器　主要包括发动机转速传感器、油门踏板位置传感器、凸轮转角传感器等。

② 运行参数修正传感器　主要包括冷却水温度、燃油温度、进气温度、进气压力、蓄电池电压等传感器，用以修正喷油量、喷油正时以及喷油压力。

③ 执行器反馈信号传感器　主要包括轨压传感器、NO_x 浓度传感器等。

(2) 电控单元

ECU 是柴油机电控系统的核心部分。它的硬件部分包括微处理器、各种存储器、输入输出接口(I/O)以及上述各部分之间传递信息的数据、地址和控制总线等。ECU 软件是各种控制算法、柴油机性能调节曲线和图表等。其作用是接受和处理传感器的所有信息，按软件程序进行运算,然后给执行器发出控制指令。

在产品开发实际应用中,通过大量标定试验,获得喷油参数与综合目标控制值之间的关系曲线,存储在 ECU 中,如喷油正时、喷油量随转速和负荷变化的三维曲面图,这种图形称为脉谱图(MAP)。图 4-24 所示为柴油机喷油正时 MAP。

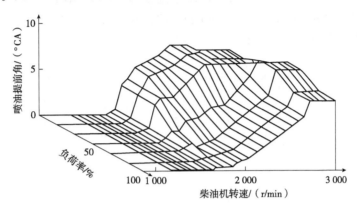

图 4-24　柴油喷油正时 MAP

(3)执行器

执行器的功能是接受 ECU 传来的指令并完成所需调控的各项任务。执行器视调节方式不同而异,如位置式控制方式,通过控制电磁线圈的参数,调节喷油泵油量调节齿位置;时间式控制方式,通过调节电磁阀等参数,控制喷油器针阀的启闭,实现喷油正时和循环喷油量的控制。EGR 率、SCR 的添蓝(AdBule)等控制过程也和喷油正时的控制原理一致。但它除转速和负荷以外,还与柴油机一系列气体因素,如进气流量、冷却液、机油与燃油的温度、增压压力、环境压力等有关。

4.3.4.2　共轨燃油系统控制策略

柴油机电控喷射技术经历了对机械式循环喷油量和喷油正时的位置控制方式,即通过电控执行机构实现对喷油正时和供油速率等的控制,发展成为基于共轨系统利用高速电磁阀实现对喷油压力、喷油正时、喷油量和次数等的柔性综合控制的时间控制方式。

要想实现高压共轨柴油机电控系统对喷油量、喷油正时、喷油压力以及喷油规律的全工况灵活柔性控制,除取决于系统硬件以外,还取决于 ECU 系统的控制策略。

(1)电控系统控制逻辑

柴油机电控系统控制策略从逻辑上可以划分为状态识别模块、驱动模块、油量和压力等参数控制模块,如图 4-25 所示。

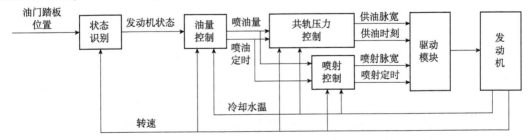

图 4-25　电控系统控制逻辑

(2) 工况控制策略

高压共轨系统的控制策略是通过对喷油正时、喷油次数和喷油量等参数的控制实现的。ECU 依据传感器的信号、控制目标值，通过查找 MAP 图确定喷油正时、喷油次数和喷油量的基本值(基本油量)，结合修正参数(如冷却水温度等)，对基本值进行修正得到修正值(修正油量)，确定喷油脉宽(喷射脉冲持续时间)，输出至喷油器电磁阀，实现喷油规律的柔性控制。图 4-26 所示为喷油正时、喷油次数、喷油量调节控制示意图。

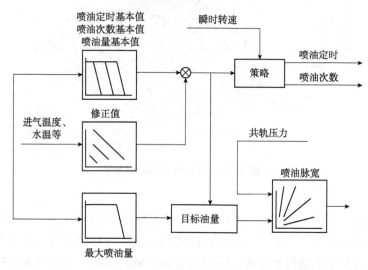

图 4-26　喷油正时、喷油次数、喷油量调节控制示意

柴油机的调速特性曲线是高压共轨柴油机油量基本值确定的依据(图 4-27)。依据不同工况对喷油的控制要求，可分为起动工况油量控制、怠速工况油量控制、全负荷工况油量控制、部分负荷工况油量控制和限速工况油量控制。图 4-27 中曲线上的 1、2、3、4、5 曲线段，分别对应上述 5 个工况。调速特性曲线在 ECU 中以 MAP 图形式存储，X、Y、Z 轴分别为油门位置、柴油机转速和基本油量，图 4-27 只展示调速特性曲线的基本形式。

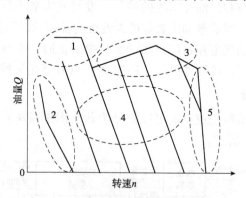

图 4-27　柴油机调速特性曲线的基本形式

① 起动工况油量控制　柴油机起动时，特别是低温起动，气缸壁与燃烧室的温度较低，混合气与气缸壁间的传热增大。由于起动转速很低，漏气量增加，导致压缩终点的温度和压力均较低。另外，低温时燃油黏性增大，燃油的蒸发和雾化较差，影响了混合气的形成。因此，起动时，需对共轨压力和喷油量进行控制。

起动时需采用开环控制方式,迅速建立起足够高的喷射压力。达到目标压力值后,再采用闭环控制方式。起动工况的油量控制主要考虑转速和冷却水温度的影响。起动油量指基本油量与加浓修正油量之和。

②怠速工况油量控制　柴油机起动后,达到最低怠速转速且油门踏板位置低于某一设定值时,转入怠速控制过程。低温时目标怠速高,随着水温升高目标怠速逐渐降低,以加速暖机过程。图4-28所示为怠速工况油量控制流程。根据冷却水温查找怠速MAP以确定目标值,通过比较柴油机转速和设定的目标怠速,确定下一循环的怠速油量。

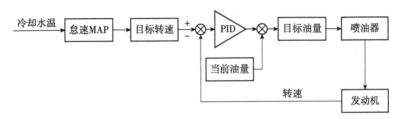

图4-28　怠速工况油量控制流程

③负荷-转速工况油量控制　负荷-转速工况是指除起动、怠速工况以外的不同负荷、不同转速下的运转工况。负荷-转速工况包含了外特性运行的最大转矩,速度特性运行的最低油耗、标定功率、各种负荷-转速以及排放控制测量点对应的油量值。

负荷-转速工况油量控制流程如图4-29所示。依据油门位置和柴油机转速判断柴油机的运转状态。以当前转速为自变量查找负荷-转速油量MAP或以线性插值的方式控制油量,获得当前控制所需的目标喷油量。

图4-29　负荷-转速工况油量控制流程

④限速工况油量控制　当柴油机转速大于设定的转速时,进行限速控制,以防止"飞车"。在每一个控制循环都要判断是否要进行限速控制,当柴油机转速达到限速转速时,要进行断油控制,以保证柴油机工作的安全性。

实现上述控制方式的途径有开环控制和闭环控制两种。

①开环控制在单一方向的流程中,即当发动机在一定工况下,电控单元从传感器得到该工况的各种信息并从ECU中找出适合于该工况的目标值(MAP)、相应的修正量与其他信息,制定控制指令送给相应的执行器。输出与输入之间不存在反馈,执行器的结果不对控制产生影响,如图4-30所示。

②闭环控制方式在开环控制的基础上,增加执行器的反馈功能,作为控制的输入,并对输出进行校正,调节输出指令直至最优。如图4-31所示,ECU不断地将待控参数与优化的

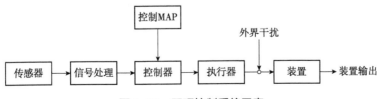

图4-30　开环控制系统示意

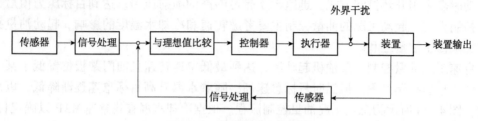

图 4-31 闭环控制系统示意

控制目标值进行比较,调节输出指令使两者差别达到最小。但要注意,闭环控制系统中一定要有相应的反馈信号。

闭环控制精度要高于开环控制,在实际电控柴油机上,往往是闭环与开环两种控制方式并存。

第 5 章　替代能源汽车的排放

5.1　替代能源特性

替代能源是指技术上可行、经济上合理、环境和社会可以接受，并能确保供应和替代常规化石能源的可持续发展能源，有狭义和广义之分。狭义的替代能源仅仅指一切可以替代石油的能源；而广义的替代能源是指可以替代目前包括石油、天然气和煤炭在内的石化燃料的能源。

联合国开发计划署把替代能源分为以下三大类：①大中型水电；②新可再生能源，包括小水电、风能、太阳能、现代生物质能、地热能、海洋能；③传统生物质能。我国 1997 年颁布的《新能源基本建设项目管理的暂行规定》第一次明确把新能源界定为风能、太阳能、地热能、海洋能、生物质能等可再生资源经转化或加工后的电力或洁净燃料。之后颁布实施的《2000—2015 年新能源和可再生能源产业发展规划要点》《能源发展"十三五"规划》等能源政策法规，就将新能源和可再生能源作为相对于常规化石能源而言的另一类能源。

从其内涵看，替代能源具备五大特点：一是经济上的合理性，替代能源在替代传统能源时应具有价格优势，否则这种能源替代就没有必要；二是技术上的可行性，新兴能源在替代传统能源时应该可以落地实践，形成产业；三是替代的目的性，新兴能源替代传统能源，应该是为了达到解决资源短缺、实现能源可持续利用的目的；四是概念的开放性，替代能源所包含的具体的能源类型会随着社会、经济、科技发展而不断涌现；五是替代行为的超前性，替代能源对传统能源的替代在传统能源尚未消耗殆尽时已经发生。

我国石油能源相对紧缺，随着汽车数量的持续增加，车用能源安全供应压力剧增，环境空气质量恶化日益严重，节能减排已成为 21 世纪汽车工业的主要议题之一。大力发展替代燃料，实现车用燃料的多元化是应对这些挑战的有效途径。

已知可用于汽车的替代能源有天然气、液化石油气、醇类、二甲醚、氢气、生物质能等。其优缺点和应用前景见表 5-1。

表 5-1　汽车替代能源的比较

替代能源	主要优点	主要缺点或问题	现状与前景
天然气	天然气资源丰富；污染小；辛烷值高；价格低廉	建加气站网络要求投资强度大；气态能量密度小，影响行驶里程；与汽油车比，动力性低储带有所不便	在许多国家获得广泛使用并大力推广；是 21 世纪汽车重要品种之一

(续)

替代能源	主要优点	主要缺点或问题	现状与前景
液化石油气	液化石油气来源较为丰富；污染小；辛烷值较高	面临天然气汽车的类似问题，但程度较轻	21世纪汽车重要品种之一
醇类	甲醇（乙醇）来源较为丰富；污染小；辛烷值较高；乙醇是一种生物质能源	甲醇毒性大；需解决分层问题；对金属及橡胶件有腐蚀性；冷起动性能较差	已获得一定程度的应用，可作为能源的一种补充，在某些国家或地区可能保持较大的比例
二甲醚	二甲醚来源较为丰富；污染小；辛烷值较高	面临与液化石油气类似的储运方面的问题	正在研究开发；采用一步法生产二甲醚成本大幅下降后，可望有较好的发展前景
氢气	氢气来源非常丰富；污染很小；氢的辛烷值高，热值高	氢气生产成本高，气态氢能量密度小且储运不便，液态氢技术难度大，成本高	仍处于基础研究阶段，制氢及储带技术有待突破，有希望成为未来汽车重要组成部分
生物质能	来源丰富，可再生；污染小	供油系统部件易堵塞；冷起动性能差	可以作为能源的一种补充

5.2 天然气汽车及排放特性

以天然气为燃料的汽车称为天然气汽车，自1931年世界上第一辆天然气汽车在意大利问世以来，至今已有90多年历史。目前，天然气汽车已经遍布世界五大洲80多个国家和地区。截至2021年年底，全球87个国家的天然气汽车保有量已近3 000万辆（其中，"油改气"车辆超过2 000万辆）。无论是推广区域之广，还是推广规模之大，都是除成品油以外任何车用能源所未能企及的。而我国从1989年3月14日自贡荣县CNG汽车加气站开业算起，推广天然气汽车已超过30年。截至2021年年底，遍布国内31个省（自治区、直辖市）的天然气汽车保有量已达702万辆。

5.2.1 车用天然气

天然气（natural gas，NG），作为一种高效、洁净、价廉的工业、民用燃料和化工原料，主要来源于油田，它是地表下岩石储集层中自然存在的、以轻质HC为主体的气体混合物，主要成分是甲烷（CH_4），另有乙烷（C_2H_6）、丙烷（C_3H_3）、丁烷（C_4H_{10}）及少量其他物质。地球上天然气资源丰富，是世界上产量增长最快的能源。

天然气与汽油和柴油相比较，它们的特性有很大差异，天然气与汽油的理化特性值的比较见表5-2。

由表5-2可知，天然气具有如下特点：

① 热值高 甲烷含量高的天然气的低热值比汽油高，当甲烷含量为80%时，天然气的低热值与汽油相当。因为天然气的密度低，所以理论混合气热值比汽油稍低。

② 抗爆性能好 天然气的辛烷值高达130以上，具有很强的抗爆性能。研究表明，燃用天然气的专用型发动机应采用的合理压缩比为12，通过提高压缩比可以大幅度提高天然气汽车的动力性和燃料经济性。

表 5-2　天然气与汽油的理化性能比较

项目	天然气(甲烷)	汽油($90^\#$)
密度(气态)/(kg/m³)	0.718	5.093
低热值/(MJ/kg)	49.54	44.52
理论空燃比(质量)	17.2	14.7
理论混合气热值/(MJ/m³)	3.36	3.82
沸点(常压)/℃	-162	100
汽化潜热/(kJ/kg)	510	297
自然温度(大气中)/℃	650	500
点火界限燃料体积比/%	5.3~15	1.2~6
点火界限当量比(φ)	0.65~1.6	0.7~3.5

③混合气发火界限宽　天然气与空气混合后具有很宽的发火界限。这种性能为发动机稀燃技术提供保证，从而提高了燃料经济性，降低了排放。

④着火温度高　这不利于发动机的性能，由此需要较高的点火能量。

因此，供应汽车使用的燃气必须进行加工处理。一般供应民用的天然气由于含有不少杂质，若直接用作汽车燃料，会对车辆造成损害，或使发动机燃烧不正常，影响车辆的使用寿命和排放效果。为此，天然气在用作汽车燃料前，应进行脱水、脱硫等处理。《车用压缩天然气》(GB 18047—2017)对车用压缩天然气的热值、含 S、含 H_2O、含 O、含 CO_2 等技术要求有严格的规定，见表 5-3。

表 5-3　汽车用压缩天然气的技术指标

项目	质量指标	试验方法
高位发热值/(MJ/m³)	≥31.4	GB/T 11062—2014
总硫/(mg/m³)	≤100	GB/T 11060.4—2017
硫化氢/(mg/m³)	≤15	GB/T 11060.1—2010
二氧化碳/%	≤3	GB/T 13610—2014
氧气/%	≤0.5	GB/T 13610—2014
水露点/℃	在汽车驾驶的特定区域内，在最高操作压力下，水露点不应高于-13℃；最低气温低于-8℃，水露点应比最低气温低 5℃	GB/T 17283—2014

注：1. 压缩天然气应有特殊气味，必要时添加适量臭味剂，保证 CNG 在空气中的浓度达到爆炸下限的 20%时，能被察觉。

2. 气体体积的参比条件为 101.32 kPa，20℃状态。

5.2.2 天然气汽车分类

天然气汽车可以按以下方法进行分类。

5.2.2.1 按燃料状态分类

(1) 压缩天然气汽车(CNGV)

气瓶内的天然气以高压(通常是 20 MPa)气态储存,工作时经降压、计量和混合后进入气缸,也可以直接喷入气缸或进气管。

(2) 液化天然气汽车(LNGV)

气瓶内的天然气以液态储存,工作时液化天然气经升温、计量和混合后进入气缸,也可以直接喷入气缸或进气管。由于天然气液化后的体积仅为标准状况下体积的 1/625,储带方便,因此,应用潜力较大。

(3) 吸附天然气汽车(ANGV)

气瓶内的天然气以吸附方式(压力通常为 3.5~6 MPa)储存,工作时经降压、计量和混合后进入气缸,也可以直接喷入气缸或进气管。

5.2.2.2 按燃料供给系统特征分类

(1) 单燃料 CNG 汽车

该类汽车仅使用 CNG 作为发动机的燃料,不再使用其他燃油或代用燃料。此类车辆的发动机在燃料供应系统、工作循环参数、配气机构参数等方面一般都针对 CNG 的物化特性进行了专门设计,因此燃烧热效率较高、经济性好。

(2) CNG—汽油两用燃料汽车

该类汽车一般是指具有两套燃料供给系统,一套供给天然气,另一套供给汽油,两套燃料供给系统可分别但不可同时向气缸供给燃料的汽车。使用过程中可以在两种燃料之间进行灵活切换。此类汽车在燃用汽油时,不能同时使用 CNG 作为发动机的燃料;反之,燃用 CNG 时,也不能混烧汽油。此类汽车与单一燃料汽车相比,由于要兼顾两种燃料的物化特性,发动机结构参数几乎不作改造,因此燃烧热效率不高,经济性也不是很令人满意。

(3) CNG—柴油双燃料汽车

该类汽车一般是指具有两套燃料供给系统,一套供给天然气,另一套供给柴油,两套燃料供给系统按预定的配比向气缸供给燃料,在缸内混合燃烧的汽车。混合燃烧时,CNG 为主燃料,柴油主要起引燃作用。此类发动机用柴油发动机,结构几乎不需要改动。使用过程中可以在单独柴油燃烧和 CNG 加柴油混合燃烧两种工况间进行灵活切换。

5.2.3 天然气汽车总体布置

图 5-1 所示为典型的天然气汽车结构。天然气汽车与燃油汽车总体布置的差异主要体现在燃气系统的专业装置元件的安装位置上。一般燃气供给系统元件(减压调节器、混合器等)均安装在发动机舱内,不同车型的总体布置方案的主要差异是气瓶数量和安装位置的不同,或者加气口、主控阀、手动截止阀等元件安装位置有所不同。

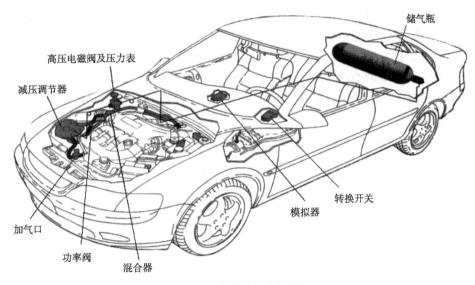

图 5-1 天然气汽车的结构

(1) 气瓶

天然气气瓶是天然气汽车的主要设备之一。气瓶的设置和生产都有严格的标准控制。充气站将压缩天然气通过充气阀充入储气瓶至气压达 20 MPa。天然气气瓶的瓶口处一般安装有易熔塞和爆破片两种安全装置,当气瓶温度超过 1 000℃或压力超过 26 MPa 时,安全装置会自动破裂卸压。

(2) 减压调节阀

由于气瓶内的天然气压力随着燃料的消耗不断发生变化,因此要保持稳定的天然气和空气的混合比例,必须装减压调节器。减压调节器可以保证气瓶内的压力发生变化时进入混合器的天然气压力基本保持不变。减压调节器将气瓶内天然气的压力由 20 MPa 减为负压,其真空度为 49~69 kPa,一般需经过 3 次减压。

(3) 混合器

混合器的作用是将空气和天然气按一定比例混合,形成一定浓度的可燃混合气。比例调节式混合器的工作原理是利用进气管真空度同时控制空气和天然气通道的通过面积,以控制混合气的空燃比。

(4) 汽油/天然气转换开关

汽油/天然气转换开关有 3 个位置,即"油""气""中"。当转换开关置于"油"位置时,接通电动汽油泵电路;当转换开关置于"气"位置时,接通天然气电磁阀电路;当转换开关置于"中"位置时,不接通两者之中任何一个电路。

(5) 电控单元

ECU 根据氧传感器和发动机转速传感器的信号,通过调节步进电机伺服阀的行程来改变减压调节器至混合器之间的低压通道通过面积,以控制天然气的流量。

5.2.4 天然气汽车的排放特性

由于天然气的主要化学成分是甲烷,其分子式中仅有一个碳原子,因此在所有化石能源中，天然气燃烧后产生的 CO_2 最少。德国奥迪公司的试验数据表明，天然气轿车与汽油车相比，CO_2 的排放量可减少 25%左右；清华大学试验数据表明，汽车使用天然气，PM2.5 的排放量可比燃用汽柴油减少 93%；德国宝马公司的试验数据表明，与柴油车相比，天然气车辆的 NO_x 排放量最高可减少 60%。显然，推广天然气汽车具有良好的环保性，"以气代油"已成为交通运输领域碳达峰的一个主要途径。

(1) CO 排放

CO 是烃燃料燃烧的中间产物，其平衡浓度随空燃比的增大而降低（O_2 充足）。因为天然气是一种高燃点的轻质燃料，能够均匀充分混合，这样使得甲烷燃烧更完全，因此 CO 排放量可大大降低。

空燃比对汽油车和天然气汽车 CO 排放的影响基本上是一致的。空燃比在理论空燃比以下时，随空燃比的下降，CO 浓度激剧增加；空燃比大于理论空燃比时，因 CO 氧化反应较慢，CO 浓度并不降至零，而是维持在一个较低水平。

天然气燃烧时火焰传播速度较慢，应适当比汽油机增大点火提前角 2~6°CA，这样使天然气在高温燃烧的时间变长，可以大大降低 CO 的排放量；天然气燃烧温度比汽油低，这样使得 CO 进一步氧化减慢。

综上可知，与汽油车相比，天然气汽车 CO 的排放量大大降低。

(2) NO_x 排放

NO_x 种类很多，它是 NO、NO_2、N_2O、NO_3、N_2O_3、N_2O_4、N_2O_5 等的总称。天然气汽车与柴油机中 NO_x 的生成机理相同。废气中 NO 占绝大多数（约 99%），NO_2 的含量较少（约 1%）。NO 的生成很大程度上取决于温度，因天然气火焰温度比汽油低，所以，单从这一方面看，NO 量稍有降低。

空燃比对天然气汽车和汽油车 CO 排放的影响也相似。在实际空燃比大于理论空燃比时，NO 随温度升高而迅速增加；在实际空燃比小于理论空燃比时，因 O_2 不足，NO 急剧减少。但因天然气燃料混合比较均匀，NO 会稍有增加。因此，天然气汽车 NO 的排放量与汽油机相差不大。一般情况下，还稍有降低，但下降幅度不明显，并且排放量亦有增加的可能性。

(3) HC 排放

对汽油机的未燃烃排放起重要作用的是缝隙容积和壁面激冷层，由于柴油机在接近压缩终了时才喷油，且燃油喷射形成的混合气分布是不均匀的，只要燃油喷射的贯穿率不过大，一般在缝隙容积内和缸壁附近多为新鲜空气。因此，缝隙效应和壁面激冷层对柴油机 HC 排放并不起重要作用。这也是柴油机未燃烃排放浓度比汽油机低得多的主要原因。在柴油机中，燃油的喷射、蒸发与混合对未燃烃排放的影响最大。在下沉喷射时，如果混合速率过大，以致着火时有部分燃油与空气的混合比已超过了燃烧稀限，则那部分燃油除非再次卷入燃烧区域内，否则很难经历高温燃烧阶段。如果喷注贯穿率过大，造成油滴碰壁，而壁温和气缸内气流运动又不足以使附壁燃油蒸发，则后期蒸发的燃油会因为气缸内温度在膨胀期下降而不能充分氧化。在某些条件下（如冷起动、急速、低负荷），燃油喷注中的部分大油滴不能及时蒸发，严重的后燃同样会造成未燃烃排放的增加。

根据废气分析，汽油机排放中的 HC 除饱和烃、不饱和烃和芳香烃之外，还包括部分中间氧化物如醛、酮、酸等。HC 主要是燃料不完全燃烧的产物。

对于紧靠缸壁的那层气体，由于缸壁激冷作用，火焰传播不到，从而使该层混合气中的

HC 随废气排出。此外,由于混合气混合状况的不同,HC 排放也不同,如混合气均匀,燃烧充分,HC 排放量就会降低。

天然气发动机排放中的 HC 成分比汽油中要简单,包括 CH_3、CH_2O、CHO 等中间产物。由于天然气在燃烧室中混合均匀,燃烧比较完全,所以 HC 排量会大幅度下降。

(4) PM 排放

在 PM 排放方面,因甲烷几乎没有碳链结构,且可以在较短时间内与空气混合,不利于达到高温缺氧的条件,因此其燃烧过程几乎不产生碳烟排放。同时,天然气中不含如苯之类的芳香族化合物,同时 S 含量也极低,因此天然气车 PM 排放要明显低于柴油车。但是,机油的消耗对天然气车 PM 排放有一定的影响。

总之,由于天然气经过净化处理后,有害物质的含量比液态燃料低得多,燃料系统有害物质的蒸发排放减少,且天然气在汽车上与空气混合时是气态,以气态进入内燃机,燃料与空气相同,混合均匀,燃烧就比较完全,可大幅度降低 CO 和 HC 排放量。和汽油车相比,天然气汽车尾气排放中 CO 下降约 90%,HC 下降约 50%,NO_x 下降约 30%,SO_2 下降约 70%,CO_2 下降约 25%,PM 排放可降低约 40%,铅化物可降低 100%。表 5-4 是我国改装某一 CNG 汽车的排放试验结果,表明压缩天然气的 CO 和 HC 排放较汽油明显降低。此外,以甲烷为主要成分的天然气是 C、H 原子比最小的烃类化合物。以产生相同热量计算,甲烷产生的 CO_2 比汽油、柴油降低 15% 以上,这对减少造成地球"温室效应"也是大有好处的。

表 5-4 压缩天然气与汽油排放比较

污染物	轻型客车			小轿车		
	汽油	CNG	降低率	汽油	CNG	降低率
CO/%	3.0	0.5	83.3%	1.00	0.15	85%
HC/(mL/m^3)	1 000	800	20%	200	150	25%

5.3 液化石油气汽车及其排放特性

我国液化石油气(LPG)的来源包括油田和石油炼厂两个方面。随着天然气产量的增加,油田的 LPG 产量也会不断地增加。油田的 LPG 不含烯烃,适合用作汽车用燃料。LPG 与汽油、柴油等常规汽车燃料相比,具有燃料完全、积炭少、排放污染物少、急速及过渡工况运行稳定性好等优点,但与天然气一样,也存在动力性降低的问题。作为汽车替代燃料的 LPG,可以减缓石油资源的紧缺,从局部来看,充分利用区域性资源,使能源利用多样性,能源消耗结构趋于合理。同时,城市里出租和公交汽车改用液化石油气,对控制城市排放污染,提高汽车的经济性和排放性能无疑是一项有效措施。使用液化石油气的汽车简称为 LPG 汽车,国内使用 LPG 燃料较成功的地区为广州,于 2003 年推广使用 LPG 公交车,广州使用的 LPG 客车全部为 LPG 单一燃料车型,使用专用 LPG 发动机,动力、环保性能相对来说较好。

5.3.1 液化石油气

车用液化石油气的主要成分是丙烷(C_3H_8)和丁烷(C_4H_{10}),此外还含有少量的丙烯(C_3H_6),和丁烷(C_4H_8)。丙烷沸点低,极易汽化,冷起动性好,但热值低;丁烷沸点高,不易汽化,但热值高。因此,为了保证液化石油气的正常使用,要求车用液化石油气有足够的丙烷、丁烷含量。车用 LPG 与汽油、柴油,以及天然气的理化特性的比较见表 5-5。

表 5-5　LPG 与汽油、柴油、天然气的理化特性的比较

项目	LPG	汽油	柴油	天然气
物理状态	气态	液态	液态	气态
汽车上的储存状态	液态	液态	液态	气态或液态
在常压下的沸点/℃	-0.5	30~220	180~370	-161.5
低热值/(MJ/kg)	45.31	44.52	43	49.54
汽化潜热/(kJ/kg)	丙烷:358.2 丁烷:373.2	297	—	510
辛烷值(RON)	94	91	—	120
十六烷值	—	27	40~60	—
自燃点/℃	丙烷:450 丁烷:400	260	—	700
最低点火能量/MJ	—	0.25~0.3	—	—
相对分子质量	丙烷:44 丁烷:58	100~115	226	16
在空气中的可燃范围比/%	丙烷:2.4~9.6 丁烷:1.8~9.6	1.3~7.6	—	5~15

　　LPG 的特点与天然气相似,具有热值高、抗爆性能好、着火温度高、容易与空气混合和排放低等优点。

　　车用 LPG 必须保证其使用安全性、抗爆性和良好的起动性能和排放性能。饱和蒸气压是 LPG 最主要的安全指标。最高值保证在正常使用允许的最高温度条件下,气瓶内 LPG 的压力在气瓶允许的范围内;最低值保证在允许的最低使用温度条件下,LPG 的压力能满足汽车使用要求。水分是 LPG 中的有害成分,会促使硫化物腐蚀气瓶、管路、阀门、汽化器等金属部件。低温时,含水化合物还会堵塞管道、阀门等处。一般的民用 LPG 含烯烃较多,会造成结渣、堵塞气路和使膜片等橡胶件损坏等问题,不能满足车用燃料的要求。因此,各国都对车用 LPG 提出了要求标准。《车用液化石油气》(GB 19159—2012),对车用 LPG 作出了有关规定,根据丙、丁烷组分含量的不同,车用 LPG 分为以下 3 个牌号产品:

　　① 1 号产品　可在环境温度高于-20℃的条件下使用。
　　② 2 号产品　可在环境温度高于-10℃的条件下使用。
　　③ 3 号产品　可在环境温度高于 0℃的条件下使用。

　　车用 LPG 技术要求应符合表 5-6 的规定。

　　为了确保车用 LPG 的使用安全,当车用 LPG 中不含有可觉察的臭味时,应加入适量的硫醇、硫醚、四氢噻吩等臭味剂,加入量应以 LPG 在空气中的浓度达到爆炸下限的 20%时能被察觉为标准。

表 5-6 中国车用 LPG 技术要求

项目		质量指标		
		1 号	2 号	3 号
蒸气压(37.8℃，表压)/kPa		≤1 430	890~1 430	660~1 340
组分的质量分数/%	丙烷	>85	65~85	40~65
	丁烷及以上组分	≤2.5	—	—
	戊烷及以上组分	—	≤2	≤2
	总烯烃	≤10	≤10	≤10
	丁二烯(1,3 丁二烯)	≤0.5	≤0.5	≤0.5
残留物	蒸发残留物/(mL/100mL)	≤0.05	≤0.05	≤0.05
	油渍观察	通过	通过	通过
密度(20℃)/(kg/m^3)		实测	实测	实测
铜片腐蚀级		≤1	≤1	≤1
总 S 含量/(mg/m^3)		≤270	≤270	≤270
H$_2$S		无	无	无
游离水		无	无	无

注：1. 总 S 含量为 0℃、101.35 kPa 条件下的气态含量。
    2. 可在测量密度的同时用目测法测定试样是否存在游离水。

5.3.2 液化石油气汽车类型

LPG 汽车与天然气汽车相似，可以按以下方法进行分类。

5.3.2.1 按燃料供给系统特征分类

(1) 单燃料 LPG 汽车

该类汽车是指仅使用 LPG 作为发动机的燃料，不再使用其他燃油或代用燃料的汽车。其发动机为预混、点燃式发动机。单燃料 LPG 汽车专为燃用液化石油气而设计，可以充分发挥液化石油气辛烷值高(94)的优势。

单燃料 LPG 汽车与单燃料 CNG 汽车相比，因 LPG 的辛烷值比 CNG 的低，故发动机的压缩比稍低，燃料经济性略差；因含碳比例较大，故排污比后者稍多；因 LPG 挤占空气容积较少，故动力性优于 CNG。

(2) LPG—汽油两用燃料汽车

LPG—汽油两用燃料汽车是可以视情况交替燃用 LPG 或汽油，而不能同时使用两种燃料的汽车。它备有 LPG 和汽油两套燃料系统，燃用汽油时切断 LPG 的供给，燃用 LPG 时切断汽油的供给。一般汽油车发动机不改动，只是加装一套 LPG 燃料供给装置，就成了 LPG—汽油两用燃料汽车。与单燃料 LPG 汽车相比，LPG—汽油两用燃料汽车的优点是改装方便，原发动机基本不变；在保证供应的情况下可以最大限度地燃用 LPG，而在需要时又可以随时方便地改用汽油；由于保存了原车的燃油箱，续驶里程比原车还要长。其缺点是动力性能降低。

(3) LPG—柴油双燃料汽车

LPG—柴油双燃料汽车是指同时燃用 LPG 和柴油的汽车。LPG—柴油双燃料汽车与 CNG—柴油双燃料汽车的主要优点类似，可以大幅度地降低大负荷工况的微粒排放，但小负荷时的 HC 排放有所增加。与 CNG—柴油双燃料汽车相比，LPG—柴油双燃料汽车的缺点是 LPG 的替代率略低于 CNG 的替代率；优点是 LPG 不受管线限制，供油系统的成本低，LPG 的能量密度大，便于携带。

5.3.2.2 按 LPG 的供给方式分类

(1) 真空进气式液化石油气汽车

它是指 LPG 在进气管真空度作用下经混合器进入进气管的 LPG 汽车。其燃料供给方式与化油器式发动机相类似。

(2) 喷气式液化石油气汽车

它是指 LPG 以一定的压力经喷气嘴直接喷入气缸或进气管的 LPG 汽车。其燃料供给方式与汽油喷射式汽油机或柴油机相类似。

5.3.3 液化石油气汽车燃料供给系统的结构和工作原理

5.3.3.1 单燃料 LPG 汽车燃料供给系统

在单燃料发动机中，一般利用节气门根据工况要求实现对混合气量的控制，而可燃混合气一般利用火花塞点燃。

单燃料 LPG 供给系统如图 5-2 所示，主要由气瓶、燃气控制电磁阀、调节器、混合器等组成。LPG 以液态储存在气瓶中，由于气瓶内的燃气压力远高于大气压力，所以不需要燃气泵。发动机工作时，燃气控制阀打开，由气瓶流出的燃气经调节器调压、计量后以气态输送到混合器，并在混合器内与空气混合后被吸入气缸。

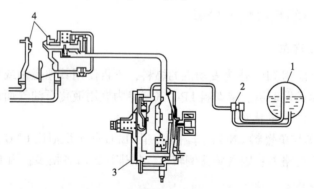

图 5-2 单燃料液化石油气供给系统
1—气瓶 2—燃气控制电磁阀 3—调节器 4—混合器

燃气控制有两个电磁阀，一个控制气态燃气供给管路，另一个控制液体燃气供给管路，两个电磁阀均受点火开关和温控开关(冷却液温度控制)控制。其功用是，当发动机停止工作时自动切断燃气供给，而发动机工作时，根据温度打开其中一个电磁阀，并自动实现供给气态或液态燃气的切换。发动机低于 15℃ 启动时，打开气态燃气供给管路(管口设在气瓶内顶部)，供给气态燃气，以改善发动机低温启动性能；发动机温度高于 15℃ 启动时，则打开液态燃气供给管路(管口设在气瓶内底部),供给液态燃气。

5.3.3.2 LPG—汽油两用燃料汽车燃料供给系统

目前,LPG—汽油两用燃料汽车按燃气混合供给控制装置的不同,可分为开环混合器供气系统、闭环带电控动力阀的混合器供气系统和电控燃气喷射供气系统三大类。其专用装置的不同之处主要体现在对混合气的形成方式、对混合气浓度的控制方式,以及是单点喷气控制,还是多点顺序喷气控制等少数部件上,其他专用装置(如气瓶、组合阀、蒸发调节器等)基本相同。

5.3.3.3 LPG—柴油双燃料汽车燃料供给系统

车用柴油机改装为 LPG—柴油双燃料发动机,必须保留原柴油供给系统,用来提供少量柴油用于引燃空气与 LPG 的混合气,并需要配备一套 LPG 供给系统。这使得发动机同时具有两套燃料供给装置,汽车同时携带两种燃料。两种燃料供给系统通过电磁阀控制转换,显然燃料供给系统控制的难度要增大许多,既要考虑 LPG 的控制,又要考虑柴油的控制;既要处理好 LPG 与柴油之间的合理配比,又要处理好 LPG、柴油与空气之间的合理配比。

LPG—柴油双燃料发动机的液化石油气供给系统也是由 LPG 气瓶、蒸发器、减压阀、调节阀、混合器和节流阀等组成。

5.3.4 液化石油气汽车的排放性能

LPG 汽车可减少 HC、CO 及 NO_x 的排放,形成 O_3 的可能性小。

(1) HC 排放

LPG 发动机和汽油机的 HC 排放随混合气浓度的变化规律大体一样。混合气浓度大时,HC 排放多;当混合气浓度在一定范围减小时,HC 排放减少;当混合气进一步变稀时,HC 排放又增多。这是由于不论 LPG 或是汽油,混合气过浓、过稀都会使燃烧不完全度增加。

LPG 发动机和汽油机的不同点是 LPG 发动机 HC 排放的最低点对应于较稀的混合气。当压缩比增高时,HC 排放增多。这是由于在压缩和燃烧过程更高的压力环境下,狭缝中积存更多的未燃 LPG,在随后的膨胀和排气过程中也就放出更多的 HC。同时,由于压缩比增高时,排气温度下降,未燃 LPG 在排气管中的氧化反应减弱。

(2) CO

由于燃用 LPG 时,燃烧较为完全,其 CO 排放与燃用汽油相比,大幅度下降。LPG 发动机规律与汽油机大体一样,CO 排放随着供氧量的增加(过量空气系数 a 增大)而减少。

总的看来,根据 LPG 特点设计的发动机可有效降低排放污染物。LPG 排放污染物较低,但它比 CNG 的排放要高。双燃料 LPG—汽油的排放性能受改装、调整等许多因素的影响,排放性能不太稳定。另外,LPG 和 CNG 汽车必须采用电喷技术和三效催化转化技术才能取得较低的排放性能,而且必须定期检测维护才能维持其低排放性。汽车燃用汽油、LPG、CNG 排放污染物对比见表 5-7。

表 5-7 汽车燃用汽油、LPG、CNG 排放污染物对比

污染物	汽油	CNG	LPG
非甲烷碳氢	1	0.1	0.5~0.7

(续)

污染物	汽油	CNG	LPG
甲烷	1	10	—
CO	1	0.2~0.8	0.8~1.0
NO_x	1	0.2~1.0	1.0

5.4 醇类燃料汽车及其排放特性

5.4.1 醇类燃料的来源及分类

醇类燃料由于来源广泛、丰富，抗爆性好，与石油燃料的理化性能相近，因而受到更多的重视。

5.4.1.1 醇类燃料的来源

甲醇(木醇或木酒精)可以由 CO 和 H_2 合成，为无色透明的液体，高挥发性，易燃，主要由天然气(占78%)、重油(占10%)、LPG(占3%)、煤炭(占2%)、油页岩、木材和垃圾等物质提炼而成。

乙醇俗称酒精，其工业生产力方法主要有发酵法、乙烯水合法等方法，我国一直以发酵法为主。

5.4.1.2 醇类燃料的分类

(1) 按醇类燃料的组成成分和性质分类

醇类主要指甲醇和乙醇。它们都是相对分子质量较小的物质，燃烧产物中基本没有碳烟，NO_x 的排放浓度也很低，是一种低污染性燃料。

醇类燃料汽车是指以甲醇汽油、乙醇汽油、甲醇、乙醇为燃料的汽车。其中，以甲醇为燃料的汽车称为甲醇汽车，以乙醇为燃料的汽车称为乙醇汽车。醇类燃料可以与汽油或柴油按一定比例配制而成混合燃料，也可以直接采用醇类燃料作为发动机的燃料。醇类燃料汽车与电动车、天然气汽车一样，都是新能源和清洁代用燃料汽车。

(2) 按醇类燃料在汽车上应用分类

主要有3种类型：掺烧、纯烧和改质。

①掺烧是醇类燃料在汽车上的主要应用方式 为使内燃机燃用甲醇时能有良好的效果，可采用不同的掺烧方式，调整混合燃料的性质，改进发动机结构及设计良好的掺烧及控制装置。掺烧主要是指醇类燃料(甲醇或乙醇)以不同的体积比例掺入汽油(柴油)中。

掺烧的方法主要有3种：混合燃料法、熏蒸法、双供油系统法。前两种方法既可用于柴油机上，又可用于汽油机上，而双供油系统法仅用于柴油机上。醇类燃料易于自然吸水且相对密度小于柴油，故与柴油的互溶性较差，因此一般情况主要针对醇类燃料与汽油的掺烧。

最常用的掺烧方法是混合燃料法，甲醇(或乙醇)与汽油的混合燃料称为甲醇(或乙醇)汽油或汽醇，甲醇、乙醇与汽油的混合燃料分别用 MX 和 EX 表示，其中 X 表示醇类燃料在燃料中所占的体积混合百分率。例如，甲醇汽油混合燃料 M5(含甲醇5%)，M10(含甲醇10%)，M85(含甲醇85%)，纯甲醇燃料用 M100 表示。实际甲醇含量最多为85%~90%，其他都是添加剂。通常掺烧 3%~5% 甲醇时发动机无须任何改造。乙醇汽油混合燃料 E10（含乙醇 10%）、E20（含乙醇 20%），纯乙醇燃料用 E100 表示。研究表明，如果掺烧的乙醇少于 10%，发动机不必改造，只要做适当的调整，汽车性能即可与燃烧汽油时相当。掺烧比例加大时，可通过适当增大压缩比和增加发动机预热装置，便可保证汽车的各种使用性能。同时，在混合燃料中添加助溶剂，可防止醇类燃料与汽油分层。

②纯烧类型是指单纯燃烧甲醇或乙醇燃料　主要方式有 6 种：裂解法、蒸汽法、火花塞法、电热塞法、炽热表面法、加入着火改善剂法。其中，后 3 种方法仅用于柴油机上，其他方法既可用于柴油机上，又可用于汽油机上。

纯烧类型的优点是发动机可以根据燃料的特点进行改造，如按醇燃料的理论空燃比设计和调整供油系统、加装发动机预热装置、加大油泵的供油量、改善零部件的抗腐蚀性等。通过改造发动机后，纯烧类型汽车的动力性和经济性比烧汽油时有较大的提高。

③改质类型现在主要是指醇类燃料的改质　甲醇改质是利用发动机的余热将甲醇生成为 H_2 和 CO，然后输送到发动机内燃烧。采用甲醇改质需要对发动机进行较大的改造，最好重新设计发动机。变性燃料乙醇是指乙醇脱水后再添加变性剂而生成的以乙醇为主的燃料。

5.4.2 醇类燃料的性能指标

醇类燃料与汽油理化性能的比较见表 5-8。由表 5-8 可知，甲醇、乙醇性质类似之处很多，与汽油相比，它们的优缺点几乎相同，只是在程度上略有差别。另外，醇类燃料吸水性强、化学活性高、容易发生早燃等。

醇类燃料的特点主要有：

①辛烷值比汽油高，可采用高压缩比提高热效率。但是醇燃料的抗爆性敏感度大，中、高

表 5-8　醇类燃料与汽油理化性能比较

项目	汽油	甲醇	乙醇
相对分子质量	100~115	32	46
物理状态	液态	液态	液态
车上的存储状态	液态	液态	液态
液态的相对密度(20℃)/(g/cm³)	0.72~0.75	0.7914	0.7843
沸点(常压)/℃	30~220	64.8	78.3
饱和蒸汽压/kPa	62.0~82.7	30.997	17.332
低热值/(MJ/kg)	44.52	20.26	27.20
混合气热值/(kJ/m³)	3750	3557	3660
汽化潜热/(kJ/kg)	297	1101	862
辛烷值(RON)	90~106	112	111
十六烷值	27	3	8
闪点/℃	-43	11	21
自燃点/℃	260	470	420

速时的抗爆性不如低速时好。普通汽油与 15%～20% 的甲醇混合，辛烷值可以达到优质汽油的水平。

②蒸发潜热大，使得醇类燃料低温起动和低温运行性能恶化。此外，甲醇、乙醇的闪点比汽油高，甲醇在 5℃ 以下、乙醇在 20℃ 以下在进气系统中很难形成可燃混合气，如果发动机不加装进气预热系统，燃烧全醇燃料时汽车难以起动。但在汽油中混合低比例的醇，由燃烧室壁面给液体醇以蒸发热，这一特点可成为提高发动机热效率和冷却发动机的有利因素。

③常温下为液体，操作容易，储带方便。

④可燃界限宽，燃烧速度快，可以实现稀薄燃烧。

⑤与传统的发动机技术有继承性，特别是使用汽油—醇类混合燃料时，发动机结构变化不太大。

⑥热值低，甲醇的热值只有汽油的 48%，乙醇的热值只有汽油的 64%。因此，与燃用汽油相比，在同等的热效率下，醇的燃料经济性较低。

⑦沸点低，蒸气压高，容易产生气阻。

⑧甲醇有毒，会刺激眼结膜，也会通过呼吸道、消化道和皮肤进入人体，刺激神经，造成头晕、乏力、气短等症状。

⑨腐蚀性大。醇具有较强的化学活性，能腐蚀 Zn、Al 等金属。甲醇混合燃料的腐蚀性随甲醇含量的增加而增加。另外，醇与汽油的混合燃料对橡胶、塑料的溶胀作用比单独的醇或汽油都强，混合 20% 醇时对橡胶的溶胀最大。

⑩醇混合燃料容易发生分层。醇的吸水性强，混合燃料进入水分后易分离为两相。因此，醇混合燃料要加助溶剂。

5.4.3 醇类燃料发动机的性能及其排放特性

甲醇和乙醇具有相近的物性，下面以一种醇为例进行讲述，其结论对另一种醇也大致适用。

5.4.3.1 点燃式发动机燃用甲醇—汽油混合燃料

试验表明，汽油机不做任何改动或者进行极少改动，甲醇—汽油混合比的上限为 15%。此时需要处理的问题是材料相容性、混合液分层以及蒸气压力值高。

(1) 发动机性能

甲醇化学计量空燃比的单位质量混合气的热值（2.656 MJ/kg）与汽油的（2.780 MJ/kg）大致相同，但由于甲醇燃烧速度快、传热损失小、容积效率较高，以及甲醇是含氧燃料等原因，在相同的压缩比和点火提前角下，燃用低掺混比汽油—甲醇混合燃料时，发动机的功率和经济性都比原汽油机有所提高。在相同最大功率的要求下，可以充分利用甲醇的稀燃特征，进一步降低油耗。图 5-3 所示为不同甲醇掺混比下发动机功率的变化，可以看出随着甲醇比例的增加，功率也有少量的增加，但对汽油机加速性能影响不大。

(2) 发动机排放特性

图 5-4 所示为电喷汽油机在应用甲醇混合油后的排放和掺混率的关系，由图中可知，掺混甲醇汽油机的 CO 排放量比原汽油机有一定的降低，而 HC、NO_x 排放两者相差不多。主要原因是甲醇的含氧量较高，有利于混合气的燃烧，从而降低了 CO 的排放。

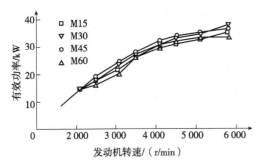
图5-3　不同甲醇掺混比下发动机的功率曲线

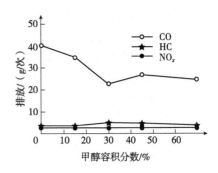
图5-4　不同甲醇掺混比汽油机的排放值

5.4.3.2　压燃式发动机燃用醇类燃料

汽油—乙醇燃料已在汽油机上得到较好的应用，而柴油—乙醇的研究工作也在进行中，柴油—乙醇的使用更能发挥乙醇燃料燃烧热效率高的特点并降低柴油机碳烟排放。

(1) 发动机性能

乙醇与柴油相溶性差，直接混合很容易分层，并且醇类混合比例越大，形成的混合溶液稳定性也就越差。其主要原因是它们之间的理化性质差异很大，无法满足柴油机燃料的要求，因此，需要在混合燃料中添加助溶剂。

乙醇的十六烷值较低，乙醇的添加将使柴油与乙醇的混合燃料十六烷值下降、着火滞燃期增加。混合燃料的热值随着燃料中乙醇比例的增加而降低，为此，要得到相同功率输出就需要增加供油量。混合燃料的汽化潜热随着乙醇比例的增加而增加，燃油的汽化会使缸内的温度下降，增加着火滞燃期。

混合燃料中醇的质量分数在30%以下时，在不改变发动机结构的情况下，发动机的动力性能随着醇的质量分数而有不同程度的降低，其决定因素是醇类燃料的低热值和所占比例。发动机要在相同负荷的转速下运行，需要向缸内喷入更多的燃料。在经济性能方面，有效燃油消耗率换算成当量柴油热值有效燃油消耗率时，其当量油耗率随着混合燃料中含氧量的增加而有2%～5%的改善，这表明乙醇的添加可改善发动机燃烧过程、提高热效率。

(2) 发动机排放特性

根据广西玉柴YC6108-21ZLQ增压中冷柴油机燃用柴油—乙醇混合燃料的排放试验结果，与使用柴油相比，发动机在使用醇类燃料时排放特性在CO和烟度方面均有不同程度的改善，而NO_x基本不变，HC略有升高。具体结论如下：

①混合物燃料的NO_x排放与柴油相比基本相同，且与乙醇的掺烧比基本无关。主要原因是乙醇具有较高的汽化潜热，混合燃料喷入缸内将带来较大的温降，有利于NO_x的降低。但是，混合燃料的滞燃期增加，滞燃期内形成的可燃混合气数量增加，预混燃烧量增加，缸内最高平均气温升高，NO_x排放浓度增加。综合效果是NO_x排放变化不大。

②排气烟度在整个转速范围内都有明显改善，且随着乙醇混合比的提高或含氧量的增加，改善程度增大，中高负荷的改善尤其明显，相对柴油分别有较大幅度的降低。烟度改善的主要原因是乙醇类燃料为含氧燃料，其自带的氧能力可有效缓解可燃混合气形成过程中局部缺氧的情况，在不引起NO_x上升的同时降低了碳烟排放。另外，乙醇的添加减少了喷射初期浓混合气区域，滞燃期内形成的可燃混合气量增加，预混燃烧量增加，扩散燃烧量减少，也使碳烟浓度降低。

③混合燃料的 CO 排放保持较低的水平,这主要是因为增压柴油机过量空气系数较大,混合气燃烧较完善。掺烧乙醇的混合燃料 CO 排放随着负荷的增大而有较明显的改善,这是因为乙醇的含氧量有利于改善 CO 的排放。

④HC 的排放值略有升高,这是因为乙醇的添加有利于增加稀混合气,减少了浓混合气区域。同时,由于混合燃料的热值下降,随着乙醇添加比例的增加,每循环喷油量增加,使 HC 排放增多。

5.4.4 醇类燃料的非常规排放

醇类清洁燃料代替传统汽油、柴油虽然降低了传统发动机常规排放污染物的含量,但它们的非常规排放污染物(甲醛、乙醛、甲醇、乙醇、1,3-丁二烯、苯等)的排放浓度往往高于传统发动机的排放水平。甲醛及其他醛酮类物质是目前人们越来越重视的空气污染物,1987年美国将甲醛、乙醛列为有致癌作用的物质。因此,准确检测尾气中的醛类排放,对控制甲醛排放、推广醇类燃料具有很重要的意义。

目前,内燃机排放中醛类物质的检测方法是利用醛、酮化合物与 2,4-二硝基苯肼(2,4-dinitrophenylldrazine,DNPH)在酸性介质中发生具有高度特异性化学反应的性质,并利用 DNPH 与醛、酮类化合物反应生成稳定的 2,4-二硝基苯腙衍生物,对所生成的 DNPH 衍生物溶液萃取后进行气相色谱或液相色谱分析,从而测定大气中或发动机排放物中的醛、酮污染物的含量。

在废气中的醛、酮与酸性溶液中的 DNPH 反应生成 2,4-二硝基苯腙(橘黄色)沉淀。醛类与肼的衍生化学反应具有以下特点:

①醛肼反应条件容易控制和重复,在常温下进行反应,操作简单。

②反应可以定量进行,反应的转化率高且恒定,满足定性分析的要求。

③反应产物具有良好的色谱行为,化学物质稳定且易于检测。

因此,该方法广泛应用于醛类等非常规物的检测。

大量检测结果表明:发动机燃用汽油或柴油掺烧醇混合燃料时,排气中都会产生醛类排放物。随着混合燃料中的醇含量增加,排气中醛类排放物也相应增加,且随着功率的增加呈先增大后减小的趋势。

5.5 氢燃料汽车及其排放特性

目前的能源系统包括许多不同的能源载体,它们的基础设施已经经历了漫长的发展。现今使用的主要燃料和能量载体包括石油燃料(汽油和柴油)、天然气和电力。交通运输行业主要使用液体石油燃料作为主要动力,而建筑和其他行业则依赖于天然气和电力。

出于对空气污染、石油和能源安全以及温室气体排放等方面的担忧,人们一直在寻找能够应用于各领域内的替代能源载体——清洁能源,特别是在交通运输领域。在过去的几十年中,电力驱动汽车,包括纯电动汽车、混合动力电动汽车和氢燃料电池车已经引起了人们新的兴趣,并进行了大量的研究和开发,尽管如此,目前人类所使用的运输能源只有很少部分不依赖于石油。

H_2 可以用作运输燃料,能够满足很多潜在的需求,另外,因为 H_2 与现有的电力系统之间存在密切的联系,可以借助于电力系统的基础设施来进行更大的发展。新能源系统还可以利用氢的优势,来补充在某些应用中所使用的电力。

H_2 和电都是能量的载体,而不是能量来源,因为它们不是自然发生的,而是必须由其他能源(如化石燃料或可再生能源)来产生的。H_2 和电力之间的主要相似之处在于,它们在使用方面都是零碳和无污染的能源载体,在将这些能量载体投入使用时,有各种各样的生命周期排放量。

与电力类似,H_2 可以采取一系列的生产方法和原料来制造,可以使用煤、油、天然气和生物质通过热化学 HC 转换;还可以通过电解和热化学水裂解来生产。这导致了一个重大的变化,H_2 这种资源能够应用于运输部门,而这方面的资源传统上历来是依赖和受限于石油的。

H_2 具有高挥发性、高能量,是能源载体和燃料。进入 21 世纪,氢能在世界能源舞台上成为一种举足轻重的二次能源。它是一种极为优越的新能源,其优点主要有:①燃烧热值高,1 kg 氢燃烧后的热量,约为汽油的 3 倍,乙醇的 3.9 倍,焦炭的 4.5 倍。燃烧的产物是水,是世界上最干净的能源。②资源丰富,H_2 可以由 H_2O 制取,而 H_2O 是地球上最为丰富的资源。③H_2 是一种清洁能源,可以用于多个方面,包括固定的、可移动的以及自动机械能源设备。在未来,能源的需求日益增长,化石燃料消耗速度快,而 H_2 能源是一种清洁安全的能源,它拥有广泛的来源,可以产自天然气、水或者沼气。虽然人们已经使用了几十年的 H_2,并将其应用于各种工业,包括生产化工产品、金属、电子和石油,但 H_2 仍然被认为是一种危险的燃料。本章首先介绍 H_2 的安全问题,以及 H_2 的运输和储存等。

5.5.1 氢气的性质

H 是宇宙中最丰富的元素,但它以其自然形态存在较少,多以化合物形式存在,如 H_2O 和 HC 等。H_2 是一种极易燃烧,无色、透明、无臭、无味的气体,难以被探测出来。H_2 是世界上已知的密度最小的气体,密度只有空气的 1/14,即在 0℃ 时,一个标准大气压下,H_2 的密度为 0.089 9 g/L,目前相对分子质量最小的物质。表 5-9 总结出了 H_2 的几个性质。

表 5-9 H_2 的性质

特性	数值
密度	0.089 9 kg/m³
熔点	-252.9 ℃
在空气中的自燃温度	585 ℃
空气中的可燃性极限	5.0%~75.0%(体积)
空气中的火焰温度	2 045 ℃
热值	$1.4×10^5$ kJ/kg

H_2 的热值非常高,完全燃烧 0.1 kg H_2 放出的热量可以使 100 kg H_2O 温度升高大约 34℃,而且其燃烧的产物全部为 H_2O,清洁无污染。

由于 H 的独特性质,在对 H_2 进行生产、使用和处理的各个过程都有着不同的危险性。其危险性主要包括几点:

(1) 易燃性

当在一个特定的密闭空间点燃 H_2(与其他可燃气体类似)时,就有引起爆炸的可能,因此

当一个地区有大量 H_2 积累时，就会引起人们特别的关注。H_2 有着一个很宽泛的可燃范围（5.0%~75.0%）和较低的点火能量（0.02 MJ），这一特性又加剧了人们的担忧，尤其是使用在车辆上，对其他车辆和人员有着巨大的危险。

针对这种危险，可以采用 3 种方法来解决：早期检测传感器、通风来防止 H_2 的大量集中以及采用电接地以避免静电放电。

安装检测 H_2 泄漏的传感器是非常有必要的，因为 H_2 是一种无味气体，在使用其他气体时，人们经常加入气味添加剂（如将甲烷添加到家庭用天然气中）来防止气体的泄漏，但这种方法不能用于氢燃料电池，因为这样会降低催化剂的效用。

H_2 的低密度产生的高浮力，使其通风条件比其他燃料更为容易。只要在最高点设置一个通风口就很容易将 H_2 排放到室外。也有研究结果建议，H_2 应该保存在室外或者通风良好的地方，这样在出现 H_2 泄漏的情况下，能够很快排除泄漏的气体。

为了避免作为可能的点火源的静电的出现，燃料电池和其他的设备要采用电接地。这就需要对大楼内部线路进行合理安装和维护，这样 H_2 才能避免 H_2 与电气、机械、热能或化学源等潜在的点火源接触。

在白天，H_2 的火焰几乎是看不见的，并且热辐射也很低，因此对于使用 H_2 的设备，要安装一个火焰探测系统。

(2) 高压和超压性

H_2 的密度较小，所以它的储存状态要么是液体状态，要么就是经高压压缩之后储存起来。一般来说，如果在实验室应用，H_2 一般压缩至约 16.5 MPa（2 400 psi），但要用于机械等设备，一般要压缩至约 69 MPa（10 000 psi）。如果储存 H_2 的储存罐、管道、压缩机或者其他相关设备出现故障时，H_2 就可能引起爆炸或是造成其他损害。当液态氢蒸发成气体时，其体积一般会膨胀到原来的 800 倍以上，这可能导致超压现象或系统出现机械故障。因此，高压氢系统必须配备有减压装置或者阀门，来防止压力值超过许用压力。当在高压氢条件下工作时，必须按规定穿戴个人防护装备。

(3) 窒息

H_2 的性质使其无法通过人类的感官感知，因此在密闭空间高浓度下可以导致人窒息。液态氢飞溅也可能导致人窒息，并造成人肺损伤。这个危险性后果可以通过提供足够的通风条件和安装氢气探测器来避免。

(4) 火焰

H_2 燃烧的火焰是淡蓝色的，不同于 HC 的燃烧，H_2 在普通日光条件下几乎是不可见的。除能见度低之外，氢火焰的热辐射度也低，这就降低了个人探测氢火焰的能力。因此，一个人的皮肤可能感觉不到火焰本身，除非完全置身其中时才能感觉到。由于 H_2 的独特的性质和可能产生的危害，涉及 H_2 的使用装备必须要遵循特定的安全处理意见和安全协议。国际上一些机构，包括美国国家防火协会（NFPA）、国际法典委员会（ICC）、美国国家标准协会（ANSI）、压缩气体协会（CGA）、汽车工程师协会（SAE）和美国机械工程师协会（ASME）等规定了与氢使用和氢技术相关的使用规范和标准，这些标准涵盖了可能存在的广泛的安全问题。

5.5.2 氢气的储存和运输

无论是集中生产还是分散生产，制造产出的 H_2 都需要某种形式来存储。储存方式的选择取决于应用的类型、能量密度需求、存储的质量、存储时间、资本和操作成本、本地资源和方法的安全性。每一种存储方法都有其优势和不足。

(1) 大规模存储

为了支撑全面的氢经济的发展，大规模存储设施可能需要保持足够的储量，维持在设备产量和小规模储量之间。

① 冷藏法　冷藏的 H_2 密度接近 70 MPa 下压缩 H_2 的 2 倍。液态氢存储在特殊的隔离保压冷藏箱里，冷藏箱对冷却、升温和通风有着严格的规定。H_2 的液化是一项能量耗散的过程，1 kg 的 H_2 估计需要 12.5~15.0 kW·h 的能量才能液化，而压缩至 70 MPa 只要 6.0 kW·h 的能量。由于液化能量集中的本质，储存 H_2 所生成的 $kgCO_2e/kgH_2$，冷藏法是最高的。

如果 H_2 的冷藏存储被采纳，那么必须发展新的存储设施。因为液化设备和存储容器的需求，新存储设备的创办资本投资将很高；操作成本也由于能源集中型的液化过程而很高。随着工厂容量的增大，液化氢所需求的液化成本和能源都将减小。

② 地下储存　对于大量生产以及长期储存 H_2 的过程来说，低温储藏 H_2 是一种较经济的方式。天然的地下岩层，如含水层，开采天然气后剩下的以及人造的洞穴，都可以用来存储 H_2。含水层是不透水岩之间有含水的渗水岩或沙石。H_2 可以被压缩并注入以形成地下水和不渗透岩之间的气袋。与存储在含水层所使用的方式类似，H_2 也可以存储天然气区域中发现的多孔岩石中。20 世纪初，当天然气开始存储在贫瘠的油田时，已经开始了气体的地下存储。人造溶洞，如盐穴，是将淡水抽取送入盐丘，将盐溶解，从而形成盐穴。所得到的洞穴可以被用来存储 H_2 或其他东西，压力取决于洞穴中的气体量，并在气体枯竭时降低。只要气体和岩石不溶于水，湖的表面就可以与洞穴的底部连接，从而保持与湖口同等的恒定压力。具有合适地质特征的地下矿可以以类似的方式来使用。

利用一些现有的天然气存储库来进行大规模储 H_2 是一种潜在趋势，因为它们靠近工业和城市中心，所以许多这样的储存场所的实用性也在增加。

(2) 小规模存储

氢燃料经济将利用小规模的存储在各种应用中分配和利用 H_2。小规模存储的特征是相对少量的 H_2 和相对短的储存期。那些基于 H_2 运行的汽车，不管是燃料电池还是内燃机，除自身携带的 H_2 外，可能还需要加油站中储有 H_2。住宅和便携式电源应用，如家庭加油、固定式燃料电池以及应急备用电源装置可能也需要小型储 H_2 能力。

① H_2 压缩　压缩的 H_2 必须被存储在能够承受其存储压力的特制容器中，其压力为 17~70 MPa。这些容器通常是由钢材制成的。然而，当重量需要考虑时，则使用由碳纤维制成的容器，且内衬为铝、钢或特定的聚合物。当压缩时，H_2 在 35.0 MPa 时的密度大约是 23 kg/m^3，70.0 MPa 时约 38 kg/m^3，所需要的能量密度为 767(kW·h)/m^3(27℃, 35 MPa)。

储罐的体积是最难克服的问题，因为压缩 H_2 的密度比液态氢的小。H_2 的压缩是一种耗能的过程，增加了整体的成本。据估计，压缩至 70 MPa 所耗费的能量约为 6.0(kW·h)/kg，从而导致了 H_2 的储存费用较高(约 1.3 kg CO_2e/kgH_2)。然而，压缩只消耗了相当于液化的 1/3 能量。除了压缩 H_2 的成本，压缩储存罐的费用也是需考虑的问题。当储存罐充满压缩 H_2，循环载荷会导致其升温，这样就会减少它的使用寿命。

压缩存储主要为地上储存。然而，在地下储藏也是可能的，尤其是加油站对此特别感兴趣，因为它既降低了土地的使用量，又减少了发生意外的可能，但储罐是孤立的，所以增加了检查和维护的难度。氢燃料站通常具有的存储容量为 10~150 kg，储存压力为 1~45 MPa。在将来，为了满足 70 MPa 的汽车，储存压力将高达 100 MPa。

②低温以及超低温压缩 H_2　虽然现在能够在地下储存中实现固定式低温储存，但目前主要是在地上储存时采用低温储存技术。与压缩 H_2 相比时，氢燃料汽车能从较大的能量密度中受益较大。虽然 H_2 的汽化在过去是一个问题，目前在储存容器设计方面的研究揭示了只在极偶然使用的时候才会发生气体排放。液化氢需要消耗30%的热值，1 kg H_2 需要 120 MJ。由于这方面的因素，同时考虑传输和将这些系统装入车辆过程中的损失，许多汽车制造商已选择把重点放在其他的存储方式上。

冷冻压缩罐是在低温下结合高压使用的备用存储设备。该方法对于燃料源使用的灵活性较高，可以为液体、气体或冷却的气体。H_2 作为超临界流体存储可超过液态氢的密度，从而使容器比传统的压缩 H_2 容器能够多容纳 2~3 倍的燃料。

③金属氢化物　金属氢化物是由一种或多种金属阴极(M^+)与一个或多个氢阴离子(H^-)组成的化合物。当加压时，大部分金属与 H_2 强烈结合，从而形成能在船上或车辆上能方便储存 H_2 的金属氢化物，如 $LaNi_5H_6$、MgH_2 和 $NaAlH_4$。金属氢化物可以是液体或粉末，它们通常储存在罐中，储存压力约 1 MPa。当压力降低或温度升高时(120~200℃)，H_2 被释放。金属氢化物可以在不使用高压压缩气体或低温液体时再次被补充。在设计高效率的金属氢化物系统时，控制的重要材料特性是热导率、反应热和活化能。

金属氢化物存储意外泄漏的风险较低，因为 H_2 储存在金属氢化物晶体中，并且被释放时需要能量。另外，在金属氢化物储 H_2 时所花费的能量大约是压缩方式(70 MPa)的1/2，液化方式的1/5。因此，由于储存及释放所需的能量较低，是 kg CO_2e/kgH_2 最低的存储方法。金属氢化物存储的能量密度[(kW·h)/m^3]约比压缩和低温储存高 3 倍。

然而，金属氢化物存储也存在一些问题。按体积计算[(kW·h)/m^3]，金属氢化物存储有相对高的能量密度，但按重量计[(kW·h)/kg]，其具有比较低的能量密度。按重量计的平均值为1%~9%。这将导致金属氢化物储存罐的重量是汽油罐的 4 倍左右(250~300 kg)。即使有改善金属氢化物的技术，但目前由于储罐太重，导致在客运车辆和在其他方面的使用受到限制。如镧(La)和锂(Li)的金属成本提高了存储系统的整体成本，使其在小规模的应用中受到限制。早期的系统表现出缓慢的吸收速率，从而进一步限制了其应用。至于安全性，金属氢化物往往会与潮湿空气发生剧烈反应，使得其处理成为一个挑战。此外，H_2 的纯度也是一个问题，因为杂质对于金属氢化物的性能有害。金属氢化物存储系统过多的循环次数和这些系统热管理的效率以及可逆性也是具有挑战性的问题。

④表面吸附　在低温下，H_2 被有效地吸附到多孔材料，如活性炭和碳纳米管。当温度接近室温，储存氢的重量密度降低。然而，当压力增加时，储存氢的重量密度也增加。要释放出 H_2，必须提供一些能量。而按重量计算的能量密度与金属氢化物类似，若以体积计算，能量密度低于 6 倍。此外，碳纳米管存储成本较高。

氢燃料以何种形态装在汽车上也是个大问题，安全性能、能源密度等都是评价其性能的重要指标。

(3) 运输

输送 H_2 主要有 3 种方式：①卡车、火车和驳船运送压缩或液化氢；②管道运输压缩氢；

③化学载体，类似烃类和那些在关键时候使用的氢化物。气体管道拖车及低温液体运输车在氢的分配上起着重要的作用，管道拖车能够在 18 MPa 下运送 300 kgH_2；低温储罐能在 1.1MPa 下使用部分卡车运送，并能运送 3 200~4 500 kgH_2。有研究表明，在长距离输送大批量的 H_2 时，管道运输是最符合成本效益和能源效率的方法。硼氢化钠($NaBH_4$)和甲醇是主要的化学氢载体。这些载体可以用于 H_2 的公共交通运输，在分配前释放或由最终客户释放。硼氢化钠可以在环境条件下以稳定的水溶液形式储存，除关注其碱度之外，无须其他任何安全预防措施。H_2 的释放过程需要使该溶液与催化剂接触。硼氢化钠系统具有的优点是其载体是液体，但分解产物是需要回收的偏硼酸钠($NaBO_2$)。甲醇可能成为 H_2 的另一种化学载体。甲醇在正常的操作温度和压力下是液体，并且可以像汽油一样进行处理。一般情况下，这个过程主要承担甲醛的生产，然后通过常规方法运输至最终的用户，再将其重整成 H_2。

5.5.3 氢气的制备

H_2 是一种二次能源，不像煤、石油和天然气等可以直接从地下开采。它的制取需要消耗大量的能量，而且目前制氢效率很低，因此寻求大规模的廉价的制氢技术是各国科学家共同关心的问题。

在自然界中，氢和氧结合成水，必须用热分解或电分解的方法把 H_2 从水中分离出来。如果用煤、石油和天然气等燃烧所产生的热或所转换成的电分解水来制造 H_2，显然成本太高。

氢生产过程的选择要基于许多因素，包括原料的有效性和成本、容量和产品纯度的要求以及环境的问题等。现有的技术已经可以利用各种原料，包括天然气、煤、生物质和水来制备 H_2，主要有 3 种常用的方法：①当燃料反应在高温(973~1 373 K)时，天然气和其他烃类的蒸气发生重组，并产生 H_2 和 CO_2；②在气化过程中，燃料与一种受控的氧化剂混合物(空气和/或氧气和流)发生反应，产生 H_2 和 CO_2 的混合气体；③通过电化学和热化学循环分解水来获取。在电解过程中，水通过电化学反应分解成 H_2 和 O_2。热化学循环是指在高温情况下从水中提取 H_2。

(1) 蒸气甲烷重整

蒸气甲烷重整包含 4 个基本步骤：脱硫、重整、CO 变换以及纯化。第一个过程涉及主要成分是甲烷的天然气，通过氢化反应催化处理形成 H_2S。然后，通过与 ZnO 反应后的一个洗涤过程将 H_2S 清除。

$$H_2S+ZnO \longrightarrow ZnS+H_2O \tag{5-1}$$

一旦 ZnO 饱和，用空气来再生 ZnO，形成 SO_2。为除去 H_2S，一般采用单乙醇胺(MEA)、甲基二乙醇胺(MDEA)和普里溶胶处理方法。

当原料中烃的含量超过两个碳原子时，需要用到预重整器。预重整器把高碳的烃链转化成甲烷、CO/CO_2 和 H_2。更高的烃比甲烷更易反应，并趋于在主重整器内形成焦炭，如果不在馈送到主重整器之前将之移除，可能使催化剂粒子失活。利用预重整器同时也可以降低重整装置中的蒸气碳比，增加处理的总效率以及增加产品接受各种原料的组合物的能力。

富含甲烷的蒸气被供到由蒸气和催化剂(如镍)混合的主重整器。通常情况下，蒸气以 2∶1 的摩尔比在 800~900℃ 时发生反应，以避免焦炭形成。此步骤产生的合成气通常是由 75%的 H_2、15%的 CO 和 10%的 CO_2 组成。

$$CH_4+H_2O \longrightarrow CO+3H_2 \tag{5-2}$$

这之后是一个催化水煤气变换反应，也就是将 CO 转化为 H_2 和 CO_2 的反应。该反应是轻微的放热反应，反应速率随温度的增加而增加，但导致了热力学平衡偏向反应方程式的左侧。这样，低转化下的高流速和高转化下的低流速只能折中。因此，常常使用一系列的低温反应器来实现高流速和高的 CO 转化率。这个过程使 CO 转换成 H_2 时，能够实现 92% 的转化率。

$$CO+H_2O \longrightarrow CO_2+H_2 \tag{5-3}$$

最后，使用变压吸附(PSA)、气体分离装置(CO_2 洗涤器)或膜分离装置来纯化 H_2。通常情况下，现代化的生产工厂所使用的变压吸附过程一般工作在 2 MPa 下，采用几种分子筛吸附床来并行分离和净化 H_2。在气体分离装置中，CO_2 同单乙醇胺、氨、甲醇、水或碳酸钾溶剂发生反应，CO_2 的浓度降到约 0.1 mL/L。然后，进一步在甲烷化反应器中，在催化剂下与 H_2 反应产生甲烷，来降低 CO_2。

目前已经存在蒸气甲烷重整装置，在全球行业中提供了所需的大部分 H_2，是总效率最高、成本最低的制氢方式之一。在全球，天然气原料被广泛使用，同时存在丰富的天然气分销基础设施。

但是，这种方式也存在一些问题。在用于燃料电池之前，所产生的 H_2 必须进行纯化。而现有设施都在以最大能力工作，这意味着如果要满足任何的其他需求，就必须建立新的设施或对现有的设施进行升级。由于蒸气甲烷重整会导致 CO_2 的排放，因此环境是最大的问题。为减少排放的 CO_2，已发展起来许多碳捕获和碳储存技术。碳储存可以除去所排放的大部分 CO_2(超过 70%)。另一种直接储存和碳储存技术是产生碳酸钠($NaCO_3$)，通过添加氢氧化钠(NaOH)的反应来实现。在加入 NaOH 的同时也降低了加工温度，并减少了对催化剂的需要。然而，使用这些技术增加了制氢的成本。此外，可能会对环境有一定影响，还可能依赖于碳的存储方式，还存在的一个问题是天然气的价格可能出现波动。

使用蒸气甲烷重整过程，在石油炼油厂及化工厂的标准产氢速率为 1.5×10^6 m³/d。当前大多数的 H_2 被用作各种化学过程的原料。

(2) 电解

在电解过程中，电流作用将 H_2O 分解成 H_2 和 O_2。电解槽可分为单极性或双极性。单极电解槽较为简单，由一个单罐组成，其中的电极由膜或隔板隔开。电极以并行方式连接，单极电解槽在高电流、低电压的条件下工作。双极电解槽的电极由绝缘体隔开，在相邻电解槽中可以使一个单一电极的一侧充当阴极，而另一侧作为阳极。在双极电解槽串联电极会导致装置出现低电流、高电压。

电解槽也可根据生产技术进行归类。目前，正在开发中的电解槽主要有 3 种类型：碱性、高分子电解质膜和固体氧化物电解槽。

①碱性电解槽　通常使用 30%(质量分数)氢氧化钾(KOH)的水溶液作为电解质，这是因为氢氧化钾溶液具有强导电性，并且在析氧反应中的相关能量损失小。该溶液随着水原料一起被送入电解槽。碱性电解槽的工作温度通常限制在 100℃，以防止电极被碱腐蚀。人们也一直在研究关于高温(400℃)下的工作。碱性电解槽通常使用铁、镍和镍合金作为电极材料，可以是单极或双极。一种双极型碱性电解槽可能会有多于 100 个成组的电池在压滤装置形成叠层，给每个电池并联供水。该电解槽具有下列动力学反应：

阴极：

$$2H^+ + 2e^- \longrightarrow H_2 \tag{5-4}$$

阳极：

$$2OH^- \longrightarrow \frac{1}{2}O_2 + H_2O + 2e^- \tag{5-5}$$

总反应式：

$$H_2O \longrightarrow \frac{1}{2}O_2 + H_2 \tag{5-6}$$

②质子交换膜（PEM）电解槽 不同于碱性电解槽，固体离子传导膜被用于分离电极并将质子从阳极运输到阴极。这部分的原理将在燃料电池一章中进行详细介绍。

③固体氧化物电解槽（SOECs） 目前，在电解制氢方面，SOECs 备受关注，因为其能在高温（500~950℃）下进行工作，从而能够增加反应动力并降低电能消耗。SOECs 使用固体陶瓷材料作为电解质，选择性地将带负电荷的氧根离子传送到阳极。不像 PEM 和碱性电解槽，水在阴极解离成 H^+ 和 O^{2-}。核能系统和可再生能源，以及高温工业过程的余热，可以为 SOECs 提供所需的电和热。SOECs 也可以在自热模式下工作；此操作不要求高温源的电解反应，只需要一个充足高温源蒸发水分，就能够满足所需的生产速率。

(3) 高温电解及核能热转化

核电厂能产生比较纯的 H_2，并适用于要求氢纯度高达 99.999% 的氢燃料电池。一个 600 MW 的核反应器，每天能够生产 64 万 m^3 的 H_2 以及 175 MW 的电力。由于第四代反应器具有主动性安全设施，因此利用它能增加扩散阻力，提高经济性，且能够更好地管理放射性废物。特别地，由于高温反应器（VHTR）潜在的制氢能力，目前第四代反应器正处于开发状态。

很多国家正在开发使用原子能来进行高温电解。氦气是主要的冷却剂，用来驱动汽轮机来产生电解所需要的电力。在电解前，使用热交换器将主要的冷却剂中所包含的热量传到水中。由于高温过程中存在的热量，减少了从热量（从原子反应堆）转换为电力（从发电厂）然后再转换为化学能（以氢气的形式）所需要的能量，从而提高了整个过程的效率。在运行温度达到 1 000℃时，VHTR 可以与一些热机工艺结合，生成 H_2 的效率约为 50%。

目前已经开发了几个基于非常高温反应器的热化学过程来制氢，如铜-氯（Cu-Cl）循环，碘-硫（I-S）循环。

Cu-Cl 循环涉及下列方程：

$$2CuCl + 2HCl \longrightarrow 2CuCl_2 + H_2 (<100℃) \tag{5-7}$$

$$2CuCl_2 + H_2O \longrightarrow CuO \cdot CuCl_2 + 2HCl (400℃) \tag{5-8}$$

$$2CuO \cdot CuCl_2 \longrightarrow 4CuCl + O_2 (500℃) \tag{5-9}$$

该循环可以利用低品位余热，且所需的电压相对较低。它所需的温度为 500℃，而其他方式需要温度高至 800℃。此外，反应物相对比较常见，而且反应完全无副反应。

I-S 循环涉及下列方程：

$$I_2 + SO_2 + 2H_2O \longrightarrow 2HI + H_2SO_4 (120℃) \tag{5-10}$$

$$2HI \longrightarrow I_2 + H_2 (450℃) \tag{5-11}$$

$$2H_2SO_4 \longrightarrow 2SO_2 + 2H_2O + O_2 (830℃) \tag{5-12}$$

该循环是一个纯粹的热过程，适合于大规模生产氢。在整个流体过程中，它的热效率高达 50%，这使得该方式更容易发展，并可实现连续生产。

为了使用核能提供制氢所需的大量能量，还有一些难题需要克服。其主要缺点是核电厂的成本较高，建设周期较长。如果核能成为产氢的主要来源，那么必须解决核废料的长期储存问题。目前核电公司只能将使用过的核废料存放在现场。

(4) 副产物和工业氢

在化工、石油、冶金、制药、电子和食品等行业，H_2 是一种重要的原料。在许多生产工业过程中，H_2 作为副产物生产。H_2 最大的消费行业包括炼油厂、氨合成工厂以及甲醇生产工厂。虽然这些行业都是氢的消费者，但是它们在氢作为能源载体的引进过程中起到了重要的促进作用。

目前，高效率的制氢基本途径是利用太阳能。如果能用太阳能来制氢，那就等于把无穷无尽的、分散的太阳能转变成了高度集中的干净能源，其意义十分重大。利用太阳能分解水制氢的方法有太阳能热分解水制氢、太阳能发电电解水制氢、阳光催化光解水制氢、太阳能生物制氢等。利用太阳能制氢有重大的现实意义，但这同时也是一个十分艰难的研究课题，有大量的理论问题和工程技术问题要解决，世界各国对此都十分重视，投入大量的人力、财力、物力，也取得了多方面的进展。以太阳能制得的氢能，将成为人类普遍使用的一种优质、干净的燃料。

5.5.4 氢燃料汽车的排放性能

氢燃料汽车是在传统内燃机的基础上加以修改后可以直接用 H_2 为燃料燃烧，产生动力。氢燃料燃烧产物只有 H_2O 和 NO_x，不会产生颗粒、积碳等，从而大大减少了发动机的磨损，减轻了润滑油被污染的程度，可以认为 H_2 是发动机最清洁的燃料，氢燃料汽车不污染环境，是一种环境友好的绿色交通工具。缺点是氢燃烧效率低，大约只有 38%，且由于氢燃料热值高、火焰传播速度快和着火范围宽等，氢燃料发动机容易出现早燃、回火、敲缸、负荷高及 NO_x 排放偏高等情况。

氢能由于具有清洁、高效、可再生等特点被誉为 21 世纪理想能源，但许多关键技术尚未成熟，而且生产成本极其昂贵，短期内很难实现产业化。随着 H_2 制取技术和使用技术的不断进步，人们越来越乐观地认识到，氢离人们的生活越来越近了。可以预见，未来世界将从以碳为基础的能源经济形态转变为以氢为基础的能源经济形态，氢能是汽车作为燃料的最终目标。

5.6 生物柴油汽车及其排放特性

植物油用作发动机应急燃料在第二次世界大战中就曾得到应用。近来人们则希望通过使用植物油作为发动机燃料来摆脱对石油的过度依赖。植物油的许多性质与柴油比较接近，因此主要用作柴油机替代燃料。与柴油相比，植物油热值略低，但因密度大，体积热值较接近；植物油馏分比柴油重得多，黏度和表面张力比柴油大，雾化困难；自燃点高而十六烷值低，发火性差，着火延迟期长；含碳高，燃烧室易生成沉积物。此外，植物油容易生成胶状物堵塞油路。许多试验表明，纯植物油用作柴油机燃料时，通过加大喷油提前角，增加油泵循环供油量等措施，可以获得良好的动力性。但使用纯植物油冷起动困难，而且容易出现过滤器堵塞、燃烧室积炭、活塞环黏结、润滑油稀释等问题。表 5-10 列出了几种植物油的主要性质。

表 5-10　几种植物油的主要性质

种类	相对密度	运动黏度/ (mm^2/s)	表面张力/ (mN/m)	凝点/℃	残炭/%	热值/ (MJ/kg)	自燃点/℃	十六烷值
豆油	0.926	40.20	41.37	−7.5	0.58	38.9	363	27
芝麻油	0.922	36.89	40.32	−3.0	0.56	37.2	320	—
玉米油	0.922	34.74	41.48	−12.5	0.42	37.2	357	—
菜籽油	0.921	34.71	40.85	−12.5	0.52	38.9	350	32
米糠油	0.922	39.53	41.45	−10.0	0.35	37.2	340	—
花生油	0.919	39.30	41.00	3.0	0.36	37.6	360	—
向日葵油	0.924	31.0	—	−6.7	0.34	36.2	360	33
柴油	0.84	5.03	32.32	−22.5	0.003	42.5	220	50

研究表明，燃用不同的植物油后，发动机具有相似的性能与排放特性。下面以麻风树油甲酯、黄连木油甲酯为例，说明其应用在柴油机上并与燃用柴油相比较的情况。试验用发动机为 ZS195 直喷式柴油机，压缩比 17，喷油提前角 18°CA，喷油压力 18 MPa，转速 2 000 r/min。

5.6.1　发动机的性能

在柴油机不做任何改动的情况下应用麻风树油甲酯、黄连木油甲酯，发动机在运行时，都能达到原机的标定功率，而油耗率增加 4%～5%，这主要是植物油的热值低于柴油而需要增加供油时所致。

5.6.2　发动机的排放特性

(1) CO 排放分析

研究表明，在中小负荷时麻风树油甲酯、黄连木油甲酯的 CO 排放与 0#柴油相当，而在大负荷，麻风树油甲酯、黄连木油甲酯的 CO 排放量低于 0#柴油。

因为中小负荷时柴油机缸内为富氧燃烧状态，各种燃料能够较充分地燃烧，从而使 CO 的排放稳定地保持在较低水平上；而大负荷时，随着燃料喷射量的增加，发动机过量空气系数变小，CO 的氧化受到缸内空气含量的制约，因此 CO 排放量相应增加。然而，生物柴油是含氧燃料，有利于燃料燃烧，因此减少了大负荷时 CO 的排放。

(2) HC 排放分析

研究表明，在整个负荷范围内 HC 的变化比较平缓，与 0#柴油相比，麻风树油甲酯、黄连木油甲酯的 HC 排放量显著下降，其主要原因是麻风树油甲酯、黄连木油甲酯含氧。

一般而言，芳香烃含量少的燃料滞燃期短，促使 HC 排放降低，且十六烷值高的燃料，燃油着火性好，滞燃期短，从而能够降低未燃 HC 和裂解 HC 的生成量。上述几种因素共同的作用，使得生物柴油的 HC 排放有所改善。

(3) NO_x 排放分析

研究表明，生物柴油对 NO_x 的排放影响不大，基本上与 0#柴油相当，NO_x 排放随着负荷的增大而相应增加。

对于柴油机而言，中小负荷时混合气中有较充足的氧，但燃烧室内温度较低，故 NO_x 排放量处于较低的水平，随着负荷的增加，燃烧室内气体温度升高，促使生成更多的 NO_x 排放物。而同时生物柴油具有相对较高的十六烷值，因此滞燃期较短，这样就存在了使 NO_x 排放减少的趋势。但随着负荷的增加，缸内最高温度也相应增加，又增加了 NO_x 的生成与排放。因而，在这两种因素中温度起主要作用，生物柴油的 NO_x 排放在整个负荷范围内与柴油排放量基本相当。

(4) 碳烟排放分析

研究表明，在整个负荷范围内，碳烟排放随着负荷的增大而相应增加。与 0# 柴油相比，燃用麻风树油甲酯、黄连木油甲酯后碳烟排放量有明显的降低。在小负荷时，植物油对碳烟排放影响不大；而在中大负荷时，碳烟排放有较大幅度的降低。

对于柴油机而言，小负荷时发动机过量空气系数大，燃料能够充分地燃烧，因此碳烟排放相对较低，麻风树油甲酯、黄连木油甲酯中所含的氧对降低碳烟排放影响不明显。随着发动机负荷不断增大，燃料的喷入量也越来越多，混合气过浓区域增多，造成缸内处于缺氧状态，从而使碳烟排放增加。此时，麻风树油甲酯、黄连木油甲酯的自供氧功能减少了混合气的过浓区域，能够使燃料进行比较充分的燃烧，从而降低了发动机的碳烟排放。随着负荷的进一步增大，碳烟排放的降低效果将更加明显。另外，与含较多芳香烃的柴油不同，生物柴油不含芳香烃，是直链结构，生成碳烟颗粒的倾向减小，能够改善碳烟排放，这也是麻风树油甲酯、黄连木油甲酯能够降低碳烟排放的另一个原因。

5.7 二甲醚汽车及其排放特性

5.7.1 二甲醚及其来源

二甲醚 (dimethyl ether, DME) 属于醚的同系物，但与用作麻醉剂的乙醚不一样，虽然对皮肤有轻微的刺激作用，但 DME 毒性极低，具有优异的环境性能指标。在大气中 DME 能够在短时间内分解为 H_2O 和 CO_2，不会对环境造成破坏；作为柴油机代用燃料，DME 具有十六烷值高的特点，在 55 以上。DME 不含 S 和 N 等杂质，组成中含 O_2，尾气排放造成的环境污染少，其 CO 和 HC 的排放比以柴油为燃料的柴油机有较大幅度的下降，因而是城市车辆比较理想的清洁燃料。研究表明，大规模生产 DME 的成本不会高于柴油，成本和污染都低于丙烷和 CNG 等低污染替代燃料。

自然界中不存在 DME，必须用原料来制成。其制取原料主要有天然气、煤和生物质等。近几年可再生合成燃料已成为车载动力系统发展过程中的重要课题，并形成了未来汽车选择代用燃料时的相关标准，如下所示：

(1) 降低 CO_2 排放

对于现代采用的合成燃料而言，在当前情况下，车辆应在行驶过程中降低 CO_2 排放，应用合成燃料的 CO_2 排放至少不应高于传统化石燃料。

(2) 降低有害物排放

新型燃料应不仅能降低 CO_2 排放，而且还应最大限度避免产生其他有害物排放。

(3) 适用性和成本

降低 CO_2 排放是针对现代交通运输而提出的任务，开发新型燃料标准并将其应用到车型认证过程中需花费较高的成本和较长的时间，因此，使燃料实现标准化应更具优势，其能以适当的价格推广至全球。

从这些要求出发，DME 和 OME(氧亚甲基醚)被认为是适合于柴油机的代用燃料。

5.7.2 二甲醚的理化性质

DME 含氧量为 34.8%，组分单一，碳链短，燃烧性能良好，热效率高，燃烧过程中无残液，可实现几乎无碳烟的燃烧过程，而无碳烟排放就能应用较高的 EGR，并同时降低 NO_x 排放。因此，DME 是一种可用作汽车的优质、清洁燃料。

DME 与其他燃料的理化性能比较见表 5-11，其理化性质有以下特点：

①常温常压下 DME 是一种无色、无味、无毒气体，其化学式是 CH_3OCH_3。DME 的组成决定了其理化性能。

②DME 是最简单的醚类化合物，只有 C—O 键和 C—H 键，又是含氧(氧质量分数为 34.8%)燃料，容易完全燃烧，在燃烧时不会像柴油那样产生碳烟，有利于减少燃烧生成的烟度和微粒。同时，还可使用更大的 EGR 率，降低 NO_x 排放。

③DME 的十六烷值为 55~60，一般柴油为 40~55；DME 的首火温度为 235℃，着火性能优于柴油。在柴油机上燃用 DME 不需采用助燃措施。

④DME 不发生光化学反应，对人体无毒，当体积分数超过 10%时，才会产生轻微的麻醉作用，因此对环境和人体无损害。

⑤DME 是一种可再生燃料，不仅可以从石油及天然气中提取合成，而且可从煤、植物、生活垃圾中提取合成。

⑥醚的低热值只有柴油的 64.7%，为达到柴油机的最佳动力性，必须增大 DME 的循环供应量。

⑦DME 在常温、常压下的饱和蒸气压为 0.5MPa。随着温度的升高，其饱和压力增大，为防止气阻现象发生，燃料供给系统的压力远高于柴油机燃料供给系统的压力。

表 5-11　DME 与其他燃料的理化性能比较

项　目	DME	甲醇	汽油	柴油
分子式	CH_3-O-CH_3	CH_3-OH	—	—
低热值/(MJ/kg)	28.8	19.5	44.52	43
液体黏度/[kg/(m·s)]	0.15	—	2~3	2.4
液体密度/(kg/m³)	668	790	720~750	840
十六烷值	55~60	5	27	40~60
沸点/℃	-25	65	30~220	180~370
理论空燃比	9.0	6.5	14.7	14.3
自燃温度/℃	235	450	260	250
在空气中爆炸极限 V/%	3.4~17	7.3~36	1.2~6	—

DME 的分子式与乙醇相同，但分子结构不同，因此其性质与乙醇有很大差异。例如，乙醇属于高辛烷值类燃料，而 DME 属于高十六烷值(55~60)类燃料，从而决定了它们应用的主方向不同，前者主要应用于点燃式发动机，后者主要应用于压燃式发动机；乙醇常态下是液

态，DME 常态下是气态，从而决定了它们的储运方式不同，前者以常态储运，后者则是加压储运；乙醇的沸点为 78.3℃，而二甲醚的沸点为 -24.8℃，从而决定了它们有不同的密封要求，前者的储存容器无须专门的密封，后者的储存容器必须设置专门的密封。

DME 和 LPG 都在几个大气压下变成液态，故二者储运方式基本一样。

5.7.3 二甲醚在汽车上的应用

DME 在汽车上主要用作压燃式发动机的燃料，其使用方式主要有纯液态 DME 和以 DME 作为点火促进物质两种方式。DME 除应用于压燃式发动机之外，也可以以复合燃料方式应用于点燃式发动机。

由于 DME 燃料的卓越性能，DME 燃料发动机技术已引起一些发达国家政府和专家高度重视，十分看好 DME 燃料汽车的市场前景和环保效益，纷纷开展 DME 燃料发动机与汽车的研发。在欧洲，VOLVO 汽车公司研制出了燃用 DME 燃料的大客车；在日本，JFE、产业技术综合研究所、COOP 低公害车开发会社、交通公害研究所、五十铃汽车公司和伊藤忠会社等分别研制了燃用 DME 燃料的卡车和城市客车。

针对我国自然条件和"富煤、少油、有气"的能源资源特色，发展洁净能源 DME，对于我国经济发展、环境保护与生态平衡具有重大战略意义。

5.7.4 二甲醚汽车的排放

柴油机降低 NO_x 排放和碳烟排放存在着矛盾，降低其中一项必然导致另一项的增加。DME 发动机可以在采取措施(如采用排气再循环、推迟喷油等)降低 NO_x 排放的同时避免碳烟排放的增加，从而成功地解决了这一矛盾，不再存在传统柴油机燃烧所特有的碳烟与 NO_x 排放的目标冲突。

上海交通大学对 CA498 发动机燃用柴油和 DME 进行了基本的性能和排放试验，其排放结果如下：

(1) NO_x 排放

研究表明，发动机在燃用 DME 时的 NO_x 排放得到了较大幅度的抑制。首先，DME 具有较高的十六烷值，着火性能优良，滞燃期短，参加预混燃烧的燃料量少，气缸内的最高燃烧压力和温度较低，从而抑制了 NO_x 的生成；其次，DME 的汽化潜热比柴油大，汽化过程需要吸收大量热量，使得缸内温度下降，这也在一定程度上抑制了 NO_x 的生成；最后，DME 的喷油延迟角较大，使得 DME 的喷油提前角比柴油的小，延迟喷油也可以有效降低 NO_x 的生成和排放。

(2) 碳烟排放

研究表明，发动机在燃用 DME 时，无论工况(转速和负荷)如何变化，烟度始终为零。这主要是因为 DME 中不存在 C—C 键，而且富氧，从而抑制了碳烟的生成；同时，DME 的沸点低、易于汽化，黏度小，形成的油束雾化质量高等特点使得 DME 能快速而均匀地与空气形成混合气，扩散燃烧速率得以提高，燃烧持续期得以缩短，从而有利于抑制碳烟的生成和排放。所以，DME 发动机的碳烟排放极低，基本实现了无烟排放。

(3) CO 排放

研究表明，发动机燃用 DME 时的 CO 排放在高负荷时低于燃用柴油时的水平。这是因为一般柴油都含有芳香烃，而 DME 燃料不含芳香烃、含氧，扩散燃烧速率高，能较完全燃烧，从而降低了 CO 排放。

(4) HC 排放

研究表明，发动机在燃用 DME 后，HC 排放比柴油机有所减少。这是因为 DME 的沸点低，易汽化或与空气混合，燃烧迅速导致未燃 HC 减少。

5.8 合成燃料的发展及其排放特性

在替代能源中，合成燃料有着极大的发展潜力。与石油和其系列产物一样，合成燃料也可以广泛应用于交通运输、工业生产和日常生活中。这是因为合成燃料在开发生产过程中往往都会用某些化学和物理手段将其液化，以便于储存和使用。

合成燃料在应用中与其他非石油能源相比有很大的优势。与氢能相比，合成燃料的技术更加成熟；与风能、太阳能、潮汐能相比，合成燃料释放的能量较大；与核能相比，合成燃料的利用门槛较低。此外，合成燃料种类丰富，原料来源广泛，便于因地制宜地选择和开发。

5.8.1 合成燃料生产工艺

合成燃料通常是由天然气、煤或生物质通过费托工艺(Fischer-Tropsch，F-T)生产的一种无色无味、基本不含 S 和芳香烃、十六烷值高达 75~80 的新型液态燃料。当前，F-T 合成工艺分两类：高温费托合成和低温费托合成。南非索萨(Sasol)公司的高温费托合成工艺使用 Fe 基催化剂，温度在 300~350℃，主要生产汽油和直链低分子质量烯烃。低温费托合成使用 Fe 基或 Co 基催化剂，温度在 200~240℃，主要生产高分子质量直链石蜡烃。

F-T 合成涉及的主要反应：

(1) 烃类生成反应

$$CO + 2nH_2 \longrightarrow \text{\{}CH_2\text{\}}_n + nH_2O \quad \Delta H_R(227℃) = -165 \text{ kJ} \quad (5-13)$$

(2) 水气变换反应

$$CO + H_2O \longrightarrow H_2 + CO_2 \quad \Delta H_R(227℃) = -39.8 \text{ kJ} \quad (5-14)$$

副反应主要有：

(1) 甲烷生成反应

$$CO + 3H_2 \longrightarrow CH_4 + H_2O \quad (5-15)$$

$$2CO + 2H_2 \longrightarrow CH_4 + CO_2 \quad (5-16)$$

$$CO_2 + 4H_2 \longrightarrow CH_4 + 2H_2O \quad (5-17)$$

(2) 醇类生成反应

$$nCO + 2nH_2 \longrightarrow C_nH_{2n+1}OH + (n-1)H_2O \quad (5-18)$$

$$(2n-1)CO + 2nH_2 \longrightarrow C_nH_{2n+1}OH + (n-1)H_2O \quad (5-19)$$

$$3nCO + (n+1)H_2O \longrightarrow C_nH_{2n+1}OH + 2nCO_2 \quad (5-20)$$

(3) 醛类生成反应

$$(n+1)CO + (2n+1)H_2 \longrightarrow C_nH_{2n+1}CHO + nH_2O \quad (5-21)$$

$$(n+1)\text{CO}+(n+1)\text{H}_2 \longrightarrow C_nH_{2n+1}\text{CHO}+n\text{CO}_2 \tag{5-22}$$

(4) 生成碳的反应

$$2\text{CO} \longrightarrow \text{C}+\text{CO}_2 \tag{5-23}$$

$$\text{CO}+\text{H}_2 \longrightarrow \text{C}+\text{H}_2\text{O} \tag{5-24}$$

催化剂的反应有：

(1) 催化剂的氧化-还原反应（M 为催化剂金属成分）

$$y\text{H}_2\text{O}+x\text{M} \longrightarrow \text{M}_x\text{O}_y+y\text{H}_2 \tag{5-25}$$

$$y\text{CO}_2+x\text{M} \longrightarrow \text{M}_x\text{O}_y+y\text{CO} \tag{5-26}$$

(2) 催化剂本体碳化物生成反应

$$y\text{C}+x\text{M} \longrightarrow \text{M}_x\text{C}_y \tag{5-27}$$

F-T 合成早已实现工业化生产，早在第二次世界大战期间，德国的初产品生产能力已达到每年 66 万 t。之后，由于石油的迅速兴起，间接液化技术一度处于停滞状态。其间，南非由于种族隔离制度而被"禁油"，不得不大力发展煤间接液化技术。但随着 20 世纪 70 年代石油危机的出现，间接液化技术再次受到强烈关注。同时，由间接液化出来的合成液体燃料相比由原油得到的燃料产品具有更低的 S 含量及芳烃化合物，更加环保。80 年代后，国际上一些大的石油公司开始投资研发天然气合成燃料相关技术和工艺。目前南非、马来西亚和新西兰等国家建有天然气基间接液化厂。

5.8.2 煤基合成燃料

以煤为原料，通过加入汽化剂，在高温条件下将煤在气化炉中气化，然后制成合成气（H_2+CO），接着通过催化剂作用将合成气转化成烃类燃料、醇类燃料和化学品的过程便是煤的液化技术。其工艺是将煤气化后得到的粗合成气经脱硫、脱氧净化后，根据使用的 F-T 合成反应器，调整合成气的 H_2 和 CO 比，在反应器中通过合成气与固体催化剂作用合成出混合烃类和含氧化合物，最后将得到的合成品经过产品的精制改制加工成汽油、柴油、航空煤油、石蜡等成品。图 5-5 所示为煤基合成燃料的工艺流程。

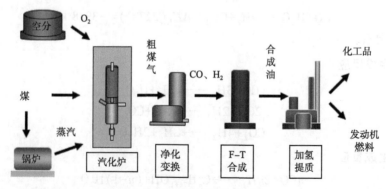

图 5-5 煤基合成燃料工艺流程

煤气化的总过程有两种类型的反应：第一类是汽化剂或气态反应产物与固体煤或煤焦的非均相反应；第二类是气态反应产物之间或与汽化剂的均相反应。生成气的组成取决于所有这些反应的综合。虽然煤的"分子"结构很复杂，其中含有 C、H、O 和其他多种元素，但在讨论基本化学反应时,作了以下两个假定:①仅考虑煤中的主要元素 C;②考虑在气化反应前已发生了煤的干馏或热解。

然后进行下列反应:

$$r_1 \quad C+0.5O_2 \longrightarrow CO \quad \Delta H=110.4 \text{ kJ/mol} \tag{5-28}$$

$$r_2 \quad C+O_2 \longrightarrow CO_2 \quad \Delta H=394.1 \text{ kJ/mol} \tag{5-29}$$

$$r_3 \quad C+H_2O \rightleftharpoons H_2+CO \quad \Delta H=-135.0 \text{ kJ/mol} \tag{5-30}$$

$$r_4 \quad C+CO_2 \rightleftharpoons CH_4 \quad \Delta H=-173.3 \text{ kJ/mol} \tag{5-31}$$

$$r_5 \quad C+2H_2 \rightleftharpoons CH_4 \quad \Delta H=84.3 \text{ kJ/mol} \tag{5-32}$$

$$r_6 \quad H_2+0.5O_2 \rightleftharpoons H_2O \quad \Delta H=245.3 \text{ kJ/mol} \tag{5-33}$$

$$r_7 \quad CO+0.5O_2 \rightleftharpoons CO_2 \quad \Delta H=283.7 \text{ kJ/mol} \tag{5-34}$$

$$r_8 \quad CO+H_2O \rightleftharpoons H_2+CO_2 \quad \Delta H=38.4 \text{ kJ/mol} \tag{5-35}$$

$$r_9 \quad CO+3H_2 \rightleftharpoons CH_4+H_2O \quad \Delta H=219.3 \text{ kJ/mol} \tag{5-36}$$

在这 9 个反应中,r_1、r_2、r_3 为一次反应,r_1、r_2、r_3 的气态反应产物 CO、O_2 和 H_2 是二次反应剂;$r_4 \sim r_8$ 是一次反应剂和二次反应剂之间的反应;r_9 是二次反应剂之间的反应,该反应生成三次产物。

5.8.3 天然气制合成油

天然气制合成油(GTL)是一种由天然气合成的洁净、无色无味的柴油替代燃料。与传统柴油比较,GTL 燃料具有碳氢比率高、十六烷值高、几乎不含芳香烃成分、S 含量接近于零、生物降解性好等特点。现有的柴油发动机及柴油运输和加油设施无须做任何改造就可以使用这种燃料。而且,GTL 燃料在一定程度上降低了发动机的 PM、NO_x、CO、HC 和 CO_2 排放,无论是和柴油混合还是单独使用,其排放量均低于石化柴油燃料,可用于减轻大城市的污染问题。另外,它还具有生物降解性,并且比石化柴油所含的致毒物质更少。这种燃料来源于天然气而非石油,因此有助于实现能源多元化战略供应。

GTL 技术源于煤气化合成液体燃料技术。目前应用比较广泛的以生产中间馏分油为主要产品的 GTL 技术,都采用一体化的三步流程:①天然气转化成合成气($CO+2H_2$);②使用独特的钴基、铁基催化剂,在费托(F-T)反应器内,用合成气合成液体烃;③将得到的液体烃经过精制、改质等具体操作工艺,变成特定的液体燃料、石化产品或一些石油化工所需要的中间体。图 5-6 所示为 GTL 的技术步骤。

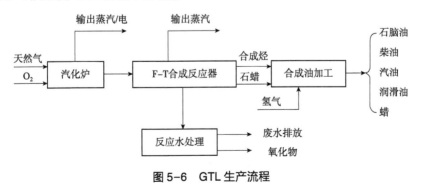

图 5-6 GTL 生产流程

5.8.4 合成燃料排放特性

合成燃料属于清洁燃料,车辆使用合成燃料对尾气排放和节能减排具有良好的效果。研究表明,公交车使用合成燃料后烟度显著降低,柴油轿车使用合成燃料后 PM、NO_x、CO、HC、CO_2 的排放降低。如 Schaberg 等人研究了在未经改动的重型柴油机上燃用 GTL 和常规柴油的排放情况,结果表明 GTL 相对于常规柴油的 HC、CO、NO_x 和 PM 排放分别降低了 49%、33%、27% 和 21%。

燃用 GTL 柴油不仅能降低柴油机常规排放,而且可以减少甲醛、乙醛、甲烷、N_2O、苯、1,3-丁二烯、醛和酮等非常规排放。J. C. Ball 等人使用 GTL 柴油后对发动机产生有毒气体及聚芳烃化合物(PAH)排放进行了研究。结果表明:与燃用常规柴油相比,发动机燃用 GTL 柴油时不仅能大幅降低法规排放,而且能降低排放法规未限定的有毒排放,如苯、甲醛、乙醛、萘、芴和苯并芘等。这主要是由于 GTL 柴油主要由饱和烃所组成,烯烃和芳香烃含量较低的缘故。

第 6 章 纯电动汽车

纯电动汽车（battery electric vehicle，BEV）是指以车载电源为唯一动力，用电机驱动车轮行驶，符合道路交通、安全法规各项要求的车辆。纯电动汽车采用电动机为牵引装置，并应用化学储能电池组、燃料电池组、超级电容器或者飞轮电池组为其相应的能源来源。

纯电动汽车与现有的内燃机汽车最显著的区别是，其用电动机驱动装置和蓄电池组件替代内燃机和燃料箱，而保留所有其他组件，如图 6-1 所示。传统内燃机汽车主要由发动机、底盘、车身、电气设备四大部分组成。纯电动汽车与传统汽车相比，取消了发动机，传动机构发生了改变，根据驱动方式不同，部分部件已经简化或者取消，增加了电源系统和驱动电机等新机构。由于以上系统功能的改变，纯电动汽车改由新的四大部分组成：电力驱动控制系统、底盘、车身、辅助系统。

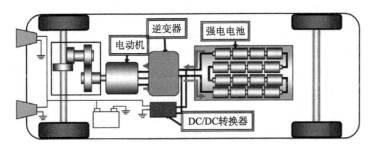

图 6-1 纯电动汽车

与燃油汽车相比，纯电动汽车的结构特点是灵活，这种灵活性源于纯电动汽车具有以下几个独特的特点。首先，纯电动汽车的能量主要是通过柔性的电线而不是通过刚性联轴器和转动轴传递的，各部件的布置具有很大的灵活性。其次，纯电动汽车驱动系统的布置不同，如独立的四轮驱动系统和轮毂电动机驱动系统等，会使系统结构区别很大；采用不同类型的电动机，如直流电动机和交流电动机，会影响纯电动汽车的重量、尺寸和形状；不同类型的储能装置，如蓄电池，也会影响纯电动汽车的重量、尺寸及形状。另外，不同的能源补充装置具有不同的硬件和机构，如蓄电池可通过感应式和接触式的充电机充电，或者采用更换蓄电池的方式，将替换下来的蓄电池再进行集中充电。

6.1 电驱动特性

6.1.1 电动汽车电驱动的结构形式

当汽车行驶时，由蓄电池输出电能（电流）通过控制器驱动电动机运转，电动机输出的转矩经传动系统带动车轮前进或后退。电动汽车续驶里程与蓄电池容量有关,而蓄电池容量受诸多因素限制。要提高一次充电续驶里程,必须尽可能地节省蓄电池的能量。图6-2所示为电力驱动控制系统的组成与工作原理,电动汽车主要由电力驱动模块、车载电源模块和辅助模块3部分组成。

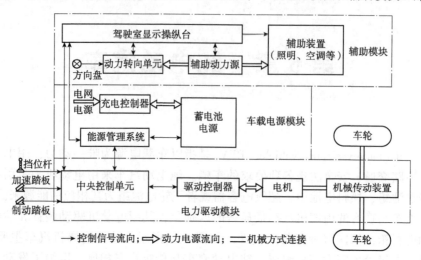

图6-2 电力驱动控制系统组成与工作原理

(1) 电力驱动主模块

电力驱动主模块主要包括中央控制单元、驱动控制器、电动机、机械传动装置和车轮等。其主要功能是将储存在蓄电池中的电能高效地转化为车轮的动能,并能够在汽车减速制动时,将车轮的动能转化为电能充入蓄电池。为适应驾驶员的传统操纵习惯,纯电动汽车仍保留了加速踏板、制动踏板及有关操纵手柄或按钮等。不过,在纯电动汽车上是将加速踏板、制动踏板的机械位移量转换为相应的电信号,输入中央控制单元来对汽车的行驶实行控制。对于离合器,除传统的驱动模式采用外,其他的驱动结构都省去。而对于挡位变速杆,为遵循驾驶员的传统习惯,一般仍需保留,有前进、空挡、倒退3个挡位,并且以开关信号传输到中央控制单元来对汽车进行前进、停车、倒车控制。

中央控制单元根据加速踏板与制动踏板的输入信号,向驱动控制器发出相应的控制指令,对电动机进行起动、加速、降速、制动控制。在纯电动汽车降速和下坡滑行时,中央控制器配合车载电源模块的能源管理系统进行发电回馈,使蓄电池反向充电。对于与汽车行驶状况有关的速度、功率、电压、电流及有关故障诊断等信息,还需传输到辅助模块的驾驶室显示操纵台进行相应的数字或模拟显示,也可采用液晶屏幕显示来增加其信息量。

驱动控制器是按中央控制单元的指令、电动机的速度和电流反馈信号,对电动机的速度、驱动转矩和旋转方向进行控制的。驱动控制器与电动机必须配套使用,目前对电动机的调速主要采用调压、调频等方式,这主要取决于所选用的驱动电动机类型。

电动机在纯电动汽车中被要求承担着电动和发电的双重功能,即在正常行驶时发挥其主要的电动机功能,将电能转化为机械旋转能;而在降速和下坡滑行时又被要求进行发电,将车轮的惯性动能转换为电能。

机械传动装置是将电动机的驱动转矩传输给汽车的驱动轴,从而带动汽车车轮行驶。

(2) 车载电源模块

车载电源模块主要包括蓄电池电源、能源管理系统和充电控制器等,主要功能是向电动机提供电能、检测电源使用情况以及控制充电机向蓄电池充电。

纯电动汽车的常用蓄电池电源有铅酸蓄电池、镍铬电池、镍氢电池、锂离子电池等。

纯电动汽车的能量管理主要是指电池管理系统，其主要功能是对电动汽车用电池单体及整组进行实时监控、充放电、巡检、温度检测等。

充电控制器是把交流电转化为相应电压的直流电，并按要求控制其电流。

(3) 辅助模块

辅助模块包括辅助动力源、动力转向单元、驾驶室显示操纵台和各种辅助装置等。除辅助动力源外，应根据不同车型装置不同辅助模块。

辅助动力源主要由辅助电源和 DC/DC 功率转换器组成，其功能是供给纯电动汽车其他各种辅助装置所需的动力电源，一般为 12 V 或 24 V 的直流低压电源，它主要给动力转向、制动力调节控制、照明、空调、电动窗门等各种辅助装置提供所需的能源。

动力转向单元是为实现汽车的转弯而设置的，由方向盘、转向器、转向机构与转向轮等组成。作用在方向盘上的控制力，通过转向器、转向机构和转向轮偏转一定的角度，实现汽车的转向。

驾驶室显示操纵台类同于传统汽车驾驶室的仪表盘，不过其功能根据纯电动汽车驱动的控制特点有所增减，其信息指示更多地选用数字或液晶屏幕显示。

6.1.2 电动汽车电机驱动系统的特点

传统内燃机汽车中依靠传动装置可以使速度和转矩按照期望的特性变化，纯电动汽车的电机驱动系统采用矢量控制、弱磁控制等技术也可以使电机得到几乎与车辆所需动力相似的特性，所以纯电动汽车可以省去传动装置，使其在结构上更加简单，同时产生的机械能量等损失也大幅减少。若有能量回收装置，还可以得到更高的能量利用率。纯电动汽车没有传统内燃机车的怠速工况，在等待交通信号灯时，不消耗能量，从而达到节能的目的，并且不存在发动机转动而更加安静。此外，与传统内燃机车相比，其转矩控制响应速度大大提高，具有较快的加速响应、较好的防滑控制及较佳的制动控制等相应平顺性和安全性优势。

单电机驱动方式中使用的电机，不需要太大的变速范围，可有效使用较小容量的永磁电机；具有差速器和减速器，不采用离合器和传动装置的无传动系统。虽然没有离合器和传动装置的损失，但是还存在差速器的损失。此外，从制动能量回收的角度出发，由于可以实现从车轮到电机的回收(驱动轮以外的动能通过制动转化为热能)，所以有利于全轮驱动。因为没有传动装置，运转更加容易，但这样也需要低速大转矩、速度变化区域大的电机，同时电机和逆变器的容量也均变大。去除了差速器的系统称为无差速系统，这种电机是把传统电机的定子变成可动的结构。另外，当转子上电的时候，可以相互反向回转。双电机驱动方式分为前后驱动(两个电机对前后轮分别驱动)和双轮毂式电机两类，双轮毂电机及其逆变器的造价较高。四轮毂式电机把电机组装在车轮轮毂中，机构更加紧凑。轮毂式电机的大型化较难，但是总功率依靠 4 台电机分担，每台电机的容量可以变得小一些。此外，由于没有动力传动装置，效率可以稍微得到改善。

6.1.3 电动汽车对驱动电机的性能要求

电动汽车用电机在需要充分满足汽车运行功能的同时，还应满足行驶时的舒适性、适应环境的性能和一次充电的续驶里程等性能。电动汽车用电机要求具有比普通工业用电机更为严格的技术规范。其电机驱动系统的主要性能要求如下所述。

(1) 体积小，重量轻

减小有限的车载空间，特别是总重量的减少。电机采用铝合金外壳以降低其重量。各种控制装置的重量和冷却系统的重量等也要求尽可能轻。

(2) 在整个运行范围内的高效率

一次充电续驶里程长，特别是行驶方式频繁改变时，低负荷运行也应该具有较高的效率。

(3) 低转速大转矩特性及宽范围内的恒功率特性

即使没有变速器，电机本身也应满足所需要的转矩特性，以获得起动、加速、行驶、减速、制动等所需的功率与转矩。电机具有自动调速功能，因此可以减轻驾驶人的操纵强度，提高驾驶的舒适度，并且能够达到与内燃机汽车加速踏板同样的控制响应。

(4) 高可靠性

在任何情况下都应确保具有高度的安全性。

(5) 低价格

要使电动车得到普及，价格降低是必经之路。

(6) 高电压

在允许的范围内尽可能采用高电压，可以减小电机和导线等装备的尺寸，特别是可以降低逆变器的成本。各种动力电池组和电机的工作电压可达到 300 V，因此，电气系统和控制系统的安全性都必须符合相关车辆电气控制的安全性能标准和规定。

(7) 高转速

高转速电机的体积较小，重量较轻，有利于降低整车的装备重量。

此外，电机还要求耐温和耐潮性能力强，运行时噪声低，能够在较恶劣的环境下长期工作，且结构简单，适合大批量生产，使用维修方便等特性。

电动汽车用驱动电机需要频繁起动和停车，并承受较大的加速度或减速度，而且要求低速大转矩爬坡、高速小转矩运行和运行速度范围宽，受车辆空间的限制。为减小车辆自重，提高车辆的有效载荷，驱动电机应该具有功率密度较大、效率较高的特点。其特性主要体现在：

①电动汽车在加速或爬坡时，需要驱动电机提供 4~5 倍的额定转矩。

②在电动汽车高速行驶时，驱动电机应以额定转速的 2~3 倍转速运行。

③电动汽车用驱动电机应根据车辆的驱动特点和驾驶人的操纵习惯设计。

④电动汽车用驱动电机应可控性好，稳态精度高。

⑤电动汽车用驱动电机应该能够承受高温、多变的气候条件和频繁的振动，在恶劣的环境下能够正常工作。

驱动电机是纯电动汽车唯一的动力源，其机械特性如图 6-3 所示。由图中可以看到，机械特性分成两个区域：恒转矩区和恒功率区。

在基速以下为恒转矩区，驱动电机输出恒转矩；基速以上为恒功率区，驱动电机输出恒功率。在恒功率区，通过弱磁控制电机到达最高转速，因此也称弱磁区。转速范围要覆盖整个恒转矩区和恒功率区。在调速范围，要具备快速的转矩响应特性。永磁无刷直流电机转矩

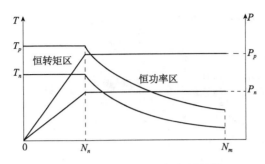

图 6-3 驱动电机的一般机械特性

密度较高,但在恒功率区很难高速运行,限制了其最大的调速范围。感应电机易实现恒功率区弱磁升速,也得到较广泛的应用。从电动汽车的行驶工况可以看出,驱动电机不只工作在额定点,因此需要电机在整个转速-转矩特性区内都要有高效率,这对电机设计来说是很难实现的。因此,选用电机时应使其在频繁工作区有高效率。

6.2 电机

电动汽车驱动电机及其控制系统是电动汽车的心脏,是把电能转化为机械能来驱动车辆的部件。其目的是在驾驶人的控制下,高效率地将动力电池的能量转化为车轮的动能,或者将车轮上的动能反馈到动力电池中。电能和机械能的相互转化在电机转子和定子间的气隙形成。

电机的种类很多,用途广泛,功率的覆盖面非常大。而电动汽车所采用的电机种类较少,功率覆盖面也很窄,目前电动汽车常用的电机及其驱动控制系统有 4 种:

①直流电机驱动系统 电机控制一般采用脉宽调制(PWM)控制方式。

②交流电机驱动系统 电机控制一般采用矢量控制或直接转矩控制的变频调速控制方式。

③永磁电机驱动系统 包括永磁同步电机控制系统和永磁无刷方波电机控制系统,其中永磁同步电机控制一般采用矢量控制方法,永磁无刷方波电机控制方法与直流电机控制相似。

④开关磁阻电机驱动系统 电机控制一般采用模糊滑模控制方法。

6.2.1 直流电机

直流电机由于控制性能好,最早在电动汽车中获得应用。20 世纪 80 年代前,几乎所有的车辆牵引电机均为直流电机,如法国的雪铁龙 SAXO 电动轿车和日本大发 HIJET 电动面包车均达到年产 1 万辆的规模。这是因为直流牵引电机具有起步加速牵引力大,控制系统较简单等优点。直流电机的缺点是有机械换向器,当在高速大负荷下运行时,换向器表面会产生火花,所以电机的转速不能太高。由于直流电机采用机械式电刷和换向器,其过载能力、转速范围、功率体积比、功率质量比、系统效率、使用维护性均受到限制。

直流电机大致可分为永磁式电机和绕组式电机。前者没有励磁绕组且永磁体的磁场是不可控制的,后者有励磁绕组且磁场可由直流电流控制。在电动汽车所采用的电机中,小功率电机采用的是永磁电机,而大功率的电机多采用串励、并励及复励等有励磁绕组的电机。

6.2.1.1 直流电机的基本结构

如图 6-4 所示,直流电机的结构由定子和转子两大部分组成。

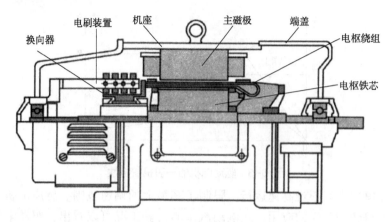

图 6-4　直流电机的构造

(1) 定子

直流电机的定子也称为主磁极，其主要构成是磁极铁芯和磁极绕组。

①磁极　主磁极的作用是在定子和转子之间的气隙中建立磁场，使得通电电枢产生电磁转矩。主磁极铁芯通常由厚度为 0.5~1 mm 的低碳钢片叠装而成，在磁极铁芯上绕有励磁绕组。主磁极总是成对出现，通电后形成的 N 极和 S 极互相间隔排列。

②电刷装置　电刷的作用是将直流电引向转动的电枢绕组，并与换向器配合，使得电枢绕组的电流及时换向，以产生方向不变的电磁转矩。电刷装置由电刷、刷架、电刷弹簧等组成，电刷架固定在端盖上。

(2) 转子

直流电机的转子也称为电枢，由电枢铁芯和电枢绕组构成，转子总成还包括换向器。

①电枢铁芯　电枢铁芯由厚度为 0.35~0.5 mm 的硅钢片叠装而成，铁芯本身构成电机主磁路的一部分，铁芯上面的槽用来嵌装电枢绕组。

②电枢绕组　电枢绕组在磁场中通电后产生电磁转矩，电磁转矩带动电枢绕组运动。电枢有多匝绕组，按一定的绕制方式嵌装在电枢铁芯的槽中。每匝电枢绕组都与换向片连接形成闭合回路。

③换向器　换向器的作用是使电枢绕组中的电流及时换向，将从电刷输入的直流电转换为电枢绕组的交流电。换向器是由许多铜片组成的，各铜片之间用云母片绝缘。

6.2.1.2　直流电机的工作原理及性能

直流电动机的工作原理如图 6-5 所示。直流电动机包括 2 个在空间固定的永久磁铁，一个为 N 极，另一个为 S 极。在磁极的中间，装有一个可以转动的线圈，它的首末两端分别接到两片圆弧形的换向片(铜片)上，两个换向片之间、换向片与转轴(与线圈一起旋转)之间均相互绝缘，为了把电枢绕组和外电路接通，在换向器上安装了 2 个固定不动的电刷。由于电刷和电源固定连接，因此无论线圈怎样转动，总是上半边的电流向里，下半边的电流向外。由左手定则可知，通电线圈在磁场中受到逆时针方向的力矩作用。虽然电流方向是交替变化的，但所受的电磁力的方向不改变，因而线圈可以连续地按逆时针方向旋转。这就是直流电动机的工作原理。

实际上，直流电动机的性能可通过电枢电压、反电动势(EMF)和磁通予以描述。

根据励磁绕组与电枢绕组之间的相互连接关系，有 4 种典型的绕线式励磁直流电动机形式,即他励、并励、串励和复励直流电动机,如图 6-6 所示。就他励直流电动机而言,励磁电压和电枢电压可彼此独立控制。在并励直流电动机中,励磁绕组与电枢绕组并联接入同一电源。因此,只有在相应回路中串入一个电阻,方可获得励磁电流或电枢电流的独立控制,但这是一种低效率的控制方法。高效的控制方法是在相应回路中以基于电力电子的 DC-DC 变换器替代上述电阻的。DC-DC 变换器能主动控制用以产生特定的电枢电压和励磁电压。对于串励直流电动机,励磁电流与电枢电流相同,因此,磁通随电枢电流而变化。在复励直流电动机中,串励绕组的磁动势随电枢电流而变,且与并励绕组的磁动势取向一致。

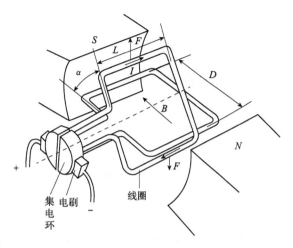

图 6-5 直流电动机的工作原理

L、D—线圈几何尺寸(m)　α—线圈平面与磁场之间的夹角(°)
B—导体所在的气隙磁密(Wb/m^2)　I—线圈上通过的电流(A)
F—线圈上受到的电磁力(N)

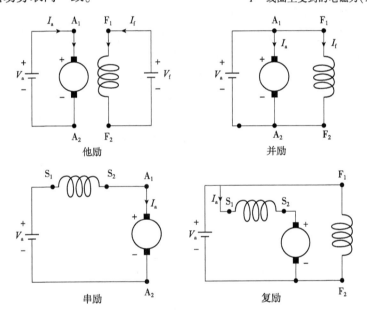

图 6-6 直流电动机的励磁方式

直流电动机电枢回路的稳态等效电路如图 6-7 所示,R_a 为电枢回路的电阻。对于他励和并励直流电动机,R_a 等于电枢绕组的电阻;对于串励和复励直流电动机,R_a 为电枢绕组与串励绕组电阻的总和。

直流电动机的转速-转矩特性如图 6-8 所示。就他励直流电动机而言,若励磁电压保持不变,则当转矩发生变化时,可认为磁通实际上不变。在这种情况下,他励直流电动机的转速-转矩特性为一直线。在串励情况下,转矩的增大伴随着电枢电流的增加,且磁通也因此增加。由于磁通随转矩增大而增加,则为保持感生电压与电源电压之间的平衡,转速下降。所以,转速-转矩特性呈现为一大幅度下降的曲线。在额定转矩下,标准设计的串励直流电动机工作在磁化曲线的膝点处。在大转矩(大电流)过载运行情况下,磁路饱和,且转速-转

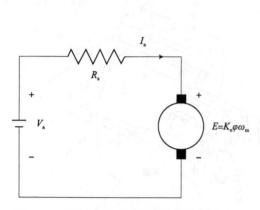
图 6-7 直流电动机电枢回路的稳态等效电路

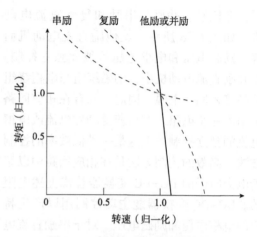
图 6-8 直流电动机的转速特性

矩特性接近为一直线。复励直流电动机的转速-转矩特性介于串励和他励(并励)直流电动机之间。

6.2.1.3 组合的电枢电压与励磁控制

相比于其他类型的直流电动机，电枢电压与励磁的独立性提供了更灵活的转速和转矩控制。在电动汽车应用中，最合乎需要的转速-转矩特性是在某一转速(基速)以下为恒转矩；而在超过基速的范围内为恒功率，如图 6-9 所示。在低于基速的转速范围内，电枢电流和励磁电流被设定为其额定值，产生额定转矩。在基速时，电枢电压达到额定值(等于电源电压)，且不能再进一步增加。为进一步提高转速，磁场必须随转速增加而变弱，而反电动势 E 和电枢电流保持不变。此时，输出转矩随转速增加呈抛物线形下降，且其输出功率保持不变。

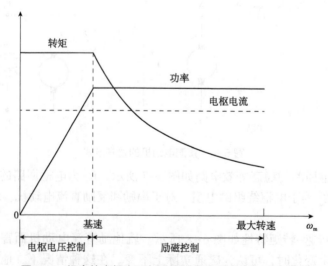
图 6-9 组合的电枢电压与励磁控制中的转矩和功率限制

6.2.1.4 直流电动机的斩波控制

斩波器因其许多优点，如高效率、控制的灵活性、重量轻、体积小、响应快以及直至很低转速的再生制动，被应用于直流电动机的控制。目前，由于电枢电压和励磁控制的灵活性，他励直流电动机常用于牵引场合。

对于开环和闭环结构的直流电动机控制,斩波器因其工作频率高,具有许多优势。高工作频率导致高频的输出电压脉动,而直流电动机的电枢电流脉动更小,且在转速-转矩平面中的不连续导电区较小。电枢电流脉动的减少将使电枢损耗下降,而不连续导电区的减小或消除则将改善驱动的调速性能及其瞬态响应。

降压斩波器的电路图及其稳态波形如图 6-10 所示。这种斩波器称作 A 型斩波器,它是用于控制直流电动机的众多斩波器电路中的一种。这种斩波器仅能提供正电压和正电流,称作单象限斩波器,可在第一象限正转速、正转矩的情况下,对他励直流电动机进行控制。因为这种斩波器可将输出电压从 V 变化到 0,所以它也称为降压斩波器,或 DC-DC 降压变换器。其中包含的基本原理也可用于实现升压斩波器,或 DC-DC 升压变换器。直流电压源 V 通过一自动换向的半导体开关 S 供电给一个感性负载。使用自动换向半导体开关标记是因为斩波器可用任意具有强制换流电路的晶闸管器件(GTO 晶闸管、功率晶体管、MOSFET 和 IGBT)予以构造。二极管显示了器件可流通电流的方向。二极管 D_F 与负载并联。半导体开关 S 以周期 T 周期性工作,并保持关闭时间为 $t_{on} = \delta T (0 < \delta < 1)$。变量 $\delta = t_{on}/T$ 称为斩波器的占空比。图 6-10 也显示了控制信号 i_c 的波形。控制信号 i_c 是晶体管斩波器的基极电流,以及 GTO 斩波器的 GTO 晶闸管或晶闸管斩波器的主晶闸管的门极电流。若使用功率半导体场效应晶体管,则 i_c 是电源电压的控制信号。当控制信号存在时,如果半导体开关 S 正向偏压,则将导通。假定电路工作状态已如此配置,那么移去 i_c,将关断开关。

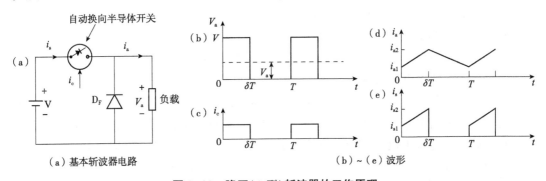

图 6-10 降压(A 型)斩波器的工作原理

在开关导通期间($0 \leq t \leq \delta T$),负载承受电压 V,且负载电流从 i_{a1} 增加到 i_{a2}。在 $t = \delta T$ 时,开关断开;当开关关断期间($\delta T \leq t \leq T$),负载电感维持电流流过二极管 D_F,负载端电压保持为 0(若与 V 相比,忽略二极管上的电压降),而负载电流从 i_{a2} 减小到 i_{a1}。$0 \leq t \leq \delta T$ 称为工作期间;$\delta T \leq t \leq T$ 称为续流期间。当开关 S 断开时,二极管 D_F 为负载电流提供了一条通道,并因此改善了负载电流波形。此外,在开关关断时,通过维持负载电流的连续性,可避免因负载电流突变在开关 S 两端呈现的瞬态电压。电源电流波形也如图 6-10(e)所示。电源电流仅存在于工作期间,且等于负载电流。

开关 S 可通过各种方法来控制改变占空比 δ,这些控制技术可分为两种类型:时间比率控制(TRC)和限流控制(CLC)。

在时间比率控制(也称脉宽控制)中,导通时间与斩波周期的比率被控制。TRC 可进一步分类如下:

①固定频率 TRC 斩波周期 T 保持不变,而改变开关的导通时间来控制占空比 δ。

②变频 TRC 在这种控制方式中，δ 的改变可通过保持 t_{on} 不变，而改变 T 实现；或通过同时改变 t_{on} 和 T 实现。

在导通时间不变的变频控制中，低输出电压可在斩波频率很低时获得。低频时斩波器的运行反过来影响直流电动机的性能。此外，变频的斩波器运行使得输入端滤波器的设计非常困难，因此变频控制很少使用。

在限流控制（也称点对点控制）中，通过将负载电流控制在特定的最大值与最小值之间来间接控制 δ。当负载电流到达设定的最大值时，开关切断负载与电源的连接；当负载电流到达设定的最小值时，开关重新将负载与电源连接。对直流电动机负载，这类控制实际上是变频变脉宽控制。

由图 6-10 的波形可看出以下要点：

①电源电流不连续，为脉冲形式 脉冲电流使输入功率峰值要求高，且可能导致电源电压波动。电源电流波形可分解成直流分量和交流谐波分量。交流基波频率与斩波频率相同。交流谐波是不希望有的，因为它们与连接到直流电源的其他负载相互干扰，且通过传导和电磁辐射导致射频干扰。因此，通常在斩波器与直流电源之间含有 LC 滤波器。在较高的斩波频率时，通过一个成本较低的滤波器能将谐波减小到容许的程度。由此可见，斩波器应在尽可能高的频率下工作。

②负载端电压不是一个理想的直流电压 除直流分量外，负载端电压还有与斩波频率相关的各次谐波分量。负载电流也有交流脉动。

升压斩波器的电路图及其稳态波形如图 6-11 所示。这种斩波器称为 B 型斩波器。若开关正向偏压，则控制信号 i_c 的存在意味着开关导通的持续时间。在一个斩波周期 T 内，$0 \leq t \leq \delta T$ 期间开关保持闭合，而在 $\delta T \leq t \leq T$ 期间开关保持断开。在导通期间，i_s 从 i_{s1} 增加到 i_{s2}，因此增加了存储在电感 L 中的能量。当开关被断开时，电流流过并联的负载和电容 C。由于电流被强制从低电位流向高电位，故电流变化率为负。在开关关断期间，电流从 i_{s2} 减小到 i_{s1}。电感 L 中存储的能量和低电压源所提供的能量被输送给负载。电容 C 有两种用途。在开关 S 断开瞬间，电源电流 i_s 与负载电流 i_a 并不相等。当电容 C 不存在时，开关 S 的关断将强制该两电流值相等，这将在电感 L 和负载电感中引起很大的感生电压。使用电容 C 的另一原因是减少负载电压波动。二极管 D 的用途是防止电流从负载流向开关 S 或电源 V。

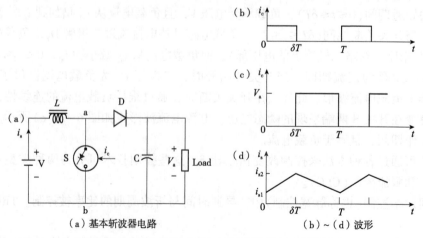

图 6-11 升压（B 型）斩波器的工作原理

升压斩波器的最大优点是电源电流的波动小。尽管大多数应用场合要求用降压斩波器，而升压斩波器适用于低功率蓄电池驱动的车辆。升压斩波器的工作原理也可用于直流电动机驱动的再生制动。

6.2.1.5 斩波馈电直流电动机的多象限控制

直流电动机在电动汽车上的应用要求电动机多象限运行，包括正转、正转制动、反转和反转制动，如图 6-12 所示。对具有倒挡的车辆，仅要求两象限运行（正转和正转制动，即第一象限和第四象限）。然而，对没有倒挡的车辆，则需要四象限运行。他励直流电动机的多象限运行通过基于电力电子的斩波器，由控制电压的极性和幅值予以实现。

(1) 正转和正转再生制动的两象限控制

由正转和正转再生制动构成的两象限运行要求一个斩波器，可在任一方向给出正向电压和电流。

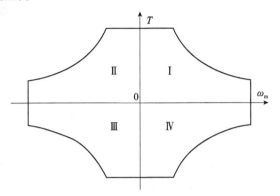

图 6-12 多象限运行的转速-转矩特性

用于正转和正转再生制动的单向斩波器电路如图 6-13 所示，图中 S 为自动换向半导体开关，其周期性地工作，即保持闭合的持续时间为 δT；保持断开的持续时间为 $(1-\delta)T$。C 为手动开关。当 C 闭合，而 S 处于工作状态时，允许正转运行。在这些条件下，端点 a 为正极，而端点 b 为负极。

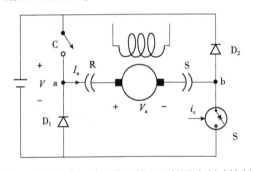

图 6-13 单个斩波器的正转和正转再生制动控制

当 C 断开，且通过换向开关 R、S 将电枢反向连接，即使端点 b 为正极，而端点 a 为负极，则可获得正转方向上的再生制动。在开关 S 导通期间，电动机电流流经的路径为电动机电枢、开关 S 和二极管 D_1，并使电枢回路电感中存储的能量增加；当 S 断开时，电流流经电枢、二极管 D_2、电源 V、二极管 D_1 再回到电枢，从而将能量馈入电源。

在正转运行时，按如下步骤切换到正转再生制动：开关 S 停止工作，并断开开关 C，这就迫使电枢电流流经二极管 D_2、电源 V 和二极管 D_1，存储在电枢回路中的能量回馈到电源，并使电枢电流减小至 0。在经过充分的延迟时间以保证电流为 0 后，将电枢反向连接，并以一个合适的 δ 值激活开关 S，这样电动机即重新进入正转运行状态。

(2) 四象限运行

如图 6-14 所示，四象限运行可通过组合两个 C 型斩波器获得，称作 E 型斩波器。在该斩波器中，若 S_2 始终保持闭合，且控制 S_1 和 S_4，即得到一个两象限斩波器。该两象限斩波器提供正的端电压(正向转速)，以及两个方向的电枢电流(正的或负的转矩)，在第一象限和第四象限进行电动机控制。现若 S_3 始终保持闭合，且控制 S_1 和 S_4，也可得到一个两象限斩波器。该两象限斩波器将提供负的可变端电压(反向转速)，且电枢电流可是任意方向的(正的或负的转矩)，从而在第二象限和第三象限进行电机控制。

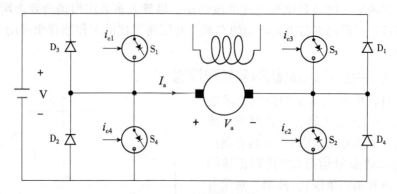

图 6-14 E 型四象限斩波器

这一控制方法具有以下特点：由于电路运行的非对称性，故开关的利用率低；开关 S_3 和 S_2 应保持长时间的导通，这样当开关采用晶闸管时，会产生整流换向问题；这是因为在晶闸管斩波器中，总有一个开关闭合最短时间的限制，而最小输出电压直接取决于开关闭合所需的最短时间，故最小可获得的输出电压受限，即最小可利用的电动机转速也受限。

为确保开关 S_1 和 S_4，或 S_2 和 S_3 不在同一时刻导通，必须在断开一个开关与导通另一个开关之间留出一些固定的时间间隔，但这限制了最大许可的工作频率，也要求在输出电压的一个周期中完成两次开关运作。

6.2.2 交流电机

交流电机可分为同步电机和异步电机两大种类。如果电机转子的转速与定子旋转磁场的转速相等，转子与定子旋转磁场在空间同步旋转，这种电机就称为同步电机。如果电机转子的转速不等于定子旋转磁场的转速，转子与定子旋转磁场在空间旋转时不同步，则这种电机就称为异步电机。异步电机具有结构简单、价格便宜、运行可靠、维护方便、效率较高的优点，得到了广泛应用。其缺点在于功率因数低，运行时必须从电网吸收无功电流来建立磁场，故其功率因数小于 1。三相异步电机有笼型异步电机和绕线转子异步电机两种。在电动汽车的应用中，笼型异步电机较为广泛。

6.2.2.1 三相异步电机的构造

如图 6-15 所示，三相异步电机的定子和转子由层叠、压紧的硅钢片组成；两端采用铝盖封装，在转子和定子之间没有相互接触的部件，结构简单，运行可靠，经久耐用且价格低廉。

(1) 定子

定子由外壳、定子铁芯和定子绕组构成。

① 定子铁芯一般由厚度 0.35~0.5 mm 的硅钢片叠加而成。硅钢片的内圆有均布的槽，可以安放定子绕组。

② 定子绕组由 3 个在空间间隔 120°、对称排列、结构完全相同的绕组连接而成。

(2) 转子

转子由转子绕组和转子铁芯组成。

转子铁芯用硅钢片叠压而成，嵌套在转轴上，作用和定子铁芯相同，即铁芯本身用作导磁，外圆上均布的槽用于安放转子绕组。

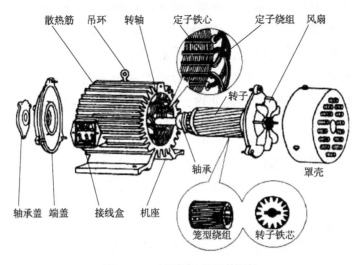

图 6-15 三相异步电机的结构

三相异步电机的定子绕组是一个对称的三相绕组。当三相异步电机接到三相电源上，定子绕组就能产生一个旋转磁场。该磁场切割转子绕组，在转子绕组中感应电动势。如果转子绕组电路闭合，则会产生转子电流，该电流与定子旋转磁场相互作用，使转子绕组导体受到电磁力的作用，从而使转子跟着定子旋转磁场同方向旋转，电机就能带动机械负荷。如果三相异步电机转子的转速与旋转磁场的转速相同，则转子绕组的导体不切割旋转磁场的磁力线，导体中就没有感应电动势和电流，也就不会产生电磁力使转子转动。定子旋转磁场的转速 n_1 与转子转速 n 之间的差值称为差速度，它与 n_1 的比值称为转差率 s。三相异步电机转子的转速是随负荷的变化而变化的，s 也就随负荷的变化而变化。

6.2.2.2 三相异步电动机的基本工作原理

图 6-16 显示了一个三相、两极异步电动机的定子横截面示意图。由频率为 ω，相邻两相间相位差为 120°的正弦交变电流供电。三相定子绕组 a-a′、b-b′和 c-c′中电流 i_{as}、i_{bs} 和 i_{cs} 产生交变磁动势 F_{as}、F_{bs} 和 F_{cs}，这些磁动势是空间矢量，其合成的定子磁动势矢量 F_s 是相磁动势矢量的矢量和。

当异步电动机的三相定子绕组通入三相交流电后，会产生一个旋转磁场，该旋转磁场切割转子绕组，从而在转子绕组中产生感应电动势，电动势的方向由右手定则来确定。由于转子绕组是闭合通路，转子中便产生了电流，电流方向与电动势方向相同，而载流的转子导体

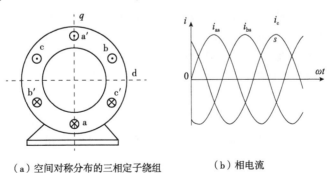

(a) 空间对称分布的三相定子绕组　　(b) 相电流

图 6-16 异步电动机定子和定子绕组电流

在定子旋转磁场作用下将产生电磁力,电磁力的方向可用左手定则确定。由电磁力进而产生电磁转矩,驱动电动机旋转,并且电动机旋转方向与旋转磁场方向相同。

6.2.2.3 三相异步感应电动机的转矩与机械特性

图 6-17 描绘了固定定子频率和电压的异步电动机的转矩-转差率特性。在 $0<s<s_m$(其中,s_m 是电动机的额定转差率)区间内,转矩随转差率的增加近似地呈线性增加,直至在 $s=s_m$ 处达到其最大值,然后转矩随转差率的继续增加而减小。在 $s=1$ 处,转子速度为 0,而相应的转矩为起动转矩,该转矩小于其在 $s=s_m$ 处的转矩。$0<s<1$ 区间为正转运行区间。在 $s>1$ 区间内,随转差率的增加,转子转矩进一步减小,转子速度为负。因而在该区间内,电动机为反转制动运行。在 $s<0$ 区间内,即当转子速度大于同步速时,电动机产生负转矩。

显然,固定电压和频率下的异步电动机的转速-转矩特性不适合车辆牵引的应用需要。这归结于低起动转矩、有限的转速范围,以及在 $s>s_m$ 区间内运行的不稳定性(在该区间内,因转矩随转速减小而减小的特性,所以只要负载转矩有任何附加的扰动,就会导致电动机停转)。高转差率也会导致大电流,这可能会损坏定子绕组。实际上,异步电动机的固定电压和频率的运行通常仅在很窄的 $0<s<s_m$ 转差率范围之内。因此,对于牵引的应用,异步电动机必须予以控制,以提供电动汽车电机特定的转速-转矩特性。

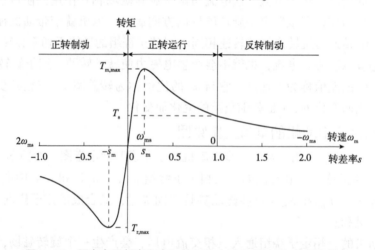

图 6-17 固定定子频率和电压的异步电动机的转矩-转差率特性

6.2.2.4 电力电子控制

作为电动汽车和混合动力电动汽车的动力,异步电动机通常由一直流电源(如蓄电池、燃料电池等)供电,该电源的端电压近似为恒定值。因此,需要为异步电动机配置一个可变频率和电压的 DC-AC 逆变器。通用的 DC-AC 逆变器由电力电子开关和功率二极管构成。DC-AC 逆变器常用的拓扑结构如图 6-18 所示,其中有 3 条支路(S_1 和 S_4、S_3 和 S_6、S_5 和 S_2)分别供电给异步电动机的 a 相、b 相和 c 相。当开关 S_1、S_3 和 S_5 闭合,而 S_4、S_6 和 S_2 断开时,则 a 相、b 相和 c 相被施加一正电压($V_d/2$);同理,当开关 S_1、S_3、S_5 断开,而 S_4、S_6 和 S_2 闭合时,a 相、b 相和 c 相被施加一负电压。所有的二极管为每相的反向电流提供相应的通路。

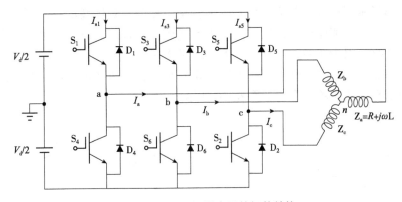

图 6-18 DC-AC 逆变器的拓扑结构

6.2.3 永磁电机

6.2.3.1 永磁电机的分类及性能特点

永磁电机有多种分类方法，根据输入电机接线端的电流种类可分为永磁直流电机和永磁交流电机。由于永磁交流电机没有电刷、换向器或集电环，因此也可称为永磁无刷电机。根据输入电机接线端的交流波形，永磁无刷电机又可分为永磁同步电机和永磁无刷直流电机。输入永磁同步电机的是交流正弦或者近似正弦波，采用连续转子位置反馈信号来控制换向；而输入永磁无刷直流电机的是交流方波，采用离散转子位置反馈信号来控制转向。已有的永磁电机可分为永磁直流电机、永磁同步电机、永磁无刷直流电机和永磁混合式电机 4 类。其中，后 3 种没有传统直流电机的电刷和换向器，故统称为永磁无刷电机。在电动汽车中，永磁无刷直流电动机应用比较广泛。

永磁无刷直流电动机可按转子永磁体的几何位置，即磁体装配在转子上的方式进行分类。磁体可以采用表面安装，也可采用嵌入安装的方式。

图 6-19(a) 显示了表面安装方式的永磁体转子。每个永磁体装配在转子表面，易于构造，特别是这种表面安装形式的斜磁极易于磁化，从而减小了齿槽转矩。但在高速运行时，永磁体有可能飞离转子。

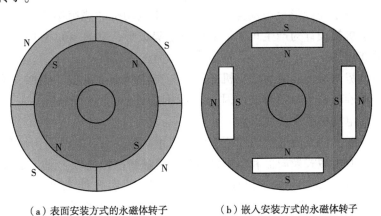

(a) 表面安装方式的永磁体转子　　(b) 嵌入安装方式的永磁体转子

图 6-19 永磁体转子的横截面

图 6-19(b)显示了嵌入安装方式的永磁体转子。每个永磁体装配在转子内部,虽然这种结构不如表面安装形式那样通用,但它优选于高速运行场合。同时应注意,这种形式的转子存在电感量的变化,因为在磁路计算中,永磁体部分等价于空气。

就定子绕组而言,永磁无刷直流电动机主要分成两类,两者可由其各自的反电动势波形予以区别:梯形和正弦形的波形,如图 6-20 所示。

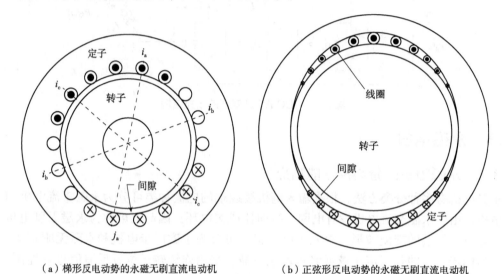

（a）梯形反电动势的永磁无刷直流电动机　　（b）正弦形反电动势的永磁无刷直流电动机

图 6-20　永磁无刷直流电动机的绕组形式

图 6-20(a)显示了梯形反电动势永磁无刷直流电动机的绕组结构。梯形反电动势的永磁无刷直流电动机被设计为产生梯形的反电动势波形,它具有以下理想特性:①气隙中的磁通为矩形分布;②矩形的电流波形;③集中式定子绕组。

励磁电流波形取为模拟方波形式,且每个周期中有两个各为 60°电角度的零励磁电流区间。与正弦形反电动势的电动机相比,梯形反电动势电动机的励磁电流波形特性使一些重要系统得以简化。因为每个周期上只需要 6 个换相时刻,故对转子位置检测器分辨率的要求可大大降低。

图 6-20(b)描述了正弦形反电动势永磁无刷直流电动机的绕组结构。正弦形反电动势的永磁无刷直流电动机被设计为产生正弦形的反电动势波形,它具有以下理想特性:①气隙中的磁通为正弦分布;②正弦电流波形;③定子导体为正弦分布。

正弦形反电动势永磁无刷直流电动机的运行与交流同步电动机相类似。该电动机具有与同步电动机一样的旋转定子磁动势波,因此,可用相量图对其进行分析。

永磁无刷直流电动机的主要优点如下:

①高效率　永磁无刷直流电动机在所有电动机中效率最高,这是因为励磁采用了永磁体,没有功率消耗。没有机械式换向器和电刷则意味着机械摩擦损耗低,因此效率更高。

②体积小　最近高能量密度永磁体(稀土永磁体)的引入使永磁无刷直流电动机能获得非常高的磁通密度,这就相应地有可能获得高转矩,从而能使电动机体积小而且重量轻。

③易控制　永磁无刷直流电动机与直流电动机一样易于控制,因为在电动机的全运行过程中控制变量容易获得,且保持不变。

④易冷却　转子中没有环行电流，因此永磁无刷直流电动机的转子不会发热，仅在定子上有热量产生。定子比转子更易于冷却，因为定子是静止的，且位于电动机的边缘。

⑤低廉的维护、显著的长寿命和可靠性　没有电刷和机械式换向器就不需要相关的定期维护，排除了相关部件出现故障的危险。因此，电动机的寿命仅随绕组绝缘、轴承和永磁体寿命而变化。

⑥低噪声　由于采用电子换向器，而不是机械式换向器，因此不存在与换向器相伴随的噪声；驱动逆变器的开关频率足够高，致使谐波噪声处于听不见的范围。

相对而言，永磁无刷直流电动机也有如下一些缺点：

①成本　稀土永磁体比其他永磁体昂贵得多，故导致电动机成本上升。

②有限的恒功率范围　大的恒功率范围对获得高的车辆效率是至关重要的。永磁无刷直流电动机不可能获得大于基速2倍的最高转速。

③安全性　在电机制造过程中，由于大型稀土永磁体可以吸引飞散的金属物体，因此可能有危险性。万一车辆失事，若车轮自由地自旋，而电动机仍然由永磁体励磁，则在电动机的接线端将出现高电压，可能会危及乘客或救援人员。

④磁体退磁　永磁体可被大的反向磁动势和高温退磁。对每一种永磁材料，其临界去磁力是不同的。当冷却电动机时，如果电机构造紧凑，必须非常小心。

⑤高速性能　永磁体采用表面安装方式的电动机不可能达到高速，这是因为受限于转子磁轭与永磁体之间装配的机械强度。

⑥永磁无刷直流电动机驱动中的逆变器故障　由于永磁体位于转子上，永磁无刷直流电动机的逆变器一旦出现短路故障，旋转的转子就会一直被励磁，从而持续地在短路绕组中感生电动势。

在短路绕组中，极大的环流和相应的大转矩将堵转转子。车辆的一个或几个车轮停转的危险是不可忽视的。若后轮被堵转，而前轮在旋转，则车辆将会失去控制转动；若前轮被堵转，则驾驶者将无法控制车辆行进方向；若只有一个车轮被堵转，将诱发使车辆旋转的侧滑转矩，这使车辆难以控制。除这些车辆可能发生的危险外，还应注意逆变器短路引起的大电流将导致永磁体处于退磁和毁损的危险之中。

永磁无刷直流电动机驱动的开路故障不会直接危及车辆的稳定性。但是，由于开路导致无法控制电动机将带来车辆控制方面的问题。因为磁体总是在励磁，且不能予以控制，所以很难控制永磁无刷直流电动机，无法使故障最小化。当永磁无刷直流电动机运行在恒功率区时，这是一个特别重要的问题。在恒功率区中，由定子所产生的磁通与磁体产生的磁通反向，并使电动机以较高转速旋转。如果定子磁通消失，磁体产生的磁通将在绕组中感生一个大的电动势，该电动势可危及电子元器件或乘客。

6.2.3.2　永磁无刷直流电动机驱动的基本原理

永磁无刷直流电动机驱动主要由无刷直流电动机、基于数字信号处理器（DSP）的控制器和基于电力电子的功率变换器所构成，如图6-21所示。由图中可知，位置检测器H1、H2和H3检测电动机转子的位置。转子的位置信息输入基于DSP的控制器，随即由该控制器向功率变换器提供门控信号，从而导通和关断特定的电动机定子磁极绕组。按这种方式，控制电机的转矩和转速。

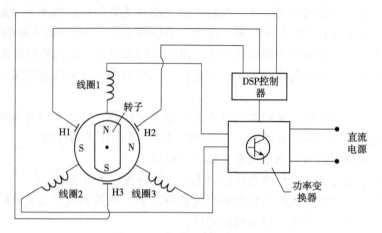

图 6-21 永磁无刷直流电动机

6.2.3.3 永磁体材料性能

目前用于电机的永磁体材料有 3 类:

(1) 铝镍钴(AlNiCo)

铝镍钴永磁材料是 20 世纪 30 年代研制成功的,主要优点是其高剩余磁通密度和低温度系数。这种材料剩磁 Br 的温度系数为 $0.02\%/℃$,且其最高工作温度为 520℃。这些优点使很高的气隙磁密,以及高运行温度成为可能。遗憾的是,矫顽力很低,且其退磁曲线呈现高度的非线性。因此,铝镍钴不仅易于磁化,而且也很容易退磁。铝镍钴永磁体已用于额定功率为几瓦到 150 kW 范围内的电机。从 20 世纪 40 年代中期到铁氧体成为最为广泛使用材料的 70 年代前后,铝镍钴在永磁体产业中占主导地位。

(2) 陶瓷(铁氧体)

永磁性铁氧体发明于 20 世纪 50 年代,与铝镍钴相比,铁氧体具有较高的矫顽力,但同时剩磁较低。铁氧体的温度系数相对较高,即 Br 的温度系数为 $0.20\%/℃$,矫顽力 Hc 的温度系数为 $0.27\%/℃$;最高工作温度为 400℃。铁氧体的主要优点是低成本和高阻抗,这意味着永磁体内无涡流损耗。

(3) 稀土永磁材料 [钐钴(SmCo) 和钕铁硼(NdFeB)]

在最近的几十年期间,随着稀土永磁体的发展,最大磁能积 $(BH)_{max}$ 已获得很大进展。以钐钴 $(SmCo_5)$ 成分为基础的第一代稀土永磁体发明于 20 世纪 60 年代,并自 70 年代早期已进入商业化生产。现今,钐钴是一种广泛接受的硬磁材料,它具有高剩磁、高矫顽力、高能量积、线性退磁曲线和低温度系数的优点。其 Br 的温度系数为 $(0.03\sim0.045)\%/℃$,而 Hc 的温度系数为 $(0.14\sim0.40)\%/℃$;最高工作温度为 250~300℃。钐钴非常适合制造小体积的电机,从而电机具有高比功率和低转动惯量。价格昂贵是钐钴的唯一缺点。由于供应受限,Sm 和 Co 都相对较贵。

近年来,随着以低廉的 Nd 和 Fe 为基础的第二代稀土永磁体的发明,降低原材料成本已获得极大进展。现在产量不断上升的钕铁硼磁体与钐钴相比,仅在室温下具有更好的磁性能。钕铁硼的退磁曲线,特别是矫顽力,很大程度上取决于温度。其 Br 的温度系数为 $(-0.09\sim -0.128)\%/℃$,而 Hc 的温度系数为 $(-0.8\sim -0.45)\%/℃$;最高工作温度为 150℃,而居里点温度为 310℃。

最新的钕铁硼具有更好的热稳定性，工作温度提高了 50℃，并且抗腐蚀能力有了很大改进。

6.2.4 开关磁阻电动机

开关磁阻电动机（SRM）驱动由于其低成本、坚固的结构、可靠的变换器拓扑结构、宽转速范围内的高效率以及控制简单，被认为是变速电动机驱动中令人瞩目的选择。SRM 驱动适合于高速运行，已广泛应用于电动汽车、家用电器、通用工业、航空工业和伺服系统等各个领域。

SRM 具有简单、坚固和低成本的结构，其转子上没有永磁体或绕组。这种结构不仅降低了 SRM 的成本，而且为其提供了高速运行的能力。与异步电动机和永磁电动机不同，SRM 能够高速运行，无须考虑因高离心力导致的机械故障。此外，SRM 驱动的逆变器具有可靠的拓扑结构。定子绕组与逆变器的上下开关串联，这种拓扑结构可防止在异步电动机和永磁电动机驱动逆变器中存在的直通短路故障。宽转速范围内的高效率和控制简单都是 SRM 驱动的显著优点。

6.2.4.1 开关磁阻电动机的基本结构

SRM 的定子、转子均为凸极结构。定子上有集中绕组，转子上没有绕组或永磁体。取决于转子极和定子极的极数与尺寸，存在几种 SRM 的结构形式。6/4 和 8/6 两种形式的 SRM 结构较为常用，如图 6-22 所示。

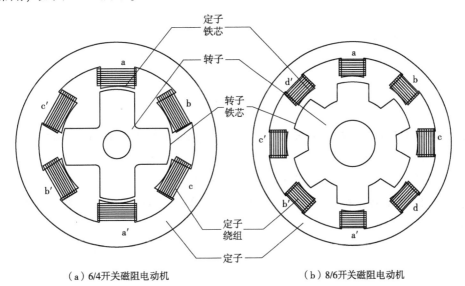

(a) 6/4 开关磁阻电动机　　(b) 8/6 开关磁阻电动机

图 6-22　常用 SRM 结构的横截面

由于 SRM 的双凸极型结构，其一相绕组对应的磁通路径的磁阻随转子位置而变化。同样，因为通常设计的 SRM 当相电流大时，为高度磁饱和，其磁通路径的磁阻也随相电流而变化。因此，定子磁链、相电感和相增量电感都随转子位置及相电流而变化。

在固定的相电流下，当转子从非对准位置转动到对准位置时，磁通路径的磁阻因气隙减小而减小。因此，相电感和磁链随转子转动而增加。在固定的转子位置下，当相电流增加时，磁通路径变得越来越饱和，从而使磁通路径的磁阻随着相电流的增加而减小。结果，相电感随相电流增加而减小。但是，由于励磁增强，因此相磁链随相电流增加而依然增加。

6.2.4.2 开关磁阻电动机的运行模式

对于 SRM,存在一个转速,在该转速处,反电动势等于直流母线电压。这个转速被定义为基速。当转速低于基速时,反电动势低于直流母线电压。当变换器开关导通或关断,以对某相通电或断电时,该相电流将相应地增大或减小。通过开关的导通或关断,相电流的幅值可从 0 调节到额定值。当该相在非对准位置时导通,在对准位置时断电,而且相电流通过滞环控制或脉冲宽度调制(PWM)控制被调节为额定值,此时可获得最大转矩。低于基速运行时的 SRM 的相电流、相电压和相磁链的典型波形如图 6-23 所示。

当转速高于基速时,反电动势将高于直流母线电压。在相绕组关于转子位置具有正的电感变化率的转子位置处,即使功率逆变器的开关导通,相电流也可能减小。相电流受制于反电动势。在 SRM 中,为了建立大电流,从而产生大的正转转矩,通常超前于非对准位置对相绕组通电,并且通电位置随转子转速上升而逐渐超前。反电动势随转子转速上升而增大,这就导致相电流减小,并因此转矩下降。若通电位置超前,使在 SRM 相绕组中建立尽可能大的电流,则 SRM 的最大转矩几乎是按转子转速倒数的线性函数关系下降。SRM 驱动的最大功率几乎恒定不变。SRM 高速运行时的典型波形如图 6-24 所示。

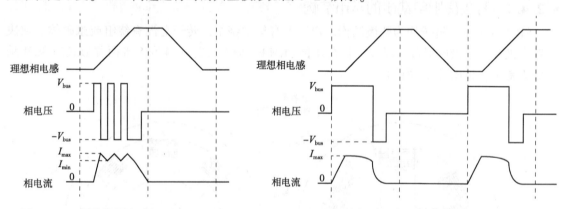

图 6-23 SRM 的低速(低于基速)运行　　　图 6-24 SRM 的高速(高于基速)运行

相导通位置的超前受制于一个位置,在该位置处,相电感关于转子位置具有负的变化率。此时,若转子转速进一步上升,则并不存在为在该相中建立较大相电流的相导通位置超前的可能性,因而 SRM 的转矩将显著地下降。这种运行模式称为自然运行模式。SRM 的转矩-转速特性如图 6-25 所示。

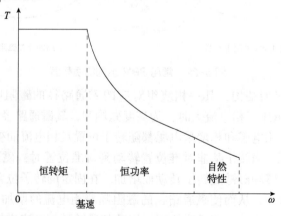

图 6-25 SRM 的转矩-转速特性

6.2.4.3 开关磁阻电动机的性能特点

与当前广泛使用的感应电机变频调速系统相比，SRM 及其驱动系统在成本、效率、功率密度、调速性能、可靠性和散热性能等方面具有一定的优势。综合分析比较，SRM 驱动系统的特点主要集中在以下几个方面：

①SRM 的结构简单，紧凑牢固，适于在高速、高温环境下工作 其为凸极结构，转子上无绕组和永磁体，转动惯量小，易于加、减速，特别适用于高速旋转的工作环境。定子绕组为集中绕组，制造简单，且端部短而紧凑，易于冷却。因此，该电机可适用于工作条件恶劣（如高温）甚至强振动的环境，而且维护简单，有良好适应能力。

②功率转换器结构简单，容错性能强 由于转矩与电枢绕组电流方向无关，因此可以减少功率转换器的开关器件个数，降低系统硬件成本，增加运行可靠性。再加上各绕组互相独立工作，系统可以断相工作，容错能力强。系统中每个功率开关器件均直接与绕组串联，避免了直通短路现象。因此，功率电路的保护电路也可以简化，提高了系统的可靠性。

③可控参数多，调速性能好 SRM 驱动系统参数主要有开通角、关断角、相电流幅值和相绕组电压，可控参数多，控制较为灵活，可以有多种控制方法使电机运行于最佳状态，而且可以在不增加辅助开关器件的情况下，实现电机的四象限运行。

④起动转矩大，调速范围宽 SRM 起动转矩较大，并可以在宽速度范围内实现恒功率运行，适用于频繁起停及正反方向的交替运行。

⑤效率高，功耗小 由于 SRM 转子不存在绕组，降低了电机的铜损，并且能在很宽的功率和转速范围内保持高效率。

SRM 驱动系统应用范围广泛，目前已成功应用于电动汽车用驱动系统、家用电器、工业应用以及航空航天等领域。其中，电动汽车领域是 SRM 较成功的应用领域之一，SRM 驱动系统在电动汽车领域应用的主要优势如下：

①通过适当的控制策略和系统设计，SRM 能满足电动汽车四象限运行要求，并在高速运行区域内能保持较强的制动能力。

②SRM 驱动系统有良好的散热性能，功率密度大，减少了电动机体积和重量，节省了电动汽车的有效空间。

③SRM 在很宽的功率和转速范围内都能保持高效率，能有效提高电动汽车的一次充电的连续行驶里程。

④SRM 可以实现良好控制的特性，而且容易智能化，能通过编程和替换电路元器件，能满足不同类型电动汽车的运行要求。

⑤SRM 驱动系统无须或很少需要维护，适用于高温、恶劣工作环境，具有良好的适应性能。

以上特点使 SRM 驱动系统适用于电动汽车在各种工况下的运行，因此在电动汽车领域具有一定的应用前景。

6.2.4.4 开关磁阻电动机的控制

SRM 的控制方式有电流斩波控制(current chopping control，CCC)、角度位置控制(angle position control，APC)和电压控制(voltage control，VC)。

(1) CCC 方式

SRM 在低速工作特别是启动时，反电动势较小，相电流上升很快，通常采用 CCC 方式，以限制电流峰值，获得恒转矩机械特性。CCC 方式有两种方案：限制电流上、下限；限制电流上限并恒定关断时间。

通常采用第一种方案，即设定电流上限阈值和下限阈值，当相电流高于上限阈值时，关断开关管；当相电流低于下限阈值时，导通开关管，向绕组供电。这种方式的优点是电流波形平整，脉动小；但开关管的开关频率需精确控制。

(2) APC 方式

SRM 电机在高速区适合采用 APC 方式，此时转速较高，运动电势大，电流上升不明显，调节开通角和关断角的大小即可调节电流，从而实现调节电机转矩。APC 方式的关键在于将角度量转化为相应速度的时间可控量，由于有两个变量需要调节，使得控制复杂度提高。对于一定的转速和转矩，开通角和关断角可以采用不同的组合，因而出现了开通角和关断角的最优选择问题。

提前导通开关管，即开通角减小，则电流增大；推迟导通开关管，即开通角增大，会缩短各相开关管的导通时间，限制电流幅值，影响电机输出。提前关断开关管，即关断角减小，相电流过早截止，减小电机输出；推迟关断开关管，即关断角增大，续流进入电感下降区，将会产生制动转矩，总的电机输出也会减小。

以最大输出为准则，可将关断角固定在近似的最大出力点，只调节导通角的大小。这种方式简便易行，但为了充分发挥 SRM 控制灵活的优势，在实际应用中还必须考虑效率和转矩脉动等目标参数，结合综合目标进行优化控制。APC 方式的控制灵活性较大，是目前应用最为广泛的一种控制方式，但在低速区工作，必须配合其他控制方法。

(3) VC 方式

VC 方式是对功率变换器的开关管采用固定通断触发，同时用 PWM 信号复合调制功率开关管相控信号，通过调整占空比的大小调节加载的绕组电压。PWM 脉冲周期 T 固定，导通时，绕组加正向电压，关断后，加零电压或反电压。改变占空比，则绕组电压的平均值 U 随之变化，绕组电流也相应变化，从而调节转速和转矩，因此该方式也称为电压斩波控制方式。类似于电流斩波控制方式，提高 PWM 脉冲频率，则电流波形比较平整，电机输出增大，运行噪声减小，但功率开关管控制难度增大。

VC 方式既可用于低速区，也可用于高速区，抗负载扰动的动态响应较快，很适合用于转速调节系统，但是在低速运行时转矩脉动较大。

6.3 动力电池

传统上，电池是指盛有电解质溶液和金属电极以产生电流的杯、槽或其他容器或复合容器的部分空间，能将化学能转化成电能的装置。电池具有正极和负极之分。随着科技的进步，现在电池泛指能产生电能的小型装置，如太阳能电池、燃料电池 (FC) 和超级电容器 (UC) 等。利用电池作为能量来源，可以得到具有稳定电压、稳定电流、长时间稳定供电、受外界影响很小的电流，并且电池结构简单，携带方便，充放电操作简便易行，不受外界气候和温度的影响，性能稳定可靠。

电动汽车一般将电力储存在电化学电池、燃料电池和超级电容器中运行，其最终电力来源包括发电厂和可再生能源。根据动力来源不同，电动汽车有几种类型，如混合动力电动汽车(HEV)、纯电动汽车(BEV)、插电式混合动力电动汽车、光伏电动汽车和燃料电池电动汽车。本节首先介绍电池的各种性能指标，然后对各种常用的储能电池进行介绍。本节所讨论的电池是广义的电池，主要介绍目前新能源汽车上已经使用和可能使用的各种储能电池，燃料电池将在本章6.4单独介绍。

6.3.1 动力电池的性能指标

在新能源汽车中，电池是动力源，是汽车正常工作所需要能量的存储装置。电动汽车对动力电池的要求主要有：比能量高、比功率大、充放电效率高、相对稳定性好、使用成本低和安全性好等。

电池的主要性能指标包括：电压、容量、内阻、能量、功率、放电速率、使用寿命等。

6.3.1.1 电压

(1) 端电压

端电压指电源正负两极之间的电压，又称路端电压或端压。它等于电场力沿外电路把单位正电荷从电源正极移动到电源负极所做的功，即等于外电路上的电压降。

(2) 开路电压

电池在开路状态下的端电压称为开路电压。电池的开路电压等于电池在断路时(没有电流通过两极时)电池的正极电极电势与负极电极电势之差。

(3) 电动势

在电源内部，非静电力把正电荷从负极板移到正极板时要对电荷做功，这个做功的物理过程是产生电源电动势的本质。非静电力所做的功，反映了其他形式的能量有多少变成了电能。因此，在电源内部，非静电力做功的过程是能量相互转化的过程。

电动势的大小等于非静电力把单位正电荷从电源的负极经过电源内部移到电源正极所做的功。电动势的方向规定为从电源的负极经过电源内部指向电源的正极，即与电源两端电压的方向相反。

(4) 额定电压

电池的额定电压表示电池的最佳输出电压，需要与用电设备的额定电压进行匹配，包括电网额定电压、发电机额定电压和电力变压器的额定电压。

(5) 放电终止电压

终止电压是指电池放电时，电压下降到电池不宜再继续放电的最低工作电压值。不同的电池类型及不同的放电条件，终止电压也不同。

如再继续使电池放电则称为过放。过放对电池性能会产生破坏性影响，是导致电池零电压及综合性能下降的主要原因，所以在电池的检测和使用过程中，应尽量避免过放。

6.3.1.2 容量

电池容量是指电池存储电量的大小，表示在一定条件下(如放电率、温度、终止电压等)电池放出的电量。电池容量的单位一般是 mAh 或者 Ah。

(1) 理论容量

根据电池反应式中电极活性物质的用量和按法拉第定律计算的活性物质的电化学当量精确求出。由于电池中可能发生的副反应以及设计时的特殊需要，电池的实际容量往往低于理论容量。

(2) 实际容量

实际容量是指在一定的放电机制下(一定沉度、一定的电流密度和终止电压),电池所能给出的电量。

(3) 标称容量

电池上标明的容量,在未标明放电制度下电池实际容量,称为标称容量。

(4) 额定容量

在设计规定的条件(如温度、放电率、终止电压等)下,电池应能放出的最低容量称为额定容量。同时也是按国家或有关部门颁布的标准,保证电池在一定的放电条件下应该放出的最低限度的容量。

6.3.1.3 内阻

电流流过电池内部受到的阻力,使电池电压降低,此阻力称为电池内阻。由于电池内阻作用,电池放电时端电压低于电动势和开路电压;充电时端电压高于电动势和开路电压。

6.3.1.4 能量

电池的能量是指在一定的放电条件下电池所能做出的电功,它等于电池的放电容量(Ah)和电池平均工作电压(V)的乘积,其单位常用瓦·时(W·h)表示。它影响电动汽车的行驶距离(续航里程)。

(1) 比能量

比能量有两种角度,一种是从电极活性材料的角度说,参与电极反应的单位质量的电极材料放出电能的大小称为该电池的比能量;另一种是从电池全体器件的角度说,比能量是指单位质量/体积的器件可提供的能量,其典型单位是(W·h)/kg 或(W·h)/L,在电池的使用过程中,一般指的是后者。

电池的比能量有两种表示方法:一种是质量比能量,用瓦时/千克[(W·h)/kg]表示;另一种是体积比能量,用瓦时/升[(W·h)/L]表示。

(2) 能量密度

电池的平均单位体积或质量所释放出的电能。在汽车行业,能量密度[(W·h)/kg]通常指的是单位重量的电池所储存的能量是多少。

能量密度是由电池的材料特性决定的,普通铅酸电池的能量密度约为 40 (W·h)/kg,常用的电动两轮车用铅酸电池包为 48 V、10 Ah,储能 480 W·h,所以可以简单估计这种电池包的重量约为 12 kg。铅酸电池的能量密度是比较低的,正常行驶所需的电池重量太大,很难用作电动汽车的动力源,另外铅有毒也是一个方面原因,铅酸电池的循环性能也比较差。

目前使用范围较广的锂离子电池的能量密度在 100~150 (W·h)/kg,这个值比铅酸电池高出 2~3 倍,且锂离子电池的循环性要远远高于铅酸电池,这也是目前新能源汽车大量采用锂离子电池的原因。

6.3.1.5 功率

在一定的放电条件下,在单位时间内所放出的能量。其单位常用瓦(W)或千瓦(kW)表示。电池的单位质量或单位体积的功率称为电池的比功率,单位是瓦/千克(W/kg)或瓦/升(W/L)。

(1) 比功率

电池的比功率大意味着在单位时间内,单位质量或单位体积中放出的能量较多,该电池能用较大的电流放电。因此，电池的比功率也是评价电池性能优劣的重要指标之一。

(2) 功率密度

功率密度(W/kg)指的是单位重量的电池在放电时可以以何种速率进行能量输出。

功率密度也是由材料的特性决定的，且功率密度和能量密度没有直接关系，并不是说能量密度越高，功率密度就越高。功率密度其实描述的是电池的倍率性能，即电池能够以多大的电流放电。功率密度对于电池开发以及电动车开发而言非常重要，如果功率密度高，则电动车在加速的时候就会非常快。普通的铅酸电池的功率密度一般只有每千克几十至数百瓦，而锂离子电池目前的功率密度可以达到每千克数千瓦。

值得指出的是，能量密度和功率密度都是一个会变化的量，电池在使用多次以后能量密度会降低(电池容量衰减)，功率密度也会下降，并且这两个量也是随着环境的变化而变化的，如在极为寒冷或炎热的季节中它们都会发生一定程度的变化(一般是减少)。

6.3.1.6 放电速率(放电率)

放电速率指电池放电时的速率，常用时率和倍率表示。时率是指以一定的放电电流放完额定容量所需的小时数；倍率是指电池在规定时间内放出其额定容量时所输出的电流值，数值上等于额定容量的倍数。时率和倍率在数值上互为倒数。放电速率一般用电池在放电时的时间或放电电流与额定电流的比例来表示。

6.3.1.7 使用寿命

使用寿命是指电池在规定条件下的有效寿命期限。电池发生内部短路或损坏而不能使用，以及容量达不到规范要求时电池使用失效，这时电池的使用寿命终止。

电池的使用寿命包括使用期限和使用周期。使用期限是指电池可供使用的时间，包括电池的存放时间。使用周期是指电池可供重复使用的次数。

6.3.2 动力电池的基本术语

在表征动力电池时，经常使用一些术语。经常使用的有荷电状态和放电深度。

(1) 荷电状态(state of charge，SOC)

电池使用一段时间或长期搁置不用后的剩余容量与其完全充电状态的容量的比值，常用百分数表示。其取值范围为0~1，当SOC=0时表示电池放电完全，当SOC=1时表示电池完全充满。

(2) 放电深度(depth of discharge，DOD)

放电深度指从电池取出电量占额定容量的百分比。因为电池寿命受电池的平均充电状态所影响，所以在设计一个系统时必须协调好电池的循环深度和容量之间的关系。一般情况下，DOD=1−SOC。

(3) 记忆效应(memory effect)

电池的记忆效应是指未完全放电的电池，在下一次充电时所能充电的百分比。产生记忆效应的主要原因是电池内物质产生结晶，如镍镉电池中，Cd不断聚集成团形成大块金属镉，降低了负极的活性。为了消除电池的记忆效应，在充电之前，必须先完全放电，然后充电。锂电池没有记忆效应。

(4) 电池组的一致性

由于单个电池的容量和功率的不足，在实际的电池使用过程中，往往是由多个单体电芯串联、并联在一起组成电池组来使用。电池组的整体性能和寿命取决于其中性能较差的一个电芯，这就要求电池组中每个电芯性能的一致性要高。除单体电芯本身性能的误差和原材料质量的好坏外，最主要原因是制造工艺。

6.3.3 常用动力电池介绍

能够用于新能源汽车的动力电池较多，这里着重介绍锂离子电池、飞轮电池和超级电容3种电池，燃料电池在本章6.4中详细介绍。

6.3.3.1 锂离子电池

锂离子电池(Li-ion)由锂电池发展而来。锂电池是以金属锂作为负极的化学电源总称，实际应用于20世纪70年代。近30年来，锂一次电池技术非常成熟，但是作为二次电池发展一直受阻。金属锂电池在反复充放电过程中，在负极上会产生枝晶锂沉淀，可逆性差，同时枝晶锂可能穿透隔膜造成内部短路爆炸。

锂离子电池正极采用Li和过渡金属的化合物，负极采用石墨或其他类似结构物质。通过锂离子在电极间的嵌入与脱嵌进行充放电过程，充电时，正极在电源驱动下电离出锂离子，并且锂离子通过电解液向负极运动与石墨晶体结合；放电过程与之相反。锂离子在正极和负极之间移动时，电极本身不发生变化。这是锂离子电池与金属锂电池本质上的差别，从而在保留金属锂电池能量密度高、质量轻、电压高等优点的同时，避免了其循环次数少，使用不安全的缺点。

见表6-1所列，与其他常用二次电池相比，锂离子电池具有高能量密度、高的比能量和比功率，没有记忆，没有Hg和Pb之类的有害物质，被认为是用于新能源汽车动力电池中最有前途的存储电池。但是，这种电池的成本比较昂贵，在使用时需要配备安全防护和电池管理系统(BMS)，确保其能够在相同的电压和电量水平上，保持电池性能的一致性。具体而言，锂离子电池具有以下特性：①体积及质量的能量密度高，其能量密度大于300(W·h)/L，比能量达110~120(W·h)/kg，分别是Ni-Cd、Ni-MH电池的2.5倍和1.5倍；②寿命长(大于1 200次充、放电)；③单电池的输出电压高，为4.2 V；④自放电率小，可实现快速充放电，也可做成大容量的电池组；⑤在60℃左右的高温下也可以使用；⑥无记忆效应；⑦不含有毒物质等。

表6-1 常用二次电池性能比较

项目	铅酸电池 (Pb-acid)	镍镉电池 (Ni-Cd)	镍氢电池 (Ni-MH)	锂离子电池 (Li-ion)
工作电压/V	2	1.2	1.2	3.3~3.7
重量能量密度/[(W·h)/kg]	28~38	40~60	60~80	100~150
循环寿命/次	300	1 000	500	500~2 000
充电时间/h	8~16	4~8	4~8	2.5
每月自放电率/%	4~5	20~30	30~35	<5
记忆效应	无	有	有	无
环境友好度	Pb污染	Cd污染	较好	中等
成本	低	低	中	中

锂离子电池分类主要有：

①按外形分　方形锂电池（如普通手机电池）和圆柱形锂电池（如18650）。

②按外包材料分　铝壳锂电池、钢壳锂电池、软包电池。

③按正极材料分　钴酸锂（$LiCoO_2$）、锰酸锂（$LiMn_2O_4$）、磷酸铁锂（$LiFePO_4$）、镍-锰-钴氧化物（$LiNiMnCoO_2$）、三元锂（$LiNixCoyMnzO_2$）、锂-镍-钴-铝氧化物（$LiNiCoAlO_2$）和钛酸锂（$Li_4Ti_5O_{12}$）电池等，这些不同正极材料的锂离子电池的性能比较见表6-2所列。

④按电解液状态分　锂离子电池（LIB）、聚合物电池（PLB）。

⑤按用途分　普通电池和动力电池。

⑥按性能特性分　高容量电池、高倍率电池、高温电池、低温电池等。

表6-2　几种主要锂离子电池性能比较

项目	磷酸铁锂	锰酸锂	钴酸锂	镍酸锂	镍-钴-锰三元材料
材料主成分	$LiFePO_4$	$LiMn_2O_4$	$LiMnO_2$	$LiCoO_2$	$LiNiO_2$	$LiNiCoMnO_2$
理论能量密度/(mAh/g)	170	148	286	274	274	278
实际能量密度/(mAh/g)	130~140	100~120	200	135~140	190~210	155~165
电压/V	3.2~3.7	3.8~3.9	3.4~4.3	3.6	2.5~4.1	3.0~4.5
循环性/次	>2 000	>500	差	>300	差	>800
过渡金属	非常丰富	丰富	丰富	贫乏	丰富	贫乏
环保性	无毒	无毒	无毒	Co有放射性	Ni有毒	Co、Ni有毒
安全性能	好	良好	良好	差	差	尚好
适用温度/℃	-20~75	>50快速衰减	高温不稳定	-20~55	N/A	-20~55

除常温使用的锂离子电池之外，还有专为高温环境应用设计的品类。例如，Li-Al-Fe 等都是高温锂离子电池，这类锂硫电池在锂离子电池中具有最高的能量容量。但此类锂离子电池循环寿命短，需要热管理，并且由于需要维持工作温度会造成大量能量损失。锂硫电池的操作温度范围375~500℃。高温锂硫电池由锂铝合金作为阳极，铁硫化物为阴极，熔融的锂氯化物作为电解质和隔膜。在这些电池中，锂铝合金被用于控制锂的活性，和铁硫化物用于防止铁的腐蚀。目前这类电池很少用于新能源汽车。

在环境温度下正常工作的其他锂离子电池，主要是用于电动汽车应用的锂聚合物电池和锂离子电池。聚合物和锂离子电池之间的区别在于，前者使用锂金属作为一个反应器，而后者系统中没有金属锂。锂聚合物电池适用于各种制造形状，并表现出较好的坚韧性和可靠性。然而，它们的导电性和功率密度都比较差。

由于锂离子电池体积小、重量轻和具有新能源汽车应用的潜力，所以在储能和便携式电气和电子产品中很受欢迎。锂离子电池具有高能量密度，500~2 000 W/kg 的高功率密度，自放电低，寿命长。然而，锂离子电池的生命周期受到温度的影响很明显，并可能在遇到深放电时寿命受损。

钴酸锂电池是被开发的第一个类型。氧化钴是较 Ni 和 Mn 等元素都要昂贵的元素，后者更具有价格优势。磷酸铁锂电池功率密度高，并且在所有锂离子电池中成本最低，热稳定性好，化学性能稳定性好，因此能够广泛应用于电动汽车。由于钛酸锂电池比其他锂电池充电更快，因此在电动汽车中也有应用。锂离子电池由锂金属氧化物作为阴极，有机碳酸盐作为

电解质,锂化石墨碳作为阳极,以及隔膜组成。锂离子电池的整体电化学反应如下:

$$LiMeO_2 + C \rightleftharpoons Li_{1-x}MeO_2 + LiC \quad (6-1)$$

图 6-26 显示了放电和充电过程中锂离子电池的化学性质。电池在充电时,Li^+ 从阴极流向阳极电解质并通过与电子(e^-)结合并沉积在碳层之间而形成锂原子。在放电过程中,这些过程反向执行。锂离子二次电池反应的实质为一个 Li^+ 浓差电池:充电时,Li^+ 从正极化合物中脱出并嵌入负极晶格,正极处于贫锂态;放电时,Li^+ 从负极脱出并插入正极,正极为富锂态。为保持电荷的平衡,充放电过程中应有相同数量的电子经外电路传递,与 Li^+ 一起在正负极间迁移,使正负极发生氧化还原反应,保持一定的电位。工作电位与构成电极的插入化合物的化学性质、Li^+ 的浓度有关。这种充、放电过程似一把摇椅,故锂离子二次电池又称摇椅电池(rocking chair batteries, RCB)。

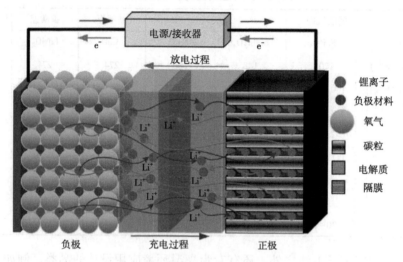

图 6-26 锂离子电池的工作原理

锂离子电池在规模化商用的电池中,比能量和比功率具有明显优势,随着低成本锂电池材料和电池管理系统的开发,锂电池的制造成本有了显著下降,这些都有助于锂电池在电动汽车以及其他储能形式中的进一步应用。

锂离子电池虽然称为摇椅电池,但不是完全消除了安全性问题,不合理的工况也可破坏电池体系。首先,固体电解质界面膜(SEI)的生成消除了枝晶锂的生长条件,降低了电池过热或短路的机会,但放电太深可使负极达到 Li 的析出电位,沉积同样也可发生,这时正极中的 Li^+ 向电解液中逸出,为此,在 Li 沉积前应控制生成固体电解质界面膜。其次,在过充状况时,如果电压太高,将导致电解质分解,产生气体和其他不安全的副反应。锂离子电池进行的安全性试验包括针刺试验、压坏试验、外部短路试验、过充试验、火烧试验、热板试验和炉热试验等。

企业所生产的锂离子电池遵循统一的标准命名规则,根据电池的名称可以知道电池的尺寸等。其中圆柱形和方形电池的规则如下:

圆柱形电池为 3 个字母后跟 5 个数字。3 个字母,第一个字母表示负极材料,I 表示有内置的锂离子,L 表示锂金属或锂合金电极;第二个字母表示正极材料,C 表示钴,N 表示镍,M 表示锰,V 表示钒;第三个字母为 R,表示圆柱形。5 个数字,前 2 个数字表示直径,后 3 个数字表示高度,单位都为 mm。

例如，特斯拉采用 Sony 公司的 ICR 18650 就是直径为 18 mm，高度为 65 mm 的通用的 18650 圆柱形电池。

方形电池为 3 个字母后跟 6 个数字。3 个字母，前两个字母的意义和圆柱形一样，后一个字母为 P 表示为方形。6 个数字，前 2 个数字表示厚度，中间 2 个表示宽度，后面 2 个表示高度(长度)，单位也为 mm。

例如，ICP 053353 就是厚度为 5 mm，宽度为 33 mm，高度(长度)为 53 mm 的方形电池。

6.3.3.2 飞轮电池

由于电力电子和材料工程的进步，人们正在研发高转速度飞轮储能系统，飞轮储能系统又称飞轮电池，能量效率在 90%~95% 和功率规模 0~50 MW，可用于电动汽车和动力系统。

飞轮电池是一种电能—机械能—电能转换的电池。其特点为质量轻(仅几十千克)且转速高(几十万转/分)，因此其比能量高、比功率大、电能和机械能之间的转化效率高、能快速充电、可实现免维护和具有良好的性价比等优点。其作为辅助能量源有以下特点：

①减弱了对电池比能量和比功率要求，有利于优化电池的能量密度和循环寿命设计；②降低了电池的输出功率和放电电流，提高了电池的可利用能量和使用寿命(由于飞轮的负载均衡作用)；③车辆低功率行驶以及制动时，飞轮可以高效率地实现补充充电和制动时的能量回收，使车辆的续驶里程明显提高。

制造飞轮电池，需要有轻质复合材料转子、磁悬浮轴承、高强度碳纤维复合材料等，具体要求：①具有能够承受超高速运行的高强度飞轮；②具有能够将电能和机械能进行高效双向转换的电动机和功率变换器；③与传统质量飞轮相比，飞轮质量轻而转速极高。

总体而言，飞轮电池的制造工艺要求较高，成本也很高，目前仍然在研制中。

典型的飞轮电池由高速飞轮、轴承、内置电机、电力转换器和真空室等组成，详见图 6-27。飞轮电池中的内置电机，既是电动机也是发电机，通常称为电动/发电机总成。常用的电机有永磁无刷电机、三相无刷直流电机、磁阻电机和感应电机等。

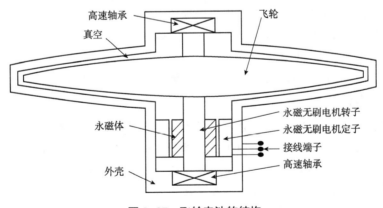

图 6-27 飞轮电池的结构

在新能源汽车中，飞轮电池既可作为独立的动力源直接驱动车辆行驶，也可作为辅助动力源：

①稳定主动力源的功率输出，即在电动车辆起动、爬坡和加速时，快速、大能量地提供动力(放电)，减少主动力源的动力输出。

②提高制动能量回收效率，即在电动车辆下坡、滑行和制动时，能够快速、大能量地储存动能(充电)，充电速度不受"活性物质"化学反应速度的影响，再生制动时大大提高了能量

回收的效率。

飞轮电池是利用转速不同、飞轮动能不同这一原理工作的。飞轮动能与其转动惯量 J 和飞轮角速度 ω 的关系式为：

$$E=\frac{1}{2}J\omega^2, \text{ 其中 } J=\frac{1}{2}mr^2 \tag{6-2}$$

式中：E 是飞轮电池的动能；J 是惯性矩；ω、m 和 r 分别是飞轮的速度、质量和半径。

从式(6-2)可以看出，该能量可以通过增加飞轮的惯性或转速增加。因此，飞轮电池的主要优点是高的能量和功率密度，理论上无限的充电和放电循环，成本低，寿命长，并且没有放电(DOD)的深度影响。但是，由于风阻和轴承摩擦损失，它具有很高的自放电特性。现在人们大多针对高速飞轮电池进行研究，在密封的真空外壳中，高速飞轮的转速可以达到 200 000 r/min，但受材料的极限强度和飞轮安全性的限制，实际采用的最高转速约为 50 000 r/min。为了提高其性能，目前多以高性能连续纤维作为增强性，以树脂材料作为基体，采用预应力缠绕技术与多环过盈配合相结合的工艺制造出重量轻、储能密度大的复合材料，详见表6-3。这种电池涉及先进的材料技术、结构设计、电子控制和无摩擦轴承，是将来可能应用于混合动力电动汽车的储能应用之一。

表6-3 超高速飞轮转子复合材料特性参数

材料	抗张强度 σ/MPa	密度 ρ/(kg/m³)	比能量/[(W·h)/kg]
E型玻璃	1 379	1 900	202
环氧石墨	1 586	1 500	294
S型玻璃	2 069	1 900	303
环氧B纤维	1 930	1 400	383

当然，飞轮电池也存在一定的问题：①车辆转弯或产生颠簸偏离直线行驶时，飞轮将会产生陀螺力矩，陀螺力矩将严重影响车辆的操纵性能；②若飞轮出现故障，存储在飞轮中的能量就会在短时间内释放出来，对车辆产生巨大破坏。

例如，若 1 kW·h 的飞轮失效，在 1~5 s 内将产生 720~3 600 kW 的功率输出，因此确保飞轮的安全使用一直是超高速飞轮用于电动汽车面临的巨大障碍。

6.3.3.3 超级电容

超级电容器(ultra capacitor，UC)是一种新型的电容器，它的出现使电容器的极限容量上升了3~4个数量级，达到了 10^3 F/g 以上的大容量。就结构和功能而言，超级电容器与普通电容器类似。然而，超级电容器具有较高的容量值，一般为千法拉。由于新能源汽车的启动和停车频繁，导致电能储存装置的放电过程变化很大。例如，正常行驶时，使用的电功率相当低，但在加速和爬坡时需要的峰值功率又相当高。因此，新能源汽车非常重视储能装备的比功率和寿命问题。超级电容器的特点恰巧是比功率高和循环寿命长。超级电容器仅在启动的瞬间作为汽车驱动系统主要动力源，而在其他条件下仅为辅助动力源。用于快速充电和放电，在全负荷加速时，充当的是辅助动力源的角色；在正常行驶或减速、制动时充当的是储存能量的角色。在电动制动能量回收过程中，超级电容器既被用作能量存储器，也是为急速加速需要的能量来源。

超级电容的优点是，不存在对环境的污染、无噪声、结构简单、质量轻、体积小，能够实现快速充电,在极短时间内即可完成电容器充电;比功率高(可达到 1~2 kW/kg);循环寿命长(万次以上,使用年限超过 5 年,甚至几十年),能量效率 95%。由于超级电容器具有高功率存储功能,在电动汽车中被用于满足大功率需求;它不需要维护,而且温度不敏感,操作时间长。

超级电容器分为三类,即电双层电容器(EDLC)、法拉第准电容器和混合电容器。图 6-28 是电双层电容器结构示意图,电双层电容器具有比其他的电容器更高的功率密度,但它比能量低,为 5~7 (W·h)/kg,高的自放电率,且成本高。由于这些原因,超级电容器一般都是与电池、燃料电池或者其他储能形式联合应用,这样就可以获得一个功率密度高,能量密度高,使用寿命长的储能系统。超级电容器使用高介电常数的介电材料、多孔活性炭表面电极、有机或含水电解质和薄的多孔隔膜。有机超级电容器比超级电容器具有更高的能量密度和端电压。有机超级电容器通常用于驱动电动汽车。

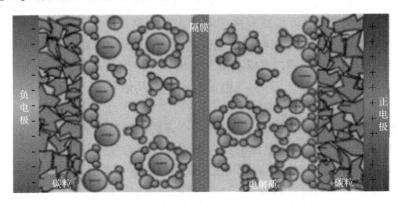

图 6-28 超级电容电池结构——电双层电容器

离子通过超级电容器中的电解质在电极之间传播。存储在电容器中的能量与其电容成正比,并与电极两端的电压成正比,随着电极表面积和电介质材料介电常数的增加,电极间距离的减小,容量增加。数值关系如下面的方程所示。

$$W_C = \frac{1}{2}CV^2 = \frac{1}{2}QV \tag{6-3}$$

$$Q = CV \tag{6-4}$$

$$C = \frac{\varepsilon A}{d} \tag{6-5}$$

式中:W_C 是静电能量;C 是超级电容器的电容值;V 是电极两端的电压;Q 是电荷;ε 是介电材料的介电常数;A 是电极的表面积;d 是电极。

超级电容器可以是对称或不对称的配置,这样它们或者具有相同电极材料或者材料不同。铅碳电容器是不对称超级电容器的典型代表。碳纳米管技术使超级电容器具有 100 kW/kg 的高功率密度和 60 (W·h)/kg 的较高能量密度。目前正在研究利用纳米结构材料开发超级电容器。由于较高的功率和能量密度,法拉第准电容器和混合电容器在能量存储应用中表现出较好的性能。最近,锂离子电容器(LIC)已经被开发出来,它具有比其他超级电容器更高的端电压和能量密度。锂离子电容器运行时的功率密度较高,与超级电容器几乎相同。目前市场上用于电动汽车的锂离子电容器功率为 80 (W·h)/kg,可部分替代锂离子电池。

6.3.3.4 金属空气电池

金属电极作为阳极，从取之不尽空气供应 O_2 作为阴极。在金属空气电池中，Li、Ca、Mg、Fe、Al 和 Zn 被用作阳极的金属。在这些元素中，锂-空气(Li-空气)电池是新能源汽车中最具应用前景。因为它的理论能量密度非常高，可达 11.14 (kW·h)/kg，不考虑空气，它的比能量超过其他类型电池的 100 倍以上。然而，这种类型电池的起火风险很高，含有水汽的空气就可能造成起火。

钙-空气电池具有高能量密度，但它容量衰减非常快，并且比较昂贵。通常，镁-空气电池具有高比能量 700 (W·h)/kg，设计用镁合金取代镁单质，在海底车辆上应用。电化学的可充电铁-空气电池具有低的比能量 75 (W·h)/kg 和与其他金属-空气电池相比更低的成本。其全寿命周期成本较低，并且活性材料或形状不会因长时间的电气循环而变形。

铝-空气电池具有高比能量、端电压和安培-小时容量。然而，由于放电期间的水消耗，这些优点减少。铝-空气电池可机械充电，利用水系电解质，在没有条件电气充电的环境，每次放电后更换铝电极即可实现充电。先进的铝-空气电池技术用的铝合金制造电极，以避免腐蚀，并且在大电流密度范围内可以获得 98% 或以上的库仑效率。这种类型的电池通常用于为船舶或水下车辆提供动力。铝-空气电池也可以在其他形式下使用，其辅助使氢燃料电池获得了几乎双倍的比能量。

锌-空气电池在技术上是可行的。该电池具有多种燃料电池和常规电池的特性，并且可以进行电气和机械充电。锌-空气电池的反应速率是通过改变气体流量实现的。先进的可充电锌-空气电池使用双功能空气电极以获得更好的使用寿命，并且可机械充电的锌-空气电池的设计方式可以更换放电阳极以避免形变。高性能应用中，设计考虑利用锌-空气电池的高比能量特性和高功率特性，构成锌-空气混合铝-空气电池存储系统。

图 6-29 通过在放电和充电过程中锌-空气电池的化学成分的变化说明了金属空气电池的工作原理。在放电时，锌电极通过释放电子而被氧化，并且空气电极产生氢氧根离子。在电池充电过程中，锌沉积在锌电极上，O_2 释放到空气电极中。

总体而言，金属-空气电池，因为它们的低材料成本和高性能，为可再充电的电能存储应用提供了一种选择。在金属-空气电池中，整体电化学反应如下面的方程所示：

$$4Me + nO_2 + 2nH_2O \rightleftharpoons 4Me(OH)_n \quad (6\text{-}6)$$

式中：Me 是金属，如 Li，Ca，Mg，Fe，Al 和 Zn；n 是取决于金属氧化的价态变化的值。

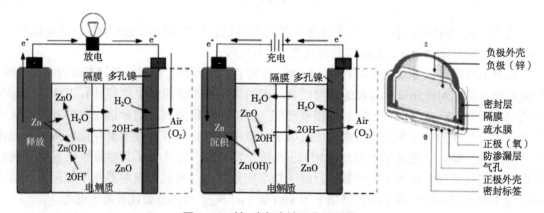

图 6-29 锌-空气电池工作原理图

6.3.3.5 动力电池小结

适用于电动汽车应用的动力电池的选择主要取决于它们的特性,即容量、总输出功率、放电时间、放电深度、自放电、循环寿命、充放电效率、尺寸和成本。动力电池的容量定义为完全充电之后,系统中的存储可用能量的总量。依据自放电、放电深度和响应时间方面的不同,动力电池的容量利用率可能不同。动力电池中的规模是新能源汽车应用的关键特征。紧凑的尺寸对应于电池效率性能,高能量密度对应于小的质量和体积。成本与规模密切相关。而且,动力电池的成本包括存储系统的设计、材料、包装、维护、损耗以及寿命等。

动力电池的性能由其基本特性参数决定。高能量密度、高功率密度和小尺寸能量存储应用是必不可少的特征。此外,在制造和选择动力电池作为新能源汽车动力过程中,需要确保零排放、可以忽略不计自放电、低的化学反应引起的材料腐蚀、长的耐久性、高效率以及低维护成本。动力电池需要对爬坡过程作出快速反应,并在正常运行中保持稳定。

对比现有的诸多储能形式,不难发现,单纯一种储能形式,想要一己之力满足多种应用场景的全部要求是比较困难的。而随着系统技术的发展,尤其储能系统控制管理水平的提升,储能的远期形式很可能是混合储能,关键影响因素是复杂系统构建成本的降低,至少达到延长的储能介质寿命可以补偿系统成本的时候,混合储能的应用才有可能推广。

而电动汽车的储能系统,由于空间的有限,还受到另外一些因素的制约,最突出的就是用户对续航里程的担心和重视。这使动力电池生产者不得不追求较大的能量密度。目前,人们大多把给一辆车装载更多电量当作解决续航问题的最主要途径。实际上,换一个角度,提高能量密度不一定是最快的途径,并且很容易出现天花板,反而充电桩的建设和快速充电技术的进步,可能领先一步解决这个问题。

6.4 燃料电池

燃料电池是一种将燃料与氧化剂的化学能通过电化学反应直接转换成电能的发电装置,主要由正极、负极、电解质和辅助设备组成。当源源不断地从外部向燃料电池供给燃料和氧化剂时,它可以连续发电。燃料电池不受卡诺循环限制,能量转换效率高,洁净、无污染、噪声低,模块结构、积木性强、比功率高,既可以集中供电,也适合分散供电。

6.4.1 燃料电池的发展

1839 年,英国的 Grove 发明了燃料电池,并用这种以铂黑为电极催化剂的简单氢氧燃料电池点亮了伦敦讲演厅的照明灯。1889 年,Mood 和 Langer 首先采用了燃料电池这一名称,并获得 200 mA/m² 电流密度。由于发电机和电极过程动力学的研究未能跟上,燃料电池的研究直到 20 世纪 50 年代才有了实质性的进展,英国剑桥大学的 Bacon 用高压氢氧制成了具有实用功率水平的燃料电池。20 世纪 60 年代,氢氧燃料电池广泛应用于宇航领域,如应用于阿波罗登月飞船。同时,兆瓦级的磷酸燃料电池也研制成功。从 20 世纪 80 年代开始,各种小功率电池在宇航、军事、交通等各个领域中得到应用。

近年来燃料电池在研究开发和商品化方面取得了巨大突破,给汽车工业和能源工业的变革带来了新的希望,发达国家纷纷投入巨资从事燃料电池技术的研究和开发,现在已经取得了很多重要成果,在 21 世纪,燃料电池发电有望成为继火电、水电和核电后的第四代发电技术。

在电动汽车应用方面,汽车工业发达国家,如美国、日本等均制定了燃料电池的汽车发展规划,各大汽车公司也纷纷投入巨资,支持开发燃料电池汽车,日本丰田、美国通用公司都已有产品投入实际运营。

6.4.2 燃料电池的分类

燃料电池可依据工作温度、燃料种类和电解质类型等进行分类。

①按照工作温度,燃料电池分为低温型(工作温度低于200℃)、中温型(200~750℃)和高温型(高于750℃)。

②按照燃料的种类,燃料电池被分为直接和间接系统燃料电池。在直接燃料电池系统中,燃料(氢气和甲醇)直接反应,而在间接系统中反应的燃料电池,燃料(化石燃料和天然气)先转化成富氢气体,然后供给到电堆进行反应。

③按电解质类型,燃料电池可分为碱性燃料电池(AFC)、磷酸燃料电池(PAFC)、固体聚合物燃料电池(SPFC)、质子交换膜燃料电池(PEMFC)、再生燃料电池(RFC)、固体氧化物燃料电池(SOFC)、直接甲醇燃料电池(DMFC)和熔融碳酸盐燃料电池(MCFC)。

如图6-30所示,不同类型燃料电池的操作温度不同,其输出功率水平也不同。其中,碱性燃料电池、质子交换膜燃料电池和直接甲醇燃料电池在常温下(不高于100℃)运行,其输出功率在100 kW以下,适用于中低档电力存储应用。磷酸燃料电池属于中温燃料电池(120~200℃),输出功率在100~400 kW。这些燃料电池,由于其操作效率高,设计简单和低排放而被运用于交通运输。融碳酸盐燃料电池和固体氧化物燃料电池在600~1 000℃的高温下运行,其输出功率可达2 000 kW,甚至10 000 kW。这两类燃料电池可用于大规模电力存储、电力公司和电网发电。

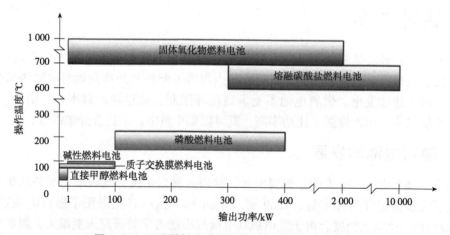

图6-30 不同燃料电池的操作温度和输出功率关系

因为甲醇(CH_3OH)比氢气更容易储存,直接甲醇燃料电池受到了越来越多的关注,但其电效率低,并且排放CO_2。而固体氧化物燃料电池具有较高的燃料效率,比直接甲醇燃料电池更稳定,但它的成本较高,还需要高温。但由于发电效率比较高,固体氧化物燃料电池是一个潜在的用于新能源汽车上辅助电源。

6.4.3 燃料电池工作原理

(1) 氢燃料电池工作原理

氢燃料电池是一种利用化学元素的反应来储存一定能量的燃料电池,其反应机理如图 6-31 所示。注入的氢燃料通过阳极,在催化剂作用下,一个氢分子分解为两个氢离子,并释放出两个电子,在电池另一端,氧气或空气到达阴极;同时,氢离子穿过电解质到达阴极,电子通过外电路到达阴极,在阴极催化剂的作用下,氧气和氢离子与电子发生反应生成水。在再生闭环过程中,电源电解器将水分离成氢气和氧气再次供给电池,从而产生电能和水,这个闭环只需要电能就可以反复循环。

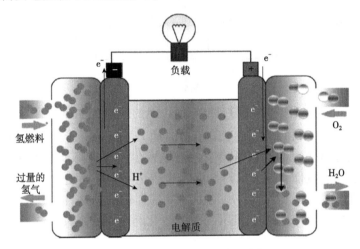

图 6-31 氢燃料电池的化学反应机理

(2) 质子交换膜燃料电池工作原理

质子交换膜燃料电池由于兼具无污染、高效率、适用广、低噪声、可快速补充能量等特点,被公认为替代传统内燃机的最理想动力装置,是真正零排放的车用能源。

图 6-32 是质子交换膜燃料电池反应机理,在原理上相当于水电解的"逆"装置。其特点是工作温度低(70~80℃),启动速度快,特别适于用作动力电池。电池内化学反应温度一般不超过 80℃,故称为"冷燃烧"。其单电池由阳极、阴极和质子交换膜组成,阳极为氢燃料发生氧化的场所,阴极为氧化剂还原的场所,两极都含有加速电极电化学反应的催化剂,质子交换膜作为电解质。工作时相当于一直流电源,其阳极为电源负极,阴极为电源正极。质子交换膜燃料电池技术是目前世界上最成熟的一种能将氢气与空气中的氧气化合成洁净水并释放出电能的技术。

质子交换膜燃料电池的工作过程实际上是电解水的逆过程。

①氢气通过管道或导气板到达阳极,在阳极催化剂作用下,氢分子解离为带正电的氢离子(即质子)并释放出带负电的电子。

②氢离子穿过电解质(质子交换膜)到达阴极;电子则通过外电路到达阴极。电子在外电路形成电流,通过适当连接可向负载输出电能。

③在电池另一端,氧气(或空气)通过管道或导气板到达阴极;在阴极催化剂作用下,氧与氢离子及电子发生反应生成水。

质子交换膜燃料电池中,阳极的氢气或有机小分子电氧化反应以及阴极的氧气还原反

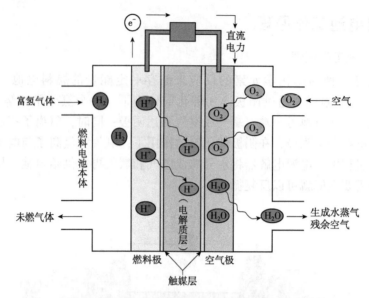

图 6-32　质子交换膜燃料电池的化学反应机理

应,尽管在热力学上是有利的,但由于其不良的动力学特征,特别是有机小分子的氧化和氧气的还原总是在远离平衡的高超电势下才可能发生,严重降低了燃料电池的能量效率。因此,必须寻找适当的电催化剂,以降低反应的活化能,从而使这类电极反应在平衡电势附近以高电流密度发生。质子膜燃料电池中,Pt 基催化剂仍是目前性能最好的阳极或阴极电催化剂。为了减少 Pt 的用量和提高利用率,催化剂采用的是具有纳米级金属粒子的负载型催化剂。

6.5　电传动

电动汽车动力传动系统的零部件包括电机、变速器、传动轴、差速器、半轴和车轮。电机可以从静止状态开始运转,并且能在较宽速度范围内进行有效的工作。这种能力使它可以省去离合器,而在传统内燃机汽车上则必须使用离合器。单一的传动比可以满足电机转速与车轮速度的匹配。电动汽车可以设计成不需要齿轮的形式,但是减速器的使用使电机可以在一定车速下高速运转,这种高转速低转矩的需求特性可以缩小电机的尺寸。

电动汽车传动装置的作用是将驱动电机的驱动转矩传给汽车的驱动轴。因为电机可以带负载启动,所以电动汽车上无须传统内燃机汽车的离合器,并且驱动电机的转向可以通过电路控制实现变换,因此,电动汽车无须内燃机汽车变速器中的倒挡装置。当采用电机无级调速控制时,电动汽车可以省去传统汽车的变速器。在采用电动轮驱动时,电动汽车也可以省去传统内燃机汽车传动系统的差速器。

使用双电机独立驱动前轮可以简化动力传动系统,并且不需要使用差速器。用两个驱动电机来驱动两个车轮便可以实现多种结构形式。在其中一种布置形式中,悬挂在底盘上的电机可以通过两个短的半轴连接到车轮。为了使汽车在不同道路状况下都能够操控简便,悬架系统将车轮及其相关部件与车辆的其他机构相隔离。当电机被悬置在汽车底盘上时,由于没有了电机重量,车轮可以自由地移动。在另一种布置形式中,电机被安装在作为半轴一部分的电机驱动轴上。一边是半轴与车轮相连接,而另一边是底盘通过一个支点连接。电动汽车上电机还有一种布置形式是轮毂电机。这种布置形式的问题在于，由于车轮内部安装了电机而导致汽车非簧载质量的增加，进而造成牵引力控制变得更加复杂。为了减小汽车的非簧载质量，同时由于可用空间的有限性，轮毂电机必须具有高功率密度。正如上面所提到的，减速器的使用具有其必要性，但是这会加剧可利用空间的局限性。高功率、大转矩电机高昂的成本是电动汽车使用轮毂电机的最大障碍。轮毂电机的另一个问题在于，制动时所产生的热量，能否被狭小空间的有限冷却能力所散失。然而，这种简单的传动系统已经引出了很多关于发展电动汽车轮毂电机的工程问题。

电动汽车的动力传动系统性能决定着电动汽车运行性能的好坏，是电动汽车的核心部分。目前，电动汽车的动力传动系统的布置方式主要有以下几种：

(1) 机械传动系统

机械传动系统方案与传统汽车传动系统的布置方式一致，只是用电动机取代了发动机，包含离合器、变速器、主减速器、差速器和传动轴等。这种布置方式可以提高电动汽车的起动扭矩，增加低速时电动汽车的后备功率。这种传动系统零部件多、较大的电动汽车总质量和较低的传动效率，很难满足电动汽车的整体设计和使用性能的要求，无法充分发挥电动汽车的优势。这种传动系统方案只在早期的电动汽车上采用，现在已经逐步被取代。

(2) 机电集成式传动系统

机电集成式传动系统方案取消了变速器和离合器。将电动机和传动系统集成在一起，由半轴、差速器和单级减速器组成。这种传动系统具有体积小、质量轻、承载能力大、抗冲击和振动能力强、工作平稳且寿命长的优点。但要求电动机具有较高的起动转矩和较大的后备功率，以保证电动汽车的起动、爬坡、加速超车等动力性。

按集成型式来分类，机电集成式传动系统常见有两种结构：一种是传动系统直接与驱动电机输出轴连接，驱动桥轴线与驱动电机输出轴轴线垂直，是通过圆锥齿轮使旋转方向改变；另一种是整体驱动桥驱动系统，就是把半轴安装在空心的驱动电机输出轴里面，其一端通过螺栓与驱动轮轮毂连接，另一端半轴齿轮内花键连接。这种无须改变动力传递方向横置的驱动电机机构更加紧凑，但要求零件刚度、强度大，装配与加工精度高，具有良好的通用性和互换性。

(3) 电动桥传动系统

电动桥传动系统常见有两种结构，其中一种是将两部驱动电机安装在驱动桥内，并安装差速器在输出齿轮之间。这种安装差速器的传动方案与传统汽车的传动方案工作原理一样，汽车直线行驶时候，差速器不工作，汽车转弯是通过差速器控制左右轮的转速。在驱动电机输出功率相同的情况下，双电机的外形尺寸比单电机小得多。这种电动桥结构紧凑、机电集成度和传动效率高，整车的布置和结构设计简单。由于汽车行驶工况复杂多变，对驱动电机本身而言要求较宽的转矩变化范围，因此需要较高的控制和加工技术，这样电动桥内部的结构就变得复杂，成本也随之增加。同时这种高集成度的传动方案维修不方便，一般要采用整体拆装来维修更换。

(4) 电动轮传动系统

电动轮传动方式是在车轮轮毂中直接安装电机，使用高于传统电动机常规电压的宽范围系列阶梯电压来驱动特制的轮毂电机车轮，可以在一定范围内有效地解决当前研制电动汽车的这一难点，从而加速现代电动汽车早日大批量使用，造福于人类。轮毂电动机汽车由于其特殊的结构，传统的几大总成基本可以省略，整车结构相对简单，传动效率也大大提高，配备现代电子控制技术即可满足道路行驶的需要。轮毂式驱动传动系统大多采用低速外转子和高速内转子电动机，这样对应着直接驱动式和带轮边减速器两种形式。直接驱动式电动机就是直接在车轮轮辋上安装外转子，这样变速机构就可以省略，车轮和电机组成了一个总成驱动汽车行驶。这种系统主要的特点是电机集成度高、体积小、机构紧凑、整车布置相对容易、受限制较少。安装高速内转子电机的电动汽车，必须在车轮轮辋和电机输出轴之间安装固定速比的减速器。因行星齿轮减速器的速比高，得到了较广的应用。这种电机设计的最高转速一般在 4 000~20 000 r/min，目的是获得较高的比功率。由于行星齿轮机构的紧凑性，使得采用高速内转子的驱动系统比外转子系统在功率密度方面占有明显优势，另外内转子式更有利于汽车轻量化，改善空气动力性，结构更加紧凑、维修更加方便。综上，轮毂式驱动传动系统电机有以下特点：

①整车结构简单，大幅度减小了整车尺寸和质量，改善了空气动力性，降低了生产成本；轮毂电动机汽车省略了传统的离合器、变速器、主减速器及差速器等部件。

②传动效率较高，完全省略传动的传动装置，便于实现四轮驱动形式，整体动力利用效率高。

③电动轮毂相对独立、封闭，不会受到其他部分的干扰，可靠性好。

④轮毂电机整车总布置采用扁平化的底盘结构形式，车内空间和布置自由度得到极大的改善。

⑤线控驱动、线控制动的整车动力学集成控制，提高整车的主动安全性。

另外，根据电机的布置位置，可将电动汽车传动系统分为电动机中央布置式[图 6-33(a)~(c)]和轮毂电机式[图 6-33(d)~(f)]。

第一种类型如图 6-33(a)~(c)所示，图 6-33(a)所示的结构由发动机前置前轮驱动的燃油车发展而来，它由电动机、离合器、变速器和差速器组成。其中离合器用来切断或接通电动机到车轮之间传递动力的机械装置，变速器是一套具有不同速比的齿轮机构，驾驶员可选择不同的变速比，把力矩传给车轮。在低速挡时，车轮获得大力矩低转速；在高速挡时，车轮获得小力矩高转速。汽车在转弯时，内侧车轮的转弯半径小，外侧车轮的转弯半径大，差速器使内外车轮以不同转速行驶。

如果用固定速比的减速器，去掉离合器，可减少机械传动装置的质量，缩小其体积。如图 6-33(b)所示，由电动机、固定速比的减速器和差速器组成电力驱动系统。应该注意这种结构的电动汽车由于没有离合器和可选的变速挡位，不能提供理想的转矩/转速特性，因而不适合于使用发动机的燃油汽车。

图 6-33(c)所示的这种结构与发动机横向前置、前轮驱动的燃油汽车的布置方式类似，它把电动机、固定速比减速器和差速器集成为一个整体，两根半轴连接驱动车轮，这种结构在小型电动汽车上应用最普遍。

第二种类型如图 6-33(d)~(f)所示，图 6-33(d)所示的双电动机结构就是采用两个电动机通过固定速比减速器分别驱动两个车轮，每个电动机的转速可以独立地调节控制，便于实现电子差速，这样，电动汽车不必选用机械差速器。

电动机也可以装在车轮里面，称为轮毂电动机，可进一步缩短从电动机到驱动车轮的传递路径，如图 6-33(e)所示。为了将电动机转速降低到理想的车轮转速，可采用固定减速比的行星齿轮变速器，它能提供大的减速比，而且输入和输出轴可布置在同一条轴线上。

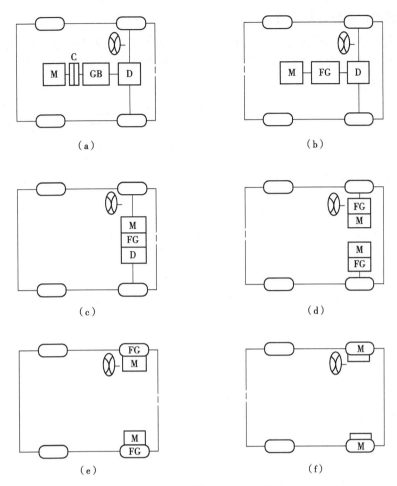

图 6-33　电动汽车的传动形式
C—离合器　D—差速器　FG—固定速比减速器　GB—变速器　M—电动机

图 6-33(f)表示了另一种使用轮毂电动机的电动汽车结构，这种结构采用低速外转子电动机，彻底去掉了机械减速齿轮箱，电动机的外转子直接安装在车轮的轮缘上，车轮转速和电动汽车的车速控制完全取决于电动汽车的转速控制。

6.6　电动汽车与环境

近年来，汽车数量大幅度增加，传统汽车由于大量污染物排放，环境污染问题日益突出，发展新能源汽车尤其是电动汽车被认为是解决环境污染问题的有效途径。尽管如此，电动汽车的环保问题仍然存在争议。虽然电动汽车在使用时不像传统燃油汽车那样直接排放 CO_2、NO_x 和 PM 等污染物，但其电力来源于化石燃料的燃烧，导致电力系统排放增加；同时，电动汽车的生产和报废环节也需要消耗大量能源，排放污染物。因此，为全面评价电动汽车与传统汽车的环境效益，国内外学者已经采用全生命周期模式对电动汽车的生产、使用、报废各个环节中能源消耗与环境影响方面开展了大量研究工作。如中国科学院严军华等人利用生命周期评价方法，选取传统汽油车桑塔纳、混合动力车普瑞斯和纯电动汽车比亚迪 E6，对制造、使用、报废回收 3 个主要阶段的能耗与排放进行了对比分析：

(1) 车辆制造过程能耗与排放

通过计算得到汽车制造过程中能源消耗与污染物排放，见表 6-4 所列。可以看出，与传统燃油汽车相比，电动汽车在制造过程中会产生更大的能耗和污染物排放量，这是因为电动汽车具有更大的质量。

表 6-4 汽车制造过程的能耗及污染排放

汽车类型	能耗/kJ	环境排放系数/10^{-3}（每千克排放物中含有污染物的克数）						
		CO_2	CO	SO_x	NO_x	粉尘	CH_4	VOC
传统汽车	7.14×10^7	7.63×10^6	1.32×10^5	6.95×10^4	1.94×10^4	1.27×10^5	1.71×10^4	4.94×10^2
混合动力汽车	9.04×10^7	1.07×10^7	1.67×10^5	1.29×10^5	2.60×10^4	1.61×10^5	2.18×10^4	5.53×10^2
纯电动汽车	1.10×10^8	1.18×10^7	2.03×10^5	1.07×10^5	2.99×10^4	1.95×10^5	2.64×10^4	7.61×10^2

(2) 车辆行驶过程中能耗与排放

通过计算得到汽车行驶过程中能源消耗与污染物排放，见表 6-5 所列。可以看出，在我国目前的电能结构中，电动汽车在使用过程中与传统燃油汽车相比并没有很大的环保优势。

表 6-5 汽车制造过程的能耗及污染排放

汽车类型	能耗/kJ	环境排放系数/10^{-3}（每千克排放物中含有污染物的克数）						
		CO_2	CO	SO_x	NO_x	粉尘	CH_4	VOC
传统汽车	2.40×10^9	1.79×10^8	1.43×10^3	2.59×10^4	1.43×10^5	4.30×10^4	1.91×10^5	1.18×10^5
混合动力汽车	1.38×10^9	1.03×10^8	1.47×10^4	1.54×10^4	8.91×10^4	3.12×10^4	4.53×10^3	6.85×10^4
纯电动汽车	1.06×10^9	8.11×10^7	1.73×10^7	4.26×10^4	4.69×10^4	1.17×10^5	9.44×10^4	7.15×10^3

(3) 车辆报废回收过程中的能耗与排放

汽车到达报废里程之后，经拆解，部分材料可回收再利用。通过计算得到车辆报废回收过程中能量消耗与污染物排放，见表 6-6 所列。可以看出，电动汽车的报废回收环节消耗了更高的能量和排放更多的污染物，这主要是因为动力电池拆解和金属回收过程工艺复杂。

表 6-6 汽车制造过程的能耗及污染排放

汽车类型	能耗/kJ	环境排放系数/10^{-3}（每千克排放物中含有污染物的克数）						
		CO_2	CO	SO_x	NO_x	粉尘	CH_4	VOC
传统汽车	1.99×10^6	1.71×10^5	27.30	6.65×10^2	2.59×10^2	1.31×10^2	6.03×10^2	15.20
混合动力汽车	5.58×10^6	4.80×10^5	77.30	1.86×10^3	7.26×10^2	3.66×10^2	1.69×10^3	42.10
纯电动汽车	5.45×10^7	4.68×10^5	7.60×10^2	1.82×10^4	7.10×10^3	3.57×10^3	1.65×10^4	4.09×10^2

(4) 全寿命周期的能耗与排放

经以上 3 个阶段的能耗和污染排放汇总，得到全寿命周期的能量消耗与污染物排放，见表 6-7 所列。可以看出，混合动力汽车和纯电动汽车在全生命周期过程中的总能源消耗和 CO_2 排放均低于传统燃油汽车，电动汽车相比于传统燃油汽车，可以减少环境污染。

表 6-7 全寿命周期的能耗及污染排放

汽车类型	能耗/kJ	环境排放系数/10^{-3}（每千克排放物中含有污染物的克数)						
		CO_2	CO	SO_x	NO_x	粉尘	CH_4	VOC
传统汽车	$2.47×10^9$	$1.87×10^8$	$1.56×10^6$	$9.63×10^4$	$1.63×10^5$	$1.70×10^5$	$2.09×10^5$	$1.19×10^5$
混合动力汽车	$1.48×10^9$	$1.14×10^8$	$1.82×10^5$	$1.56×10^5$	$1.17×10^5$	$1.93×10^5$	$2.96×10^4$	$6.92×10^4$
纯电动汽车	$1.29×10^9$	$1.03×10^8$	$2.30×10^5$	$1.996×10^5$	$9.24×10^4$	$3.26×10^5$	$1.58×10^5$	$9.42×10^3$

另外，研究表明，电动汽车对于在城市中运行的车辆而言，具有极大的环保意义。由于城市道路中行车速度不是很高，时常走走停停，这时电力驱动的使用价值就体现出来了，所以，对于城市治理机动车污染排放非常有价值。

如图 6-34 所示，根据不同驱动类型客车的 PM2.5 排放生命周期对比，相比传统动力驱动的客车，电动客车在 PM2.5 的排放上有明显下降，混合动力客车与纯电动客车差别不大。因此，在通往节能减排和汽车可持续发展的道路下，混合动力电动汽车在现阶段具有极强的可操作性和现实意义。

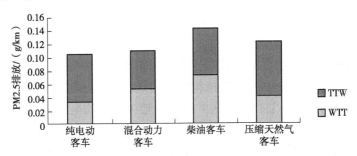

图 6-34 不同驱动类型客车的 PM2.5 排放生命周期对比

如图 6-35 所示，通过对不同驱动类型客车的 CO_2 排放分析比较，可以得出纯电动客车和混合动力客车比传统柴油客车的排放污染更小，故可以预测混合度越高的车辆其环保效果越好。总体来说，以电动汽车为主的新能源汽车与传统汽车相比较具有明显的环境优势。

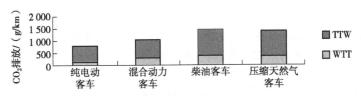

图 6-35 不同驱动类型客车的 CO_2 排放分析比较

虽然我国的发电以煤为主，但电动汽车的应用仍具有显著的减排效果。按照目前我国 80% 的高煤电比例，同等车重的电动汽车与燃油汽车相比，CO_2 排放降低潜力可达 30%。随着我国煤电发电水平的提高和电力来源的多元化、清洁化，电动汽车的减排效果将会更加明显。

第 7 章　混合动力汽车

7.1　混合动力汽车原理

7.1.1　混合动力汽车发展历程

电动汽车发明于 1834 年，比 1895 年发明的汽油车早了约 60 年。至 1900 年，在美国共销售的 4 200 辆汽车中，40% 为电动汽车。

1898 年，费尔南德·波尔舍博士造出了世界上首辆混合动力汽车，这辆汽车通过内燃机带动发电机发电，为汽车轮毂中的电动机提供能量。此外，一家名为 Krieger 的公司在 1903 年也制造出了混合动力汽车，它由汽油机为使用电池组供电的电动机补充能量。这两款混合动力汽车的设计与现在的串联式混合动力汽车很相似。

20 世纪初，一家比利时名为 Pieper 的公司发明了一款 2.57 kW 的混合动力汽车 "Voiturette"，它将一个小型汽油机与发电机安装于汽车座椅下。汽车巡航时，电动机被用作发电机为电池充电。当汽车爬坡时，与汽油机同轴安装的电动机帮助发电机驱动汽车。在 1905 年，一名美国的工程师 H. Piper 申请了一项油电混合动力汽车专利，使用电动机为内燃机助力，使汽车车速能够达到 56 km/h。这两款混合动力汽车的设计与现在的并联式混合动力汽车很相似。

在 20 世纪 20 年代，美国有很多电动汽车公司，其中克利夫兰贝克公司、芝加哥伍兹公司占据着主要的电动汽车市场。传统汽车公司也提供混合动力汽车，但价格都比较昂贵，销量较低。

但在 1930 年，混合动力汽车就开始淡出市场，有很多原因导致混合动力汽车和电动汽车的消失。与汽油机汽车相比，混合动力汽车有以下一些缺点：

①由于使用大电池组，比汽油机汽车昂贵很多。
②车载电池组的功率比较有限，在动力性上无法与汽油汽车相比。
③单次充电续航里程有限。
④电池组充电时间过长。
⑤无论在城镇还是在农村，为混合动力汽车充电都较为不便。

汽油机汽车的巨大进步也加速了混合动力汽车的消失。起动机的发明使得汽油机的启动更容易，并且亨利·福特的 T 型汽车的流水线生产，使得汽油机汽车比混合动力汽车便宜很多，满足了大多数人的消费需求。

直到 1973 年，阿拉伯石油禁运导致世界石油价格飙升，人们才重燃对电动汽车的兴趣。1976 年，美国国会提出了一套电动汽车与混合动力汽车研发和示范运行的法案，建议将电动汽车的使用作为减少石油依赖和空气污染的方法。1990 年，美国加州空气资源理委员会（California Air Resource Board，CARB）通过了零排放车辆（Zero Emission Vehicle，ZEV）议案，要求到 1998 年，零排放车辆的销量要占整体销量的 2%，到 2003 年达 10%。由于加州的汽车销量约占美国汽车市场总销量的 10%，主要的汽车制造商都担心不能实现零排放车辆的销售要求而丢掉加州的汽车市场，因此，每一家汽车制造公司都开始研发电动汽车和混合动力汽车，燃料电池汽车也是在这一时期开始研发的。在几年的时间里，许多电动汽车被制造出来，有 10 多款电动汽车可供消费者购买，如通用 EV1、福特 Range、本田 Plus、尼桑 Altra、丰田 RAV4。

在 1993 年，美国能源部成立"新一代汽车伙伴计划"（Partnership for Next Generation Vehicle，PNGV）项目来刺激电动汽车和混合动力汽车发展。这个计划是美国政府和主要的汽车公司之间合作研究项目，旨在提升汽车效率。在这个计划中，美国三大汽车公司论证了大量汽车新技术的可行性，包括混合动力汽车的燃油经济性等。这个项目在 2001 年取消，取而代之的是自由合作汽车研究（Freedom Cooperative Automotive Research，FCAR）计划。在美国能源局的指导下，负责当前的混合动力汽车、插电式混合动力汽车、电池项目的研究。

不幸的是，美国的电动汽车市场在 20 世纪 90 年代后期出现了很多问题，导致电动汽车的发展受阻。至 2000 年，电动汽车项目逐渐消失，汽车公司终止了数以千计的电动汽车项目，而将注意力更多地集中于混合动力汽车的研发上，以实现节能减排的效果。美国的电动汽车发展受阻主要受以下因素影响：

①电动汽车的局限性　如较短的续航里程（与传统能源汽车 500 km 以上的续航里程相比，大部分电动车只有 100~150 km 的续航里程）；较长的充电时间（8 h 以上）；昂贵的成本（比传统能源汽车价格高出 40% 左右）；受电池安装的影响，可提供的行李舱容积有限。

②便宜的汽油　对于电动汽车车主来说，放弃使用便宜的汽油，而去投资购买一款昂贵的电动汽车是不划算的。

③消费者　大多数消费者认为驾驶大的运动型多功能车辆（sports utility vehicle，SUV）和皮卡更为安全，并且可以方便地扩展其他使用功能，如牵引。因此，消费者更喜欢大的 SUV 而不是小的高效汽车（部分原因归咎于较低的汽油油价）。

④汽车公司　虽然汽车制造商花费了数十亿美元来研发和规划电动汽车，但市场反响并不好。他们在那段时间甚至是赔钱卖电动汽车。同时，电池与电机的维修和保养对汽车经销商来说是额外的负担。

⑤汽油公司　对于汽油公司和石油工业来说，电动汽车是一个巨大的威胁，汽车公司和汽油公司游说政府放弃电动汽车议案。

⑥政府　加州空气资源理委员会在最后时刻否定了电动汽车议案。

⑦电池技术　20 世纪 90 年代大部分电动车使用铅酸蓄电池，这种电池大而笨重，需要很长的充电时间。

⑧基础设施　电池的充电基础设施有限。

以上均是美国发展电动汽车时遇到的问题，这些历史教训可以帮助我们解决在当前环境下成功发展混合动力汽车与插电式混合动力汽车，并防止发生电动汽车发展过程中遇到的相似问题。总结以上因素，在混合动力汽车发展的过程中，需要克服以下障碍：

①关键技术　包括电池、电力电子和电动机技术。如果电池技术无法取得重大突破，则混合动力汽车的大规模化的生产就会有很大的障碍。

②成本　混合动力汽车与插电式混合动力汽车比同等级别的汽油机汽车成本更高。需要努力去降低零部件和系统的成本。一旦混合动力汽车较传统能源汽车高出的价格可以通过节省的燃油成本较快地弥补，消费者将会转而使用混合动力汽车。

③基础设施　插电式混合动力汽车产量的增长，对充电方便性与电力提出了较高的要求，需要在插电式混合动力汽车的大规模化生产前做好准备。

④政策　政府的政策对许多新技术的规划有着极其重要的影响。各种有利的政策，如税收、标准、消费者奖励、研发的投入以及先进技术产品的制造等，对混合动力汽车与插电式混合动力汽车的规模化都有积极的影响。

⑤方法和途径　结合高效发电机、车辆安全和智能道路系统的一体化方法，促进交通运输的可持续发展。

1997年，随着第一辆现代混合动力汽车丰田Prius在日本销售，世界汽车历史翻开了新的一页。这款车同后面研发出来的混合动力汽车完全改变了人们对早期混合动力汽车的看法：它们可以综合利用纯电动汽车和传统动力汽车的优点，使得混合动力汽车进入新的发展时期。

目前，全球混合动力汽车保有量已达到了530万辆，2021年混合动力汽车销量达到了310万辆；自2019年以来，混合动力汽车销量增速约为30%。在我国，2021年混合动力汽车销量达到66.87万辆，同比增长34%；2022年1月混合动力汽车产销量为8.5万辆，同比增加2.0倍，国内品牌的混合动力汽车销量有了较大的提升，国内2022年1月混合动力汽车主要车型销量见表7-1。

表7-1　国内主要混合动力车型2022年1月销量

企业	车型	销量/辆
比亚迪	秦PLUS DM-i	18 449
	宋 DM-i	16 411
	唐 DM-i	8 847

7.1.2　混合动力汽车基本概念

混合动力汽车指的是由两种或两种以上的能源为汽车提供动力的车辆，车辆行驶时的动力依据车辆行驶的状态，由单个动力源或多个动力源共同提供。混合动力电动汽车（hybrid electrical vehicle，HEV）指的是由两种或两种以上的能源为汽车提供动力，其中一种是电能的车辆。本章以下提及的混合动力汽车都是指混合动力电动汽车所示。

HEV传动系通常可表示为双向功率流，如图7-1所示。HEV可以选择一个特定的功率流路径满足负载的功率需求，或者选择一个特定的功率流路径为电力能源来源充电。一次能量来源一般指汽油或柴油燃料；能量变换器一般指发动机，将燃油的化学能转变为机械能；电力能量来源一般指动力电池；电力能量变换器一般指电机，将电能转变为机械能；负载指驱动汽车的功率需求。

HEV可以在以下9个模式工作：

①仅燃料传动系驱动负载。
②仅电力传动系驱动负载。
③燃料和电力传动系同时驱动负载。
④电力传动系从负载处充电(再生制动能量)。
⑤电力传动系从燃料传动系处充电(发动机为电池充电)。
⑥电力传动系从负载和发动机处充电。
⑦发动机为电池充电的同时驱动车辆。
⑧燃料传动系提供动力给电力传动系统，电力传动系统驱动车辆(串联式 HEV)。
⑨燃料传动系驱动车辆，负载将能量传回电力传动系。

HEV 组合使用以上一种或多种工作模式，发挥各模式在某些特定工况下高效率的特点，以提高其燃油经济性。

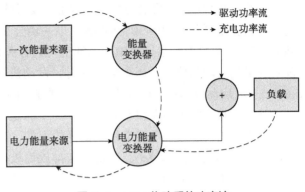

图 7-1　HEV 传动系的功率流

7.1.3　混合动力汽车的节能机理

HEV 的主要特点是能够提供较高的燃油经济性，并且降低汽车排放。其主要原因如下：

①HEV 可依据巡航时的功率需求为汽车匹配较小的发动机，汽车加速、爬坡时增加的动力需求可由电力来提供，因此在汽车的大部分运行区间内，提高了发动机的负荷率。

②发动机功率不足时，可由电力来补充，发动机功率过剩时，可向电池充电，通过控制策略尽量让发动机工作在高效率、低污染的工况区域。

③因为设置了电机、电池的充电系统，可以方便地回收制动与下坡的能量。

④高速行驶时放开油门，可利用发动机高速反拖断油，至急速时再恢复供油。

⑤在车辆排放启停的拥堵道路工况，可仅由电力单独驱动，从而避免了发动机的怠速油耗，也减少了发动机频繁启停的排放。

总的来说，混合动力汽车节能减排的机理是：
①选择较小的发动机，提高负荷率。
②取消发动机怠速。
③使发动机工作在高效率区，提高燃油经济性，改善排放。
④发动机高速断油控制。
⑤适当增大电池荷电状态窗口(state of charge, SOC)。
⑥回收再生制动能量。

通过限制发动机工作期间，将发动机控制在高效率区运行，提供所要求的扭矩；将电机与动力电池作为载荷调节的装置，需要大扭矩驱动汽车时，电机参与驱动；需要小扭矩驱动汽车时，收集发动机能量进行发电，并通过合理的控制策略将电池组的电量维持在高效率区间；发动机只要选择满足平均的巡航需求功率即可，如由原来需求的 6 缸机降为 4 缸机，如此可以减小功率损失，提高发动机效率，燃油消耗量减少，降低油耗。研究表明，发动机由大功率降为中等功率，可实现节油 5%~15%。

大型柴油机怠速 1 h 可消耗燃油 3~4 L，按照试验统计的城市公交客车循环工况，发动机怠速可占到整个循环时间的 30%~40%，以一辆公交车每天运行 8 h 计算，则怠速燃油消耗将达到 9~12 L，可见取消怠速对减少燃油消耗具有极为重要的作用。通过合理的控制策略，可实现发动机的启动与停止，当车速为 0 时，发动机自动关闭；当踩下加速踏板时，控制电动机在 0.5 s 内启动发动机。研究表明，取消怠速可节油 5%~10%。

传统能源汽车的动力源仅有发动机，为了满足汽车在最高车速、爬坡、急加速等工况行驶时对动力性的要求，发动机必须要选择较大的，这就使得汽车在绝大多数情况下运行在低负荷区域，发动机负荷率较小，经济性与排放均较差。HEV 通过选择较小的发动机，并结合控制策略，使绝大多数的工作点落在发动机的高效率区。在低速低负荷时，如果电机能够满足驱动汽车的功率需求，则电机单独工作；如果电机单独工作不能满足汽车的功率需求，则启动发动机，并使发动机运行在高效率区，多余的功率为电池充电；在最高车速、爬坡、急加速等工况行驶，发动机功率也不能满足汽车功率需求时，电机参与工作，通过转矩耦合实现电机助力联合驱动的模式。研究表明，控制发动机在高效率区运行，可以节油 5%~10%。

汽车高速行驶时，若松开加速踏板减速，则控制发动机高速反拖断油，可达到节油的目的。研究表明，控制发动机断油，可节油 5%。

对于能量平衡型的 HEV（指汽车经过某一循环工况的运行后，电池荷电状态 SOC 变化 $\Delta SOC = 0$ 或 $|\Delta SOC| < 1\%$），适当增大电池 SOC 窗口有利于节油，电池 SOC 窗口是指电机工作的区间。因为电池与电机效率高于发动机，增加 SOC 窗口后，电池所能提供的能量越多，电机参与的工作越多，可以实现节油。另外，适当增大电池 SOC 窗口，电池的充放电频率减少，使充放电时能量转换损失减少。试验表明，SOC 窗口由 65%~80% 调整到 60%~80%，燃油经济性提高 0.01%；由 60%~80% 调整到 40%~80%，燃油经济性提高 3%。因此，综合考虑电池效率与电池内阻的影响，适当地增大电池 SOC 窗口能够达到节油的目的。

当车辆制动或滑行时，传统汽车通过摩擦制动器将车辆的动能转换为热能，耗散在大气中，造成了能量的浪费。混合动力汽车由于加装了电机系统，在车辆滑行或制动时可以利用电机回收能量，存储在电池中。因此，需要合理地设置动力回收控制策略。制动时，应优先让电机再生制动，当电机满足不了整车制动强度或电池 SOC 达到最大值时，摩擦制动器参与工作。研究表明，电机再生制动能量的回收可实现节油 5%~12%。

综合表明，混合动力汽车在采用多种节油手段后，节能的潜力可达到 30%~50%，如图 7-2 所示。

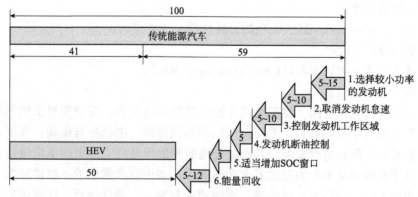

图 7-2 混合动力汽车节油措施与效果

7.1.4 混合动力汽车的关键技术和面临的挑战

HEV 能够克服电池驱动的纯电动汽车和汽油机驱动的传统汽车的缺点。与传统汽车相比，HEV 的优点是，有最佳的燃油经济性与减少排放；而与纯电动汽车相比，HEV 能够增加续航里程、缩短充电时间以及减小电池尺寸，进而降低成本。然而，HEV 与插电式混合动力汽车(PHEV)仍然面对诸多挑战。

(1) 电力电子和电机

有关电力电子和电机的问题已经多次提及了，但是电力电子应用于汽车环境却面临新的挑战。汽车环境条件，如极端的高温和低温、振动、冲击和瞬时响应等，与电机和电力电子元件所习惯的工作环境相比大不相同。HEV 在电力电子方面面临着包装、尺寸、成本和热管理等诸多挑战。

(2) 电磁干扰

电力电子和电机的高频切换和高功率运行会产生大量的电磁噪声，如果不能很好地处理，则会干扰汽车其他系统的正常工作。

(3) 储能系统

储能系统是 HEV 与 PHEV 所面临的主要挑战。传统的蓄电池很难满足良好性能所需的脉冲功率和能量容量。在汽车应用上，其使用寿命和耐极端条件也非常关键。当前，大部分 HEV 应用的是镍氢电池，而插电式混合动力汽车则主要使用锂电池。当主要考虑功率需求时，超级电容在一些特殊条件下也被应用。目前，储能系统主要的局限性在于较小的功率密度、有限的使用寿命、高昂的成本及潜在的安全问题。

(4) 再生制动控制

回收制动过程中的制动能是 HEV 的一个重要特点。然而，当考虑制动安全和制动性能时，再生制动和摩擦制动之间的协调问题却是一个很大的挑战。

(5) 能量管理和车辆控制

HEV 使用多个驱动部件，不同的部件之间需要较好地协调。对于 HEV，能量管理是整车控制功能中的一个关键问题。在 HEV 上，良好的能量管理有助于获得更好的燃油经济性。

(6) 热管理

与汽油机汽车相比，电力电子、电机和蓄电池的正常工作温度要低得多，因此需要考虑设置独立的冷却系统，实现高效的温度控制。

(7) 建模和仿真、车辆动力学、汽车设计和优化

由于 HEV 零部件增加了，在相同的空间中布置这些零部件变得更加困难。与之相联系的车辆动力学、汽车设计、建模和仿真也是必须面临的挑战。

7.2 混合动力汽车的分类

7.2.1 基本的传动系配置方式

HEV 根据混合方式的不同，主要分为串联、并联、混联 3 种类型。

(1) 串联式 HEV

串联式 HEV 传动系统的配置如图 7-3 所示，由油箱、发动机、发电机、变换器、动力电池、电机组成。发动机带动电机发电，提供给电机转换为动能后驱动车辆。动力电池在发电机提供的电能与电机需求的电能之间起到平衡作用；当负载增加，电机需求的电能上升时，动力电池加入工作；当负载减少，电机需求的电能下降时，根据荷电状态 SOC 要求，发电机向动力电池充电，以此保证汽车行驶的各工况功率需求。

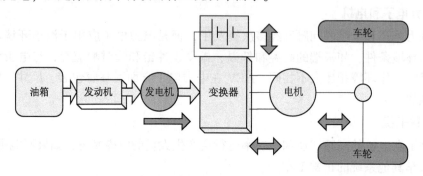

图 7-3 串联式 HEV 传动系统

串联式 HEV 中，电动机提供的动力是汽车的唯一驱动力，主要应用于城市公交车辆。串联式 HEV 有以下几种工作模式：

①纯电驱动模式　该模式中，发动机关闭，仅由动力电池向电机供电为汽车提供驱动力。该模式适用于低速、倒车工况。

②纯发动机驱动模式　该模式中，仅由发动机工作发电，向电机供电为汽车提供驱动力，动力电池不向电机提供电力，也不接受充电。该模式适用中、高速工况。

③混合驱动模式　该模式中，发动机工作发电，联合动力电池，一同向电机供电为汽车提供驱动力。该模式适用于加速、爬坡工况。

④发动机驱动和电池充电模式　该模式中，发动机工作发电，一部分向电机供电为汽车提供驱动力，另一部分向动力电池充电。该模式主要用于车辆低负荷行驶且荷电状态 SOC 较低的工况。

⑤电池充电模式　该模式中，发动机工作发电，但不向电机供电，仅向动力电池充电。该模式主要用于停车且荷电状态 SOC 较低的工况。

⑥再生制动能量模式　该模式中，发动机不工作，电机以发电机的形式工作，把来自车轮的动能转化为电能存储在动力电池中。该模式主要用于车辆制动与下坡工况。

串联式 HEV 的优点：

①发动机与驱动轮没有机械连接，因此可以通过控制使发动机长时间工作在高效率区间，使燃油经济性提高，排放降低。由于发动机工况减少，发动机的控制策略可以简化。

②电机的转速-转矩特性十分适合汽车的驱动力需求，传动系统中可以不再设置提供多传动比的变速器，使得传动系统得到简化。若在驱动桥两端各设置一个轮毂电机，则可以取消机械式的差速器，使得传动系统进一步简化。对于全轮驱动的汽车，可以在每个车轮各使用一个轮毂电机，即可实现每个车轮的速度、转矩的独立控制。

③动力装置与驱动桥之间没有机械连接，使得动力装置与传动系统的布置更加灵活。

串联式 HEV 的缺点：

①发动机产生的能量经过两次能量转换才能到达驱动轮，能量损失较多，效率低，一般

总效率为 24% 左右。

②发电机、电池、电动机的使用增加了汽车的重量与成本。

③为了满足各工况的功率需求,电动机、电池的容量必须足够大。

(2) 并联式 HEV

并联式 HEV 传动系统的配置如图 7-4 所示,组成构件与串联式 HEV 基本相似,但结构有很大的变化,由于驱动力可以由两个动力装置共同提供,需要使用机械方式实现转矩的耦合,电机在并联式 HEV 中既可作电机使用,也可作发电机使用。

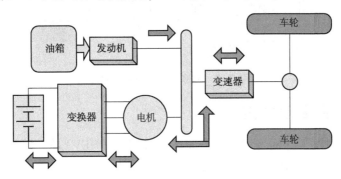

图 7-4 并联式 HEV 传动系统

通过组合两种动力源,可以使用较小的发动机。相比串联式 HEV,并联式 HEV 配置上要求的电池容量更小,使传动系统质量减少,更适合在高速公路上行驶。发动机可以独立运行,经变速器后为汽车提供驱动力,由于选择较小的发动机,在大部分行驶工况中,发动机的负荷率均较高,有利于提高燃油经济性与减少排放。在低速、低负荷工况,电机可独立运行,降低油耗与排放;在加速、爬坡等工况,发动机油与电机协调工作,共同为汽车提供驱动力。此外,在减速、下坡工况中,也可以使车轮带动电机发电,向动力电池充电,此刻电机作为发电机使用。

并联式 HEV 的优点:

①发动机的动力可以直接驱动车辆,能量转换次数少,能量损失小,一般而言,并联式 HEV 可以实现 40%~50% 的总效率。

②电机即可作为电动机使用,也可作为发电机使用,成本较低。

并联式 HEV 的缺点:

①发动机需要与驱动轮机械连接,无法保证发动机时时处于高效率区。

②需要使用变速器。

(3) 混联式 HEV

混联式 HEV 传动系统的配置如图 7-5 所示,发动机的动力经过动力分配器,一部分直接驱动车辆,形成机械传输通道;另一部分可用于带动发动机发电,可向动力电池充电,也可带动电机工作,形成电力传输通道。动力电池可向电机供电,为汽车行驶提供驱动力。内燃机与电机可一同工作,共同为汽车提供驱动力。

发动机工作发电,电力经变换器带动电机工作,驱动车辆或者向动力电池充电,工作方式与串联式 HEV 相似。发动机工作,电机由动力电池带动一同工作,共同向汽车提供驱动力,以机械的方式实现动力耦合,工作方式与并联式 HEV 相似。因此,将这类布置称为混联式 HEV。

混联式 HEV 吸收了串联式与并联式混合动力汽车的优点，使两者的优势得以充分体现，工作模式的组合更加灵活。但其系统较为复杂，动力控制策略的制定与开发也极具挑战。

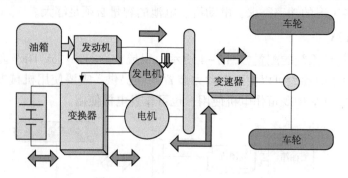

图 7-5　混联式 HEV 传动系统

7.2.2　插电式混合动力汽车

插电式混合动力汽车(plug in hybrid electric vehicle，PHEV)是可以利用电网对动力电池充电的混合动力汽车，可以使用纯电动模式驱动的车辆，且纯电动模式行驶里程较长，电能不足时，车辆可以依靠发动机工作发电供给电机继续行驶。这个功能上的改变使得 PHEV 能够使用多源电力能源，包括可再生能源，如太阳能、潮汐能、风能，以此来替代化石燃料产生的电能，这种改变对于降低整个交通运输部门的石油消耗有着重要的意义。此外，还能够减少化石燃料燃烧产生的排放。

一般插电式混合动力轿车都有车载充电机，可以使用家用电源为电池充电。插电式混合动力公交车由于行驶路线、行驶时间固定，一般使用外接充电机充电。利用夜间用电低谷对电池充电，可以减少白天充电对电网负荷的冲击。

(1) 增程式 PHEV

增程式 PHEV 动力总成如图 7-6 所示。结构与串联式 HEV 较为相似，与串联式 HEV 的区别是具有较大的电池，电机的电力来源除发动机发出的电力外，还有电网中给电池/超级电容中充入的电力。

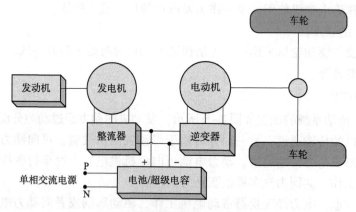

图 7-6　增程式 PHEV 动力总成

(2) 混联式 PHEV

混联式 PHEV 动力总成如图 7-7 所示。混联式 PHEV 传动系统的布置可采取并联或混联的配置，发动机与电机都可直接单独驱动车轮，也可共同为汽车提供动力，因此在混联式 PHEV 中，可以使用更小的电动机与电池组及更低的电池额定功率，使系统成本降低。

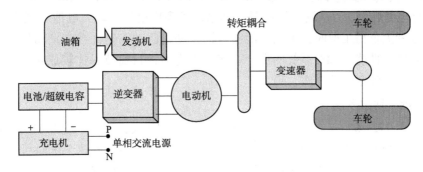

图 7-7　混联式 PHEV 动力总成

7.2.3　混合动力分类

混合动力系统中，根据电动机输出功率在整个系统输出功率中所占比重，可以分为以下几类：弱混合动力（也称为微混合动力）、轻度混合动力、中度混合动力、重度混合动力（也称为全混合动力）。混合度不同，电池、电机系统在传动系中承担的功能也不同，见表 7-2 所列。

混合度 H 指的是电动机输出功率 P_{elec} 占动力源总功率 P_{total} 的百分比：

$$H=\frac{P_{elec}}{P_{total}}\times100\% \qquad (7-1)$$

表 7-2　不同混合度类型的功能

类型	功能
弱混合动力	发动机自动启停
轻度混合动力	发动机自动启停+制动能量回收
中度混合动力	发动机自动启停+制动能量回收+电动辅助驱动
重度混合动力	发动机自动启停+制动能量回收+电动辅助驱动+纯电驱动

(1) 弱混合动力系统

这种混合动力系统对传统发动机的起动机进行了改造，形成了由带传动的发电起动一体式电机（belt-driven starter generator，BSG）。BSG 电机主要用于控制发动机的快速启停，因此可以取消发动机的怠速工况，降低油耗和排放。弱混合动力搭载的电机功率比较小，无法仅靠电机驱动车辆，起步过程仍然需要发动机工作，是一种初级的混合动力系统。在弱混合动力系统中，电机电压一般为 12 V 或者 42 V，其中 42 V 主要用于柴油混合动力系统。在城市循环工况下节油率一般为 5%~10%，在较差的拥堵工况下行驶，可以达到 20%。

(2) 轻度混合动力系统

这种混合动力系统使用了集成启动电机（integrated starter generator，ISG）。ISG 直接集成在发动机主轴上，电机主轴与曲轴同轴，以瞬态功率较大的电机替代传统的启动电机，在起步与怠速工况时快速启停发动机，减少汽车的油耗与排放。正常行驶时，发动机驱动车辆，该电机断开或者起到发电机的作用。制动与下坡时，ISG 再生发电，对部分动能进行回收。轻度混合动力系统的混合度一般在 20% 以下。

(3) 中度混合动力系统

该系统采用了集成式电机助力系统(integrated motor assist, IMA)，IMA 系统是其中重要的核心装置，与轻度混合动力系统不同的是，其采用了高压电机，动力电池一般为 144~158 V。在汽车加速或者大负荷工况时，电动机能够辅助发动机驱动车辆，补充发动机本身动力输出的不足，提高整车性能。IMA 系统的混合度在 30% 左右，目前技术比较成熟，应用广泛，在城市循环工况下节油率可达 20%~30%。

(4) 重度混合动力系统

该系统采用 272~650 V 的高压电机，电机功率更为强大，电力系统在加速、爬坡工况中作为辅助动力，与发动机一同为汽车提供驱动力；在汽车起步、低速工况时可以独立驱动汽车，而不需要启动发动机。该系统混合度可以达到 50% 以上，在城市循环工况下节油率可达 50%。随着电机、电池技术的进步，重度混合动力系统逐渐成为混合动力技术的主要发展方向。丰田普锐斯(Prius)混合动力汽车采用的就是重度混合动力系统。

7.2.4 混合动力汽车实例

丰田公司在 1997 年推出世界上首款现代混合动力汽车 Prius，在 2009 年，Prius 在全球范围内的销量就超过了 100 万辆。Prius 使用行星齿轮机构来实现无级变速，因此在 Prius 中不需要传统的变速器，它的发动机与行星架相连，电动/发电机(MG1)与太阳轮相连，齿圈向后传递动力并与电动/发电机(MG2)、主减速器耦合。行星齿轮系统在作为变速器的同时兼具功率/力矩分配的装置，工作中，通过对发电机的转速控制，确保发动机的转速维持在最佳效率区(图 7-8)。

① 起动、低速和倒挡行驶时，发动机可关闭，仅由电池向 MG2 供电，使用电动机驱动汽车。

② 汽车处于巡航模式下，发动机工作为汽车提供动力，并且可通过行星齿轮系将功率分配给 MG1，发电机为电池充电。

③ 急加速工况下，发动机工作为汽车提供动力，电池向 MG2 供电，与发动机一起驱动汽车。

④ 再生制动工况下，MG2 作为发动机为电池充电，并同时向主减速器提供制动力矩，此模式是起步、倒挡模式的逆过程。

⑤ 在汽车滑行时，可以通过 MG1 向电池充电。

同样的动力总成布置技术也被用在丰田 Camry HEV、Highlander HEV 和 Lexus HEV 上，这些混合动力车型还在后轮上加装第三个电动/发电机，使汽车的加速性能和制动性能得到进一步提升。此外，福特的 Escape HEV 也采用与丰田一样的动力总成布置。

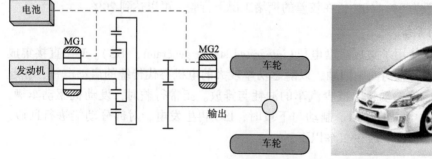

图 7-8 丰田 Prius 动力总成布置

本田 Civic 混合动力汽车将一个电动机安装在发动机和无级变速器之间，电动机既可以在高功率需求时辅助发动机工作，也可在低功率需求时为发动机功率分流，向电池充电(图7-9)。

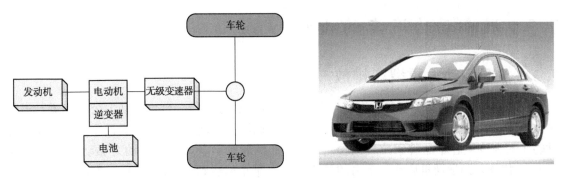

图 7-9 本田 Civic 动力总成布置

表7-3 为目前美国市场上销售的 HEV 及与之对应的传统汽油机汽车销售价格、燃油经济性的对比。以丰田 Prius 为例，Prius 售价为 22 800 美元，它的原型车为 Corolla，售价 15 450 美元，HEV 价格升高 47.6%。Prius 在市区、高速道路上的油耗分别为 4.6 L/100 km、4.9 L/100 km，其原型车 Corolla 在市区、高速道路上的油耗分别为 9.0L/100 km、6.7 L/100 km，HEV 在市

表 7-3 美国市场销售的部分 HEV 品牌

制造商	品牌	HEV 价格/美元	Corolla 车价格/美元	价格增加率/%	HEV 油耗/(L/100 km)		原型车油耗/(L/100 km)		油耗增加率/%	
					城市	高速	城市	高速	城市	高速
丰田	Prius	22 800	15 450	47.6	4.6	4.9	9.0	6.7	96	37
	Camry	26 400	19 595	34.7	7.1	6.9	10.7	7.1	50	3
	Highlander	34 900	25 855	35.0	8.7	9.4	11.8	8.7	35	-7
福特	Fusion	27 950	19 695	41.9	5.7	6.5	10.7	6.9	86	6
	Escape	29 860	21 020	42.1	6.9	7.6	10.7	8.4	55	11
水星	Mariner	30 105	23 560	27.8	6.9	7.6	11.2	8.4	62	11
	Milan	31 915	21 860	46.0	5.7	9.0	10.2	6.9	78	-24
本田	Insight	19 800	15 655	26.5	5.9	5.5	9.0	6.9	54	26
	Civic	23 800	15 655	52.0	5.9	5.2	9.0	6.9	54	32
日产	Altima	26 780	19 900	34.6	6.7	7.1	10.2	7.4	52	3
雷克萨斯	RX 450 h	42 685	37 625	13.4	7.4	8.4	13.1	9.4	78	12
	GS 450 h	57 450	54 070	6.3	10.7	9.4	13.8	9.8	29	4
	LS 600 h	108 800	74 450	46.1	11.8	10.7	14.7	10.2	25	-4
通用 GMC、雪佛兰	Tahoe	50 720	37 280	36.1	11.2	10.7	15.7	11.2	40	5
	Yukon	51 185	38 020	34.6	11.2	10.7	15.7	11.2	40	5
	Sierra	38 710	20 850	85.7	11.2	10.7	15.7	11.2	40	5
	Malibu	22 800	21 825	4.5	9.0	6.9	10.7	7.1	18	3
土星	Escalade	73 425	62 495	17.5	11.2	10.7	18.1	11.8	62	10
	Silverado	28 340	29 400	30.4	10.7	11.2	18.1	13.8	69	24
克莱斯勒道奇	Aspen	44 700	40 000	11.8	13.1	12.4	15.7	11.8	20	-5
	Durango	45 900	40 365	13.7	13.2	12.4	15.7	11.8	20	-5

区与高速上每加仑燃油行驶里程分别增加了96%与37%。可以看出，丰田Prius具有非常优秀的燃油经济性。

7.3 混合动力汽车的排放

7.3.1 混合动力重型车排放

在波兰的波兹南市，实际工况下对一台混合动力公交车与一台传统动力公交车进行道路排放试验，试验时间为星期五（交通密度较高，拥堵）与星期六（交通密度较低，一般拥堵）。试验车辆为波兰客车品牌索拉瑞斯(Solaris)，一辆装有串联式的混合动力驱动系统(Hybrid H18)，能够限制发动机启动时动力的传输，在汽车车速达到5 km/h以前，发动机一直处于急速状态，此时汽车仅由电机驱动，以此减少尾气排放。但该车没有安装自动启停系统，所以在停车时无法熄火，车型如图7-10所示。另一辆装有传统动力系统，两车长均为18 m。

图7-10 Solaris H18 混合动力车型

混合动力公交车与传统动力公交车的CO、NO_x排放对比见表7-4所列，可以看出周五（拥堵路况）比周六（一般路况）的排放高。对于CO而言，混合动力公交车的排放大约是传统动力公交车的1/3。对于NO_x而言，混合动力公交车的排放大约是传统动力公交车的2倍，主要原因是传统动力公交车发动机的负荷率比混合动力公交车要低。

表7-4 两车型CO、NO_x排放对比

车型	CO/(g/km)		NO_x/(g/km)	
	星期五	星期六	星期五	星期六
混合动力	3.2	2.7	19	17
传统动力	8.7	7.3	9.9	7.3

相比传统动力公交车，混合动力汽车在交通密度高时：CO排放减少58%，HC排放减少21%，NO_x排放增加120%，CO_2排放减少5%，燃油消耗量减少8%。在交通密度低时：CO排放减少61%，HC排放减少73%，NO_x排放增加143%，CO_2排放减少5%，燃油消耗量减少8%。

污染物排放的降低改善了市区的空气质量，从而减少了市民因环境污染而承担的健康风险。在欧洲，越来越多的城市划分了低排放区，在低排放区中汽车不允许超过最低排放限值，公交

车也同样受到限制，所以混合动力公交车在环保性上有着较好的优势。同时，混合动力公交车可以削弱噪声污染，提升人们的生活质量，提高乘客的乘车体验，改善驾驶员的工作条件。

7.3.2 混合动力轻型车排放

选择装有弱混合动力系统（发动机自动启停）的轻型车作为试验车（奔驰 A150 Blue Efficiency），装有直列四缸发动机，1.5 L 排量，最大功率 70 kW，最大转矩 140 N·m。试验同样在波兰的波兹南市的实际工况下进行，试验选择了两条试验路线，一条为市郊路线，环绕马耳他湖行驶，车速较快，红绿灯少；另一条为市区道路，通过市中心的环城路，红绿灯较多。

分别使用汽车的常规模式与发动机自动启停模式在市郊、市区道路中行驶，采集各种污染物的浓度值，计算了 CO_2、CO、HC、NO_x 的排放因子，试验结果见表 7-5。以常规模式下的排放因子作为基准（100%），分析两种模式排放的差异。

表 7-5 两模式实验结果对比

路线	工作模式	排放因子/(g/km)				油耗/(L/100 km)
		CO_2	CO	HC	NO_x	
市郊路线	常规	194	0.213	0.006	0.008	8.17
	自动启停	164	0.216	0.004	0.008	6.88
	差值	30	-0.003	0.002	0.000	1.29
	比例	15.5%	-1.4%	33.3%	0.0%	15.8%
市区路线	常规	245	0.221	0.004	0.080	8.28
	自动启停	216	0.193	0.003	0.012	7.53
	差值	29	0.028	0.001	0.068	0.75
	比例	11.8%	12.7%	25.0%	85.0%	9.1%

从表 7-5 中可以看出，市区道路的 CO_2 排放较高，在常规模式与自动启停模式中均高于市郊路线的 CO_2 排放。同时，市区与市郊道路中的自动启停模式的 CO_2 排放均较常规模式低。汽车停驶怠速时将发动机熄火，能够明显地减少 CO_2 排放，同时也能够减少燃油的消耗。市郊道路的油耗由 8.17 L/100 km 降到了 6.88 L/100 km，市区道路的油耗由 8.28 L/100 km 降到了 7.53 L/100 km，降低的比例分别为 15.8%与 9.1%，与 CO_2 排放降低的比例十分相似。

CO 排放与车辆的载荷有关，同时也受发动机启动次数与催化转化器热力学特性影响。一般而言，如果发动机的自动启停次数增加，那么 CO 排放值可能就会增加。市郊道路中，使用自动启停模式的 CO 排放较常规模式高 1.4%。市区道路中，使用自动启停模式的 CO 排放较常规模式降低 12.7%。

市郊道路中使用常规模式与自动启停模式行驶的 HC 排放均高于市区道路，主要原因是市郊道路运行更顺畅，发动机转速与车速更高，使 HC 排放较高。市郊道路中使用常规模式与自动启停模式产生的 NO_x 基本相同。而市区行驶时自动启停模式在怠速时关闭了发动机，使 NO_x 排放大大减少。可以看出，对于大部分工况而言，使用弱混合动力中的自动启停技术可以使汽车的 CO_2、CO、HC、NO_x 排放减少。

第三代丰田 Prius HSD 采用了混联式混合动力系统，装有直列 SI 发动机，排量 1.8 L，最大功率 73 kW，最大转矩 140 N·m，电动机功率为 60 kW，转矩为 207 N·m。

本田 CR-Z 采用了并联式混合动力系统，采用了集成式电机助力 IMA，手动变速器，排量 1.5 L，最大功率 84 kW，最大转矩 145 N·m，电动机功率 10 kW，可提供转矩为 78 N·m。

对以上两种车型分别进行 12.7 km 的典型市区、市郊工况行驶，本田 CR-Z 平均巡航车速为 35.7 km/h，丰田 Prius 为 37.6 km/h。排放试验得到的 CO、HC、NO_x 排放因子与欧Ⅳ、欧Ⅴ标准限值的对比如图 7-11 所示。可看出本田 CR-Z、丰田 Prius 的污染物排放远低于欧Ⅴ限值，且丰田 Prius 的减排效果更好。丰田 Prius 电机功率较大、可以由电机独立驱动汽车行驶，有效地减少了排放，更为先进。而本田的混合动力电机功率较小，无法单独驱动汽车行驶。

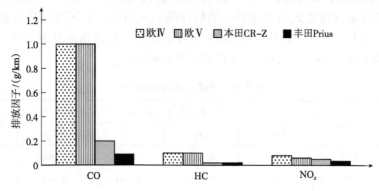

图 7-11　两混合动力汽车排放与欧Ⅳ、欧Ⅴ限值对比

7.3.3　汽油车与混合动力汽车排放对比

通过对 3 辆混合动力汽车与 3 辆汽油车进行道路排放试验，对比 HEV 与汽油车的排放。其中 1 汽、2 汽、3 汽为汽油车，1 混、2 混、3 混为 HEV。试验车辆主要技术参数见表 7-6 所列，其中 HEV 功率为电机功率加发动机功率。

表 7-6　试验车辆主要技术参数

技术参数	1 混	1 汽	2 混	2 汽	3 混	3 汽
变速器	AT	AT	CVT	CVT	AT	AT
排量/L	1.5	1.5	1.8	1.8	2.0	2.0
喷射方式	气道喷射	气道喷射	气道喷射	气道喷射	缸内直喷	缸内直喷
整备质量/kg	1 350	1 230	1 410	1 510	1 658	1 570
发动机功率/kW	50	83	73	110	38	118
电机功率/kW	57	0	73	0	115	0
排放标准	国Ⅲ	国Ⅴ	国Ⅴ	国Ⅴ	国Ⅴ	国Ⅴ
后处理	TWC	TWC	TWC	TWC	TWC	TWC

图 7-12 为 6 辆汽车在市区、市郊、高速、全程与 WLTC 工况下的 CO 排放因子。HEV 在各工况中的 CO 排放均低于国Ⅴ排放限值，汽油车在各工况中的 CO 排放因子均高于与之相对应的 HEV，且在高速工况中 CO 排放最高，甚至超出排放限值 3~4 倍。由于 WLTC 循环工况与实际道路行驶工况有较大差别，WLTC 工况中的 HEV 与汽油车 CO 排放均未超过国Ⅴ排放限值，且 3 辆汽油车的 WLTC 循环 CO 排放量远小于实际道路排放。实际道路行驶条件下，

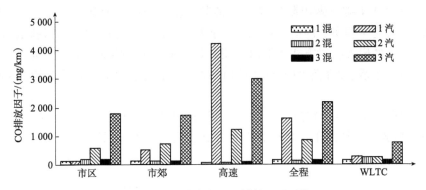

图 7-12 试验车辆 CO 排放因子对比

3 辆 HEV 的平均 CO 排放因子为 120.0 mg/km，3 辆汽油车的平均 CO 排放因子为 868.5 mg/km，大约是 HEV 的 6.7 倍。

图 7-13 为汽车在市区、市郊、高速、全程与 WLTC 工况下的 NO_x 排放因子。HEV 与汽油车在各类工况下的 NO_x 排放因子均低于国 V 排放限值。汽油车各工况下的 NO_x 排放因子均高于与之相对应的 HEV。3 辆 HEV 的平均 NO_x 排放因子为 6.0 mg/km，3 辆汽油车的平均 NO_x 排放因子为 20.8 mg/km，约是 HEV 的 3.4 倍。

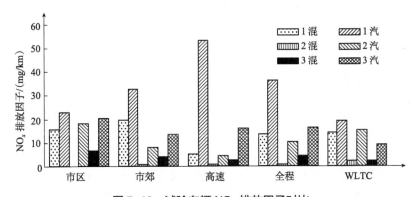

图 7-13 试验车辆 NO_x 排放因子对比

图 7-14 为汽车在市区、市郊、高速、全程与 WLTC 工况下的颗粒物数量(PN)排放。在各工况下，HEV 的 PN 排放均高于汽油车，3 辆 HEV 的平均 PN 排放因子为 1.39×10^{12} 个/km，3 辆汽油车的平均 PN 排放因子为 4.35×10^{11} 个/km，HEV 的 PN 排放比汽油车高约 3.2 倍。由于

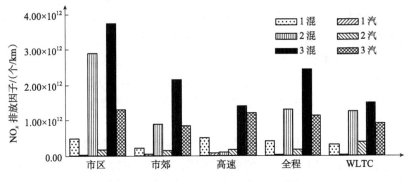

图 7-14 试验车辆 PN 排放因子对比

国V排放标准未对PN排放做出限值要求，参考最新发布的国VI排放标准，PN排放限值为6×10^{11}个/km，可见试验车3混的PN排放十分恶劣，在某些工况中比国VI排放限值高出5~6倍。试验车3混的燃油喷射方式为缸内直喷，其他试验车辆燃油喷射方式为多点电喷，3混的PN排放分别是1混、2混的5.89倍和1.87倍，混合动力缸内直喷车辆的PN排放高于非直喷车辆。

图7-15为汽车在市区、市郊、高速、全程与WLTC工况下的CO_2排放因子。汽油车各工况下的CO_2排放因子均高于与之相对应的HEV，可看出HEV具有普遍的节约能源的功能。

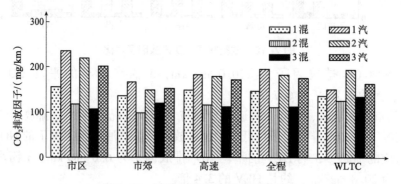

图7-15 试验车辆CO_2排放因子对比

从以上结果看，HEV的CO、NO_x与CO_2排放均比汽油车低，但由于HEV在市区道路行驶时频繁启停，会使PN排放升高的风险增加。

7.3.4 全生命周期CO_2排放

HEV通过引入电能来驱动汽车，减少了传统化石燃料的消耗，从道路排放数据上看，能够起到节约燃油、减少CO_2的排放、降低有害污染物排放的作用。但采取节能减排的措施不仅为了减少汽车尾气中CO_2排放，还要减少整个汽车使用年限内的CO_2排放。预计到2025年，国产乘用车平均油耗要降到4.0 L/km，这必然离不开HEV的作用。

考察汽车的整个生命周期（包括汽车的生产周期、使用周期、回收周期，燃料或电力的生产周期，电池与电机的生产周期、回收周期），现代汽车的寿命大约为15年或者运行250 000 km。以车辆每消耗1 L汽油产生2.25 kg的CO_2，油耗为8.5 L/km计算，车辆运行250 000 km约产生47 800 kg的CO_2排放。与之相比，每消耗1 L柴油产生2.55 kg的CO_2，油耗以6.2 L/km计算，车辆在整个生命周期内约产生39 500 kg的CO_2排放。考虑燃料生产过程中10%的能量损失，上述汽油车、柴油车的CO_2排放可达53 100 kg与43 900 kg。

根据德国大众公司提供的数据，生产一辆类似于大众高尔夫的汽车，包括动力系统在内，生产过程中大约会产生4 400 kg的CO_2排放。若生产更高级别的汽车，则产生的CO_2排放与其他有害气体更多。因此，生产一辆汽车，包括发动机或者电力驱动系统（不包括电池），约产生5 000 kg的CO_2排放。在产品的生产与使用周期中，汽油车、柴油车的CO_2排放可达58 100 kg与48 900 kg。

对于电动汽车，生产过程同样也产生约5 000 kg的CO_2排放。如果行驶300 km需要140 kW·h的电能，在其250 000 km的使用周期，发电会向大气排放62 500 kg的CO_2。此外，电动汽车的能量存储系统（包括电池）的生产过程同样要产生5 000 kg的CO_2排放。因此，一辆电动汽车在生产与使用周期中一共要产生77 500 kg的CO_2排放。这意味着一辆电动汽车在其生命周期内的 CO_2 排放是汽油车的 1.33 倍，是柴油车的 1.58 倍。

因此，HEV 使用更高的效率来驱动汽车，以电能作为汽车动力来源时，也需要考虑电能的来源是否清洁，否则电动汽车在使用周期减少的排放将转移到使用周期上游(生产周期)或下游(回收周期)排放，是否能带来节能减排的作用还需要进一步研究。

参考文献

边耀章,2003. 汽车新能源技术[M]. 北京:机械工业出版社.
蔡凤田,1999. 汽车排放污染物控制实用技术[M]. 北京:人民交通出版社.
岑可法,姚强,骆仲泱,等,2019. 燃烧理论与污染控制[M]. 2版. 北京:机械工业出版社.
陈光利,2009. 二甲醚发动机性能和排放的研究与改进[D]. 上海:上海交通大学.
黄锦成,2012. 车用内燃机排放与污染控制[M]. 北京:科学出版社.
姜立标,2012. 现代汽车新技术[M]. 北京:北京大学出版社.
蒋德明,陈长佑,杨嘉林,2006. 高等车用内燃机原理(下册)[M]. 西安:西安交通大学出版社.
李春野,2002. 智能柴油机简介[J]. 交通节能与环保(2):23-24.
李瑞明,2014. 新能源汽车技术[M]. 北京:电子工业出版社.
刘明辉,赵子亮,李骏,2005. 混合动力汽车节油机理研究[J]. 汽车技术(5):11-13.
刘明辉,赵子亮,李骏,等,2005. 北京城市公交客车循环工况开发[J]. 汽车工程,27(6):687-690.
刘圣龙,周龙保,2017. 内燃机学[M]. 4版. 北京:机械工业出版社.
刘玉梅,2010. 汽车节能技术与原理[M]. 北京:机械工业出版社.
刘昭度,2012. 汽车学[M]. 北京:高等教育出版社.
梅德清,张登攀,2018. 内燃机百问[M]. 镇江:江苏大学出版社.
牛金章,2007. 新型ME系列智能柴油机[J]. 造船技术(3):27-31.
邱兆文,2015. 汽车节能减排技术[M]. 北京:化学工业出版社.
邵毅明,2016. 汽车新能源与节能技术[M]. 北京:人民交通出版社.
王建昕,傅立新,黎维彬,2000. 汽车排气污染治理及催化转化器[M]. 北京:化学工业出版社.
王尚勇,2013. 现代柴油机电控喷油技术[M]. 北京:机械工业出版社.
王震坡,孙逢春,刘鹏,2014. 电动汽车原理与应用技术[M]. 北京:机械工业出版社.
王智双,2016. 智能柴油机[J]. 国外铁道机车与动车(1):1-21.
王忠忱,李蕴,2000. 智能柴油机的研究发展现状简介[C]//中国航海学会船舶机电专业委员会2000年度学术报告会论文集.
严军华,王舒笑,袁浩然,等,2018. 电动汽车能耗与气体排放分析及环境影响评价[J]. 华南理工大学学报(自然科学版),46(6):137-144.
杨林,温惠英,2016. 交通与能源[M]. 北京:人民交通出版社.
禹文林,2018. 混合动力汽车实际道路行驶污染物排放特性研究[D]. 北京:北京理工大学.
赵航,史广奎,2012. 混合动力电动汽车技术[M]. 北京:机械工业出版社.
中国汽车技术研究中心有限公司,2019. 中国车用氢能产业发展报告(2019)[M]. 北京:社会科学文献出版社.
中华人民共和国生态环境部,2019. 中国移动源环境管理年报[R]. 北京:中华人民共和国生态环境部.
中华人民共和国生态环境部,2020. 中国移动源环境管理年报[R]. 北京:中华人民共和国生态环境部.
中华人民共和国生态环境部,2021. 中国移动源环境管理年报[R]. 北京:中华人民共和国生态环境部.
周龙保,2011. 内燃机学[M]. 3版. 北京:机械工业出版社.
周松,肖友洪,朱元清,2010. 内燃机排放与污染控制[M]. 北京:北京航空航天大学出版社.
邹国棠,程明,2010. 电动汽车的新型驱动技术[M]. 北京:机械工业出版社.
CHRIS MI,ABUL MASRUR,DAVID WENZHONG GAO,2016. 混合动力汽车原理及应用前景[M]. 赵治国,

姜娇龙, 等译. 北京：机械工业出版社.

JAMES D. HALDERMAN, TONY MARTIN, 2014. 混合动力与替代燃料汽车[M]. 夏志强, 陈黎明, 译. 北京：机械工业出版社.

JERZY MERKISZ, JACEK PIELECHA, STANISLAW RADZIMIRSKI, 2016. 欧盟汽车欧V欧VI排放标准与检测技术[M]. 郭建华, 刘翠, 译. 北京：化学工业出版社.

KNORAD RELF, 2016. 柴油机管理系统：系统、部件、控制和调节[M]. 范明强, 范毅峰, 等译. 北京：机械工业出版社.

SHELDON S. WILLIAMSON, 2016. 插电式混合动力与纯电动汽车的能量管理策略[M]. 王典, 等译. 北京：机械工业出版社.

AULD A, WARD A, MUSTAFA K, et al. ,2017. Assessment of light duty diesel after-treatment technology targeting beyond euro 6d emissions levels[J]. SAE international Journal of Engines, 10(4)：1795-1807.

BALL JC, LAPIN C, LINEY E, et al. , 2001. Dimethoxy methane in diesel fuel：part 1. The effect of fuels and engine operating modes on emissions of toxic air pollutants and gas/solid phase PAH[J]. SAE transactions, 2001-01-3627.

BENAQQA C, GOMINA M, BEUROTTE A, et al. ,2014. Morphology, physical, thermal and mechanical properties of the constitutive materials of diesel particulate filters[J]. Applied Thermal Engineering, 62(2)：599-606.

BLAUWENS J, SMETS B, PEETERS J, 1977. Mechanism of "prompt" no formation in hydrocarbon flames[J]. Symposium (International) on Combustion, 16(1)：1055-1064.

BP p. l. c. , 2019. BP statistical review of world energy[R]. London：BP P. l. c.

BP p. l. c. , 2020. BP statistical review of world energy[R]. London：BP P. l. c.

BP p. l. c. , 2021. BP statistical review of world energy[R]. London：BP P. l. c.

BRIOT A, CARRANZA F, GIROT P, et al. , 2007. Minimizing filter volume by design optimization[R]. SAE Technical Paper, [2007-01-0657]. http：//dx. doi. org/10. 4271/2007-01-0657.

DAHODWALA M, SATYUM J, KOEHLER E, et al. , 2018. Strategies for meeting phase 2 GHG and ultra-low NO_x emission standards for heavy-duty dieselengines [J]. SAE International Journal of Engines, 11(6)：1109-1122.

EHSANI M, GAO Y, EMADI A, 2010. Modern electric, hybrid electric and fuel cell vehicles：Fundamentals, Theory and Design[M]. Boca Raton：CRC Press.

FENIMORE C P, 1971. Formation of nitric oxide in premixed hydrocarbon flames [C]// Symposium (international) on combustion. Elsevier, 13(1)：373-380.

HEIBEL A, BHARGAVA R, 2007. Advanced diesel particulate filter design for lifetime pressure drop solution in light duty applications[R]. SAE Technical Paper, [2007-01-0042]. http：//dx. doi. org/10. 4271/2007-01-0042.

IEA, 2018. Key world energy statistics[R]. Paris：IEA.

IEA, 2019. Oil information overview[R]. Paris：IEA.

IEA, 2019. World energy statistics and balances[R]. Paris：IEA.

IEA, 2021. World energy balances：overview[OL]. Paris：IEA.

JOHN M, 2003. Hybrid Powered Vehicle[M]. New York：SAE international.

MAUNULA T, 2013. Intensification of catalytic aftertreatments systems for mobile applications[R]. SAE Technical Paper, 2013-01-0530. http：//dx. doi. org/10. 4271/2013-01-0530.

SCHABERG P W, MYBURGH I S, BOTHA J J, et al. ,1997. Diesel exhaust emissions using Sasol slurry phase distillate process fuels[J]. SAE transactions, 972898.

STAN C, 2017. Alternative propulsion for automobiles [M]. Cham：Springer.

TOOPS T J, 2017. Low-temperature emission control to enable fuel-efficient engine commercialization[C]. DOE Annual Merit Review, Washington, DC.

WESTBROOK M H, WESTBROOK M, 2007. The electric car development and future of battery hybrid and fuel-cell cars[M]. London: The Institution of Engineering and Technology.